KB061283

조선
왕조
실톡

조선왕조실톡

1

조선 패밀리의 탄생

| 무적핑크 지음 · YLAB 기획 · 이한 해설 |

위즈덤하우스

그룹채팅(무적핑크, 이한)

무적핑크(변지민)

작가의 말

무적핑크(변지민)

안녕하세요, 무적핑크입니다.
웹툰에 이어 책으로, 『조선왕조실톡』을 독자들에게 전하게 되어 매우 기쁘고 즐겁습니다.
『조선왕조실록』은 500년짜리 대화록입니다. 조선 왕조를 이룩한 27명 임금들의 목소리를 담은 책으로, 유네스코 세계기록유산으로 지정된 기록문화의 정수이지요. 1700여 권에 달하는 어마어마한 권수와 그 안에 담긴 500년 장구한 세월의 무게에, 웹툰을 연재하는 내내 어깨가 묵직했습니다.
하지만 『조선왕조실록』에 등장하는 멋지고, 재미있는 인물들을 여러분께 소개하는 즐거움이 너무나 커, 매주 지치지 않고 작업하고 있습니다. 우리와 다름없이 울고 웃고, 때로는 성공하고 가끔은 크게 실패했던 옛사람들. 이분들과의 만남이 여러분께 기쁨이 되고, 위로가 되었으면 합니다.
네이버에서 연재 중인 〈조선왕조실톡〉은 옴니버스 만화이지만, 이 책에서는 읽는 분들의 편의를 위해 원고를 시대순으로 재정리했습니다. 그리고 왕 27명을 테마별로 묶어, 11개 가족으로 만들었습니다. 무미건조한 "태정태세문단세……"가 아닌, 아빠와 아들, 삼촌과 조카로서 살아간 조선 왕들의 일상을 생생히 엿보시기 바랍니다. 또한 만화에 곁들여진 멋진 글이 여러분께 재미는 물론 알찬 지식도 선물해드릴 것입니다. 이 책과 이 책 속의 사람들이, 여러분의 좋은 친구가 되기를 바랍니다.
즐거운 대화 시간 가지세요.

P.S. 묘호는 왕이 승하한 후 붙이는 이름이지만, 책에서는 편의상 서로 묘호로 부릅니다. (예:세종, 태종)

이한

....

이한

편집부에서 "머리말을 써주세요"라고 연락이 왔을 때 진심으로 야단났다고 생각했다. 대체 뭘 쓰면 좋단 말인가. 훌륭하고 멋진 말은 짜내려면 짜내려 할수록 나오지 않는 법이니 말이다. 그렇게 세 시간 넘게 텅 빈 페이지 앞에서 뒹굴거리다가, 문득 처음 네이버 웹툰에서 〈조선왕조실톡〉이 등장했을 때를 떠올렸다. 처음에 눈에 들어온 것은 역시나 제목이었다. '조선왕조실'까지는 알겠는데, '톡'이라는 것은 요즘 많이들 쓰는 메신저인가? 라는 생각을 어렴풋이 했다. 그러다가 어느새 일주일에 두 번, 그 웹툰 제목 옆에 'up' 글자가 뜨는 것을 간절하게 기다리게 되고, 그 만화를 책으로 만드는 작업에 숟가락을 살포시 얹게 되었다.

엄밀하게 말하자면 역사 이야기는 새로운 것이 아니며, 그 나물에 그 밥이기도 하다. 창작도, 상상해낸 이야기도 아니기 때문이다. 그렇기에 이미 잘 알려진 역사적 사실들을 얼마나 새롭게, 즐겁게, 재미나게 풀어내느냐가 화자에게 가장 중요한 일이다. 그런 의미에서 이 웹툰은 진실로 새로운 지평을 연 것 아닐까? 이 책을 통해 되도록 많은 사람들이 역사의 재미를 체험하기를 바라고, 많은 수고를 한 이마 편집부 여러분에게 감사의 말을 전하며 이 즐거웠던 작업을 끝낸다.

조선왕조실톡

머리말을 대신하여

위대한 『조선왕조실록』

— 이한

『조선왕조실록』은 유네스코가 지정한 세계기록유산이다. 세계가 인정할 만큼 훌륭하다는 뜻일 텐데, 사실 그 훌륭함이 그다지 피부에 와 닿지는 않는다. 집 앞에 있는 식당이 유명한 맛집이라고 해도 언제나 가까이 있었기 때문에 별다른 감상을 느끼지 못하는 것처럼 말이다.

한국은 기록의 역사가 깊은 나라가 아니다. 삼국시대 각 나라가 자신들의 역사서를 만들었다고는 하나 지금까지 전해지는 게 없고, 고려 때 쓰인 『삼국사기』는 솔직히 평가해 단출하다. 『고려사』는 그나마 공정한 역사를 적겠다는 세종의 집념 덕분에 수십 년이 걸려 완성되긴 했지만 『조선왕조실록』의 박력에 비하면 소박하다.

『조선왕조실록』은 일단 분량부터 압도적이다. 태조에서 철종까지, 25대 임금이 다스린 472년 동안의 기록이다. 고종과 순종을 합치면 더 길어지지만, 이 둘의 『실록』은 정리된 때가 일제강점기라는 이유로 『실록』으로 인정하지 않아야 한다는 주장도 있다. 권수로 따지자면 1,893권. 한국뿐만 아니라 전 세계를 뒤져도 이렇게 길고 흥미진진한 역사 기록을 찾기는 쉽지 않다.

대부분의 역사책들이 역사적 사건의 요약본이라면, 『조선왕조실록』은 실황 중계이자 녹취록이다. 왕, 신하, 사건이 있으며 이들이 서로 주고받는 대화를 몹시 생생하게 적고 있다. 『실록』을 읽고 있노라면 그 안의 내용이 수백 년 전의 일이 아니라 바로 눈앞에서 펼쳐지는 듯 생생하다. 한 문제에 대해 말하는 사람, 수긍하는 사람, 반대하는 사람이 각각 존재한다. 날짜가 지나며 사건이 커지기도 하고 엉뚱하게 번지기도 하며 어떤 경우에는 묻혔다가 갑자기 툭 튀어나오기도 한다. 힘없는 백성들의 일도 실려 있으며 때로는 각 지역의 특산물과 지리까지 기록되어 있다. 수많은 결의 파도가 넘실대는 바다라고나 할까? 너무도 방대하여 읽다 보면 때로는 길을 잃어버리기도 하고, 이것과 저것을 분간하기 어려워질 때도 있지만 그렇기에 너무도 많은 진실을 담고 있는 바다이다.

이런 『실록』을 만들어내기 위해 조선 사람들은 엄청난 공을 들였다. 먼저 사초를 작성하는 것부터 시작한다. **사관은 언제 어디서나 보통 두 사람이었는데, 한 사람의 기억력은 불완전하기도 하며 개인의 사관이나 정치적 의견 때문에 기록을 곡해할 가능성이 있었기 때문이다. 그렇게 정리한 사초들을 '임금도 못 보게' 비밀리에 보관해 두었다가 왕이 죽고 나면 본격적인 정리에 들어갔다.** 실록청이 만들어지고, 정승이 총재를 맡으며 대제학을 비롯한 당대의 글 잘 쓰는 사람들이 모두 모여들어 편수관이 되었다. 기존의 사초는 물론이거니와 『승정원일기』, 경연의 기록을 더하고, 여기에다가 개인의 문집까지도 모두 긁어와 비교하고 궁리하고 정리한 끝에 『실록』이 만들어졌으니 어마한 규모의 작업이었다.

『실록』 정리에 참여하는 것은 고되긴 했어도 굉장히 영광스러운 일이었고, 실제 편수관에 참여한 사람들 중에는 지금까지도 유명한 사람들이 꽤 많다. 그래서 『실록』에는 더욱 큰 권위가 생겼고 사관들은 긍지와 고집, 신념을 품고 자신의 일에 몸을 던질 수 있었으며 조선은 훌륭한 역사 기록을 가지게 되었다.

이렇게 심혈을 기울였어도 사람이 하는 일이다 보니 문제가 생길 때도 있었다. 이를테면 『선조실록』은 북인 정권인 광해군 때 만들어졌기에 남인과 서인에게 적대적이다. 그 정도가 너무 심했기에 광해군이 몰락한 뒤 새로 정리되었으니 이것이 『선조수정실록』이다. 여기서 주목해야 할 점은 공정성에 문제가 생긴 기록이라 해서 이전 것을 깡그리 없애지 않고 고스란히 남겨 두었다는 점이다. 그래서 후대의 연구자들은 고치기 전의 것과 고친 후의 것이 어떻게 다른지를 살펴볼 수 있었고, 이런 과정을 통해 그 시대를 더 깊이 이해할 수 있게 되었다. 무엇보다도 『실록』이 있기에 지금 이 책도 나올 수 있게 되었으니, 이 얼마나 고마운 일인가.

차례

작가의 말 4

머리말을 대신하여 - 위대한 『조선왕조실록』 6

프롤로그 - 조선시대 그분들의 시시콜콜한 이야기 12

1부 태조 - 정종 - 태종

01 원조 수호요정 태조 19
첫 번째 이야기 황산대첩의 영웅 25

02 위화도회군 (상) 27
두 번째 이야기 명나라의 사정 35

03 위화도회군 (하) 37
세 번째 이야기 위대한 명성과 뛰어난 전공은 죽음으로의 하이패스 45

04 이방원의 고시패스 47
네 번째 이야기 얘들아 공부 좀 하자 54

05 두유 워나 빌 더 조선? 56
다섯 번째 이야기 조선 레볼루션 61

06 태조, 수업을 째다 63
여섯 번째 이야기 각왕각색 경연 스타일! 71

07 차 좀 빼주세요 73
일곱 번째 이야기 소 타는 정승 79

08 왕자의 난 81
여덟 번째 이야기 그들이 아직 가족이었을 때 91

09 골프왕 정종 93
아홉 번째 이야기 동생을 아들로 삼은 사연 102

10 태종의 편식 104
열 번째 이야기 게장은 위험하다? 112

11 코끼리, 귀양 가다 114
열한 번째 이야기 궁궐 안 동물원 121

12 태종의 스토커 123

2부
세종 - 문종 - 단종

13 날라리 양녕대군 135

14 아들, 공부하지 마 144
열두 번째 이야기 형만 한 아우 없다? 152

15 백성과 고기를 사랑한 세종대왕 154
열세 번째 이야기 고기 만만세 162

16 황희 정승의 명예퇴직 도전기 164
열네 번째 이야기 관리들의 수난시대 170

17 **행복한 메리 구휼스마스!** 172
열다섯 번째 이야기 인간은 밥만 먹고사는 존재가 아니다 177

18 **이름을 부르지 말라!** 179
열여섯 번째 이야기 내 이름 내 마음대로 쓰겠다 186

19 **세종대왕은 측우기를 발명하지 않았다** 188
열일곱 번째 이야기 장영실과 현자의 돌 194

20 **문종은 꽃미남** 196
열여덟 번째 이야기 밀덕이 밀덕을 만든다 202

21 **흑마술을 쓴 세자빈** 204
열아홉 번째 이야기 사랑이 미움으로 변할 때 210

22 **엽기적인 그녀** 212
스무 번째 이야기 사랑과 전쟁 조선편 218

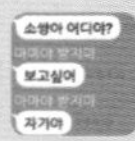

23 **아내에게 여자친구가 생겼다** 220
스물한 번째 이야기 환관을 사랑(?)했던 왕 226

24 **문종과 돌림병** 228
스물두 번째 이야기 여전히 힘을 간직했던 불교 236

25 **닭살 돋는 형제** 238
스물세 번째 이야기 세종대왕의 아이들 246

26 **단종 애사** 248
스물네 번째 이야기 소년왕의 귀환 254

3부
세조 - 예종 - 성종 - 연산군

27 그 소년의 큰 옷 259

스물다섯 번째 이야기 허세왕 세조 266

28 회식의 제왕 세조 268

스물여섯 번째 이야기 불신의 세조 276

29 열두 살 애아빠 278

스물일곱 번째 이야기 인과응보란 존재할까? 285

30 뇌물을 받으면? 287

스물여덟 번째 이야기 뇌물 받으면 주옥되는 거여요 293

31 성종의 동물사랑 295

스물아홉 번째 이야기 성종은 왜 신하들의 잔소리에 꽉 잡혀 살았을까? 304

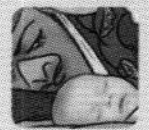

32 오냐오냐 306

서른 번째 이야기 도련님 장군 남이 314

33 장녹수 언니의 치명적인 매력 316

서른한 번째 이야기 연산군의 마더 콤플렉스? 322

34 임금님들은 설날에 뭐 했나? 324

서른두 번째 이야기 첫눈 선물 나갑니다 329

35 흥청망청의 어원 331

서른세 번째 이야기 '덕질'은 정도껏 337

36 쫓겨난 연산군의 삶 339

서른네 번째 이야기 비운의 공주 350

조선시대 그분들의 시시콜콜한 이야기

인생 살다 보면
별일이 다 일어난다.

그러니까 이런 일도
일어날 수 있다고 생각한다.

어느 날 갑자기
모르는 사람이 나를 친추했다.
구 가

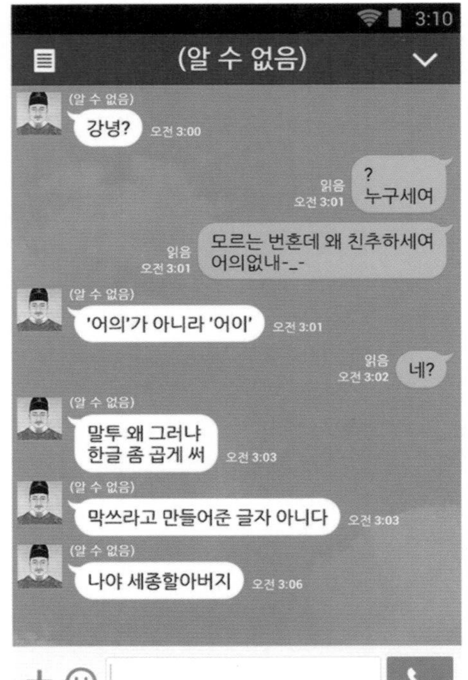

그리고 갑자기 쏟아지는
친구신청 알람.

놀라서 친구목록을 확인한 나는,
더욱 놀랐다.

어느 날 갑자기 메신저로 찾아온,

조선시대 그분들의

시시콜콜한 이야기

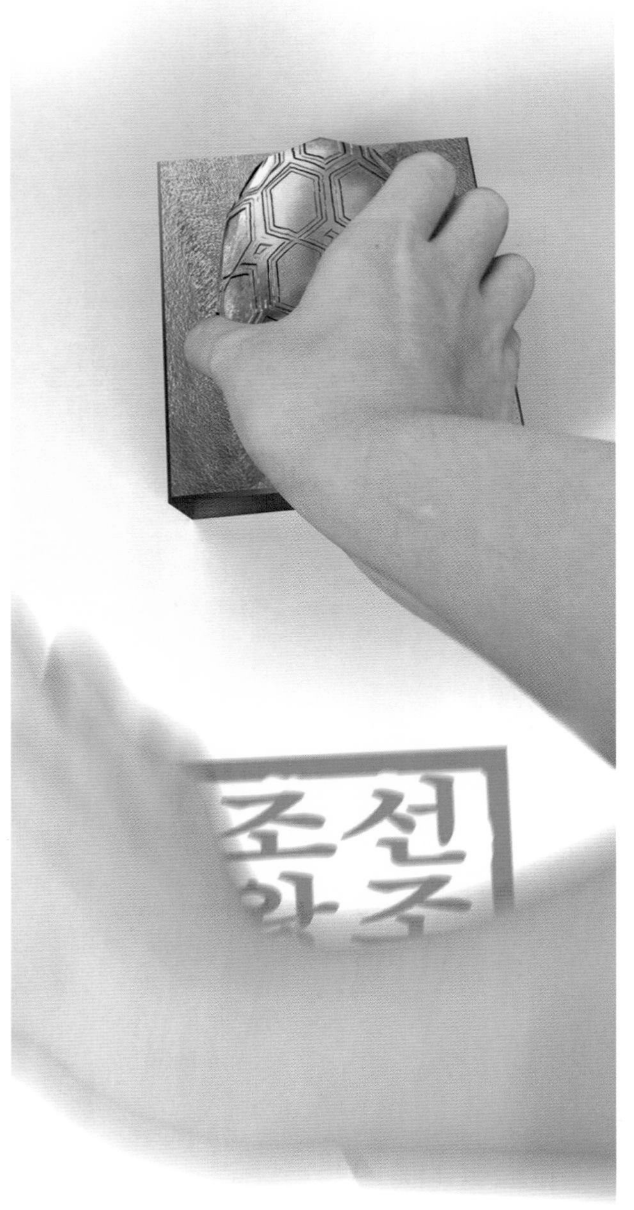

시작합니다.

1부

태조 1392~1398년 재위

정종 1398~1400년 재위

태종 1400~1418년 재위

건국
패밀리

01 원조 수호요정 태조

하나요 원조 수호신

수호요정 하면 당연히
이성계지!

왜구는 조선시대에만
난리 친 게 아냐.
걔네 고려 때도 장난 아니었어.

근데 후덜덜한 게,
얘네가 점점 위로 올라오는 거야!

궁궐 쪽으로!

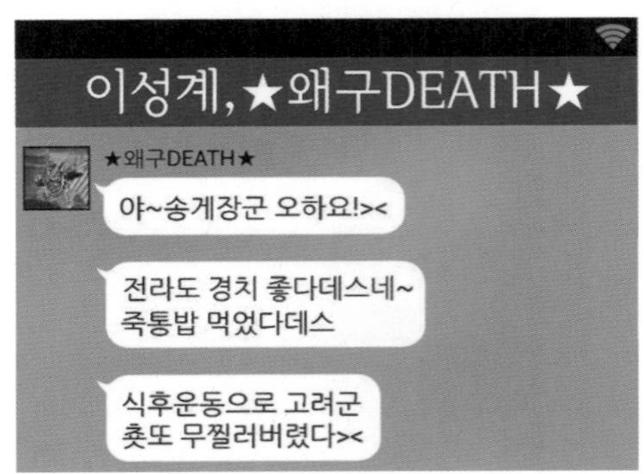

그 절체절명의 순간,
우리 ♥성계장군님♥은!

왜구들?
말 그대로 녹아버렸어!
전멸만 겨우 면해서는 허둥지둥 돌아갔지.

까아아아아아악

근데 더 대박이었던 게 뭔지 알아?

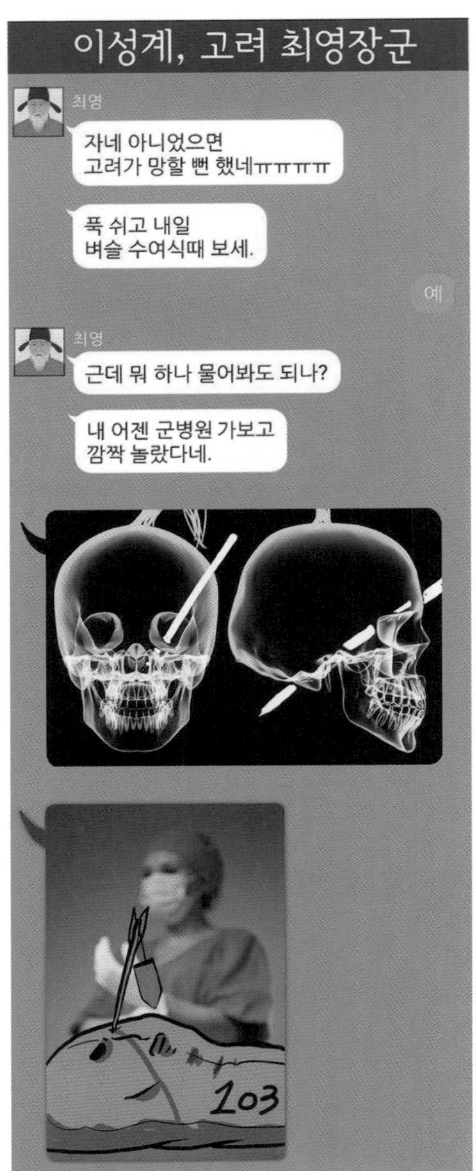

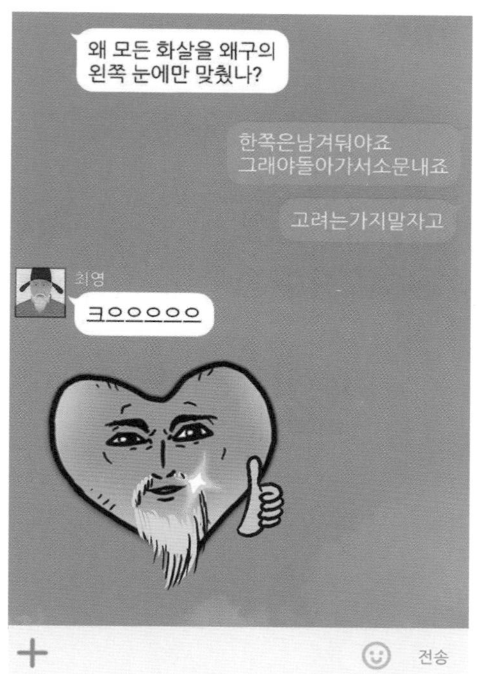

그 덕인지,
이후에는 왜구의 침략이
뚝↘ 줄어들었다네.

"왜요?"

정사 正史

실록에 기록된 것

- 고려 말, 전 국토가 왜구에게 유린당하다. 바닷가에서는 왜구 탓에 살지도 못했을 정도.
- 왜구, 수도 개경까지 치고 올라오다. 고려왕, 피난 떠날 준비하다.
- 고려의 장군 이성계, 황산대첩을 비롯한 수많은 전투에서 왜구를 무찌르다.
- 이성계, 왜구의 왼쪽 눈만 맞추다.

픽션

기록에 없는 것

- 정도전은 단체티를 만들지 않았다.

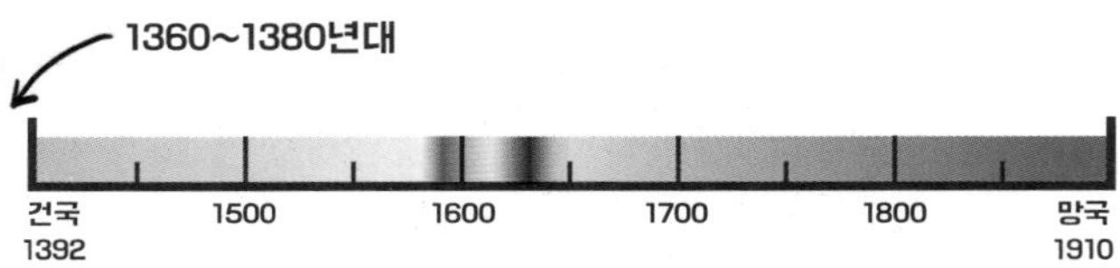

- 첫 번째 이야기 -

황산대첩의 영웅

태조는 조선을 건국한 인물이지만 그 이전에는 고려의 신하였다. 장군 시절 이성계는 암울하기 짝이 없는 고려 말, 민중들의 사이다이자 전쟁 영웅이며 나라의 구세주였다.

『태조실록』의 총서에서는 왕이 되기 전 태조의 여러 행적들을 찬양조로 기록하고 있는데, 그중 두드러지는 이야기는 활솜씨에 대한 것이다. 화살 하나로 새 스무 마리를 맞췄다는 등 믿기 어려운 이야기도 종종 보인다. 공교롭게도 이렇게 뛰어난 활솜씨를 가진 인물들이 또 있다. 고구려의 동명왕 주몽, 고려 태조 왕건이 그렇다. 명궁은 이 땅에서 임금을 하기 위한 필수 스펙이었던 건지도 모른다.

하지만 활솜씨보다 더 뛰어난 것은 전쟁 수행 능력이었다. 아버지 이자춘을 따라 고려에 귀화했을 때 이성계는 21세, 요즘이었으면 대학교 2학년이었을 나이에 전장을 누비며 활약했고 마침 당시는 그의 능력을 펼치기에 딱 좋은 난세였다. 이 시기 동아시아는 한국, 중국, 일본을 막론하고 정치적 혼란의 도가니였고 먹고살기 힘든 사람들은 생업을 버리고 홍건적이나 왜구 등 도적떼가 되었다. 도적이라고 하면 알리바바와 40인의 도둑쯤 되는 규모를 떠올릴지도 모르겠지만, 당시 웬만한 도적 무리의 숫자가 무려 1만에서 10만에 이르렀고 가진 배가 500척이었으니 이들과 싸운다는 것은 사실상 외침에 맞서는 전쟁이나 같았다. 이성계는 이들과 싸우며 많은 공을 세웠는데, 가장 높은 공적을 세웠던 전투는 황산대첩이다. 1380년(우왕 6) 아지발도阿只拔都라는 일본 소년 장수가 왜구를 이끌고 지리산을 거쳐 북쪽으로 올라왔다. 이성계는 양광·전라·경상도의 3개 도순찰사都巡察使가 되어 파죽지세로 올라오는 그들과 맞붙었다.

적은 고려군보다도 열 배가 많았고 기세도 대단하여 함양이 불타고 백성들의 시체가 길바닥에 즐비했다. 두 군대가 맞닥뜨린 곳은 황산荒山이었다. 이성계는 70발의 화살을 적에게 명중시켰지만 본인도 왼쪽 다리에 화살을 맞았고, 타고 있던 말들은 족족 죽어나갈 정도로 격렬한 전투였다. 부하들이 겁에 질리자 이성계는 해를 가리키며 외치길, "살려고 하는 자는 죽을 것이오…" 아, 실수! 이게 아니라 "겁나는 사람은 도망쳐라, 나는 적과 싸우다 죽겠다!"라고 외치며 용맹하게 싸웠기에 감동한 병사들이 목숨을 바쳐 싸웠다고 한다.

마침내 이성계는 그의 의형제였던 이두란李豆蘭과의 협공으로 적장 아지발도를 활로 쏘아 죽였고, 기세가 꺾인 왜군은 무너지게 된다. 근처의 강물이 피로 물들 정도로 엄청난 전승을 올렸고 살아남은 왜구는 고작 70여 명 정도였다고 하니 이성계의 인기가 하늘을 찌르는 것은 당연한 일이었다.

이 승리는 그저 운이 좋아서 거둔 것이 아니었다. 훗날 위화도회군 때 제시한 사불가론에서 엿볼 수 있듯 이성계는 무작정 싸우는 대신 적과 나의 상황을 냉철하게 판단할 줄 알았고, 가장 효율적인 방법을 찾아낸 뒤 그것을 밀고 나가는 결단력도 있었다.

또 이성계의 뛰어난 능력 중 하나는 친화력이었다. 그는 무인 집안 출신이었지만 많은 책을 읽었고 교양을 갖추고 있었다. 당시 신진사대부라 불리던 정도전, 이색, 정몽주 등과 친하게 지냈으며 구세력의 대표라고 할 수 있는 최영과도 사이가 좋았다. 최영의 신뢰가 없었다면 요동정벌 때 고려의 모든 군사를 이성계에게 맡기지는 않았을 것이다. 신진사대부들과는 정치적 이유로 갈라서기도 했지만 결국 그들과 힘을 합쳐 왕이 되었으니, 이를 운이나 흐름만으로 설명할 수는 없다 하겠다.

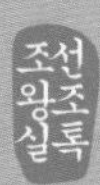

02 위화도회군 (상)

조선왕조실록

하나요 싹트는 의심

나는 이성계.
고려에 목숨 바친 장수.

왜구를 무찔렀다.
10만 홍건적도 무찔렀다.
두려운 적이란 없다.

그런데 요즘,
다른 사람도 아닌

나의 주군이 무섭다.

고려 우왕ㅋ, 이성계
고려 우왕ㅋ
야 이성계
니 책상에 이 책 뭐냐?
대학연의
~아프니까 임금이다~
소통하는 임금
공부하는 임금
백성을 위한 길을
밝힌다!
고려 우왕ㅋ
군바리가 이걸 왜 보냐?
그거성균관신진사대부
추천도서100선인데요
고려 우왕ㅋ
됐어 압수
다음날
고려 우왕ㅋ
야 이성계ㅋ
너 이젠 아주 노골적이다?
절대권력을 향한 여정ㅋ???
반지의 제왕
절대권력을 향한
호빗의 여정!
7권까지 다 샀더라?
감히 제왕학을 공부하시겠다?

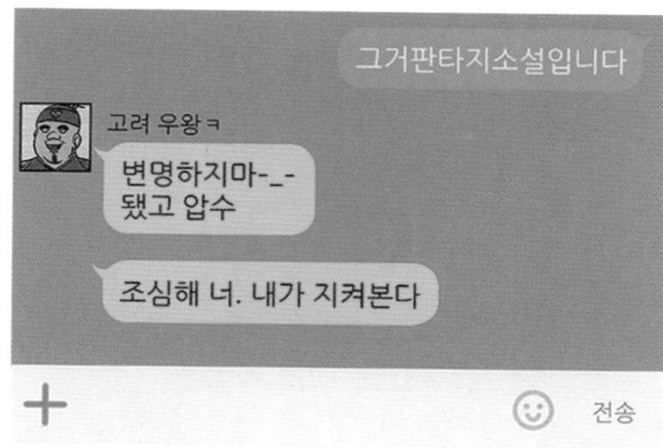
그거판타지소설입니다
고려 우왕ㅋ
변명하지마-_-
됐고 압수
조심해 너. 내가 지켜본다
전송

둘이요 떠도는 소문

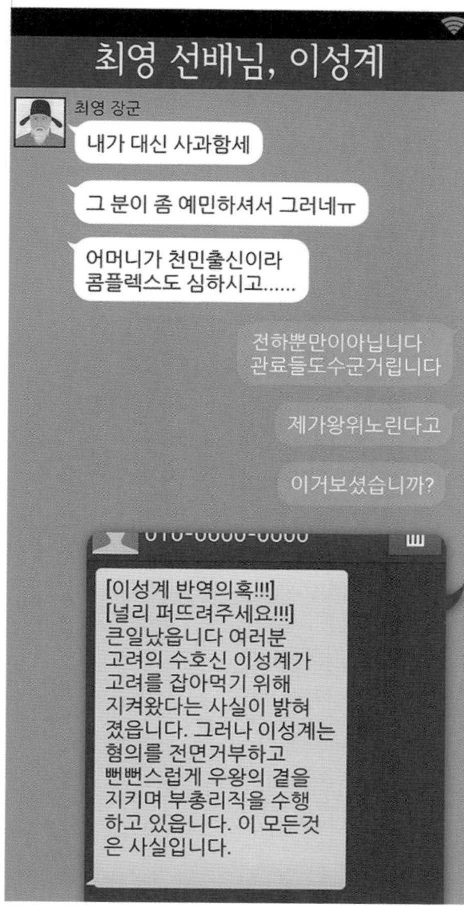
최영 선배님, 이성계
최영 장군
내가 대신 사과함세
그 분이 좀 예민하셔서 그러네ㅠ
어머니가 천민출신이라
콤플렉스도 심하시고......
전하뿐만이아닙니다
관료들도수군거립니다
제가왕위노린다고
이거보셨습니까?
010-0000-0000
[이성계 반역의혹!!!]
[널리 퍼뜨려주세요!!!]
큰일났습니다 여러분
고려의 수호신 이성계가
고려를 잡아먹기 위해
지켜왔다는 사실이 밝혀
졌읍니다. 그러나 이성계는
혐의를 전면거부하고
뻔뻔스럽게 우왕의 곁을
지키며 부총리직을 수행
하고 있읍니다. 이 모든것
은 사실입니다.

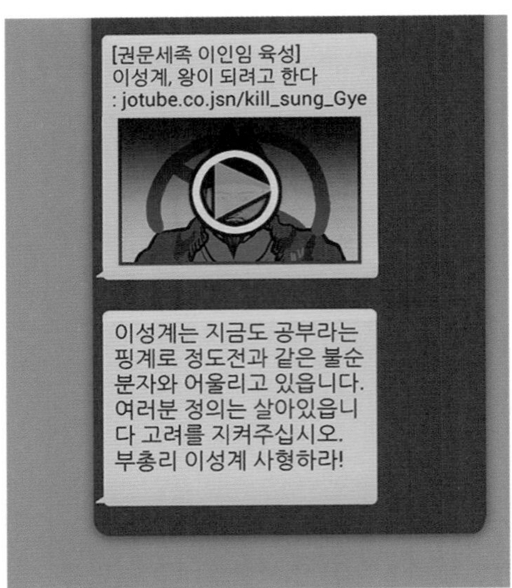

이인임.
고려를 쥐락펴락했던
부패의 온상.

잡았다 요놈

유배 가서 뭐 하나 했더니……

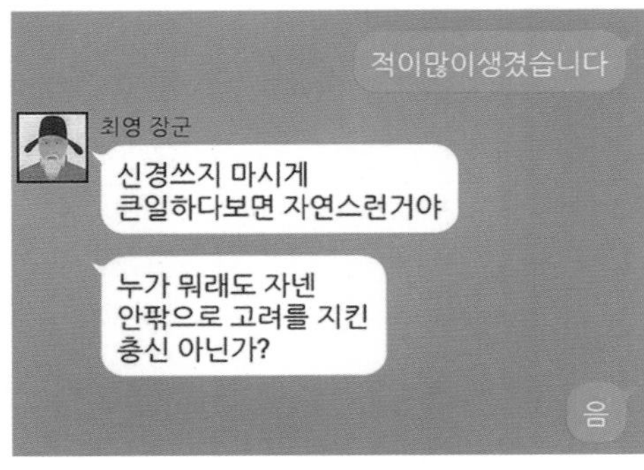

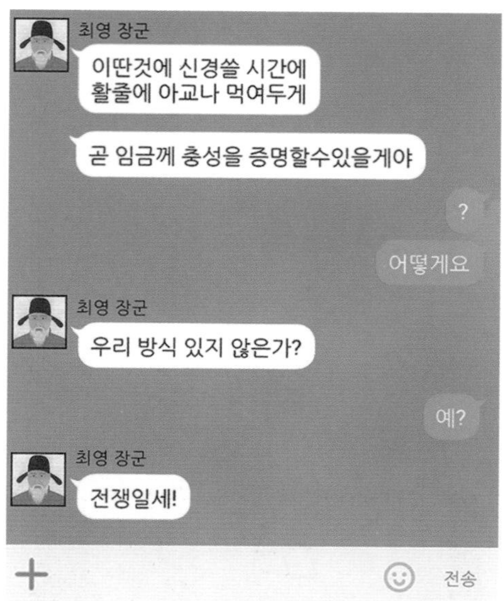

셋이요 철령 북쪽

원래, 고려 옆집에는
명나라와 원나라가 있었다.

고려는 그 둘 사이에서
밀당외교를 펼쳐왔다.
그런데 명과 원이
데스매치를 벌인 것이다.

승자는 명나라였다.

헌데 패권을 차지한 명이
고려에 시비를 털었다.

거기서 방빼라하오

우리가 원나라를 먹었으니,
그 땅도 우리거취마!

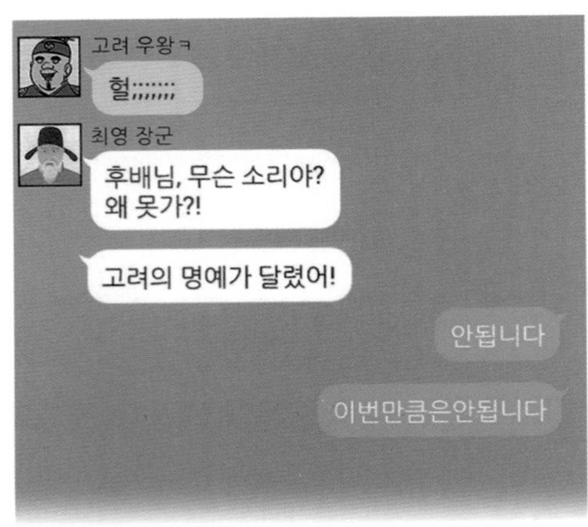

이싸움,하면안됩니다!

정사 正史

실록에 기록된 것

- 최영과 이성계, 권세가 이인임 일파를 숙청하다. 이성계, 수문하시중이 되다.
- 이성계가 『대학연의』를 읽다. 한창 사대부에게 핫하던 신식 제왕학책.
- 이성계를 모함하는 소문이 돌다. 이인임, "이성계가 장차 왕이 될 것이다" 하나 최영, 이성계를 신뢰하다.

픽션

기록에 없는 것

- 『반지의 제왕』은 고려시대에 없었다.

- 두 번째 이야기 -

명나라의 사정

"원나라가 망하고 명나라가 들어섰다." 역사책에는 간단히 한 줄로 적혀 있지만, 이 짧은 문장 속에 배어든 사람들의 고통과 눈물, 피는 어마어마하다. 한때 유라시아 대륙을 아우르는 거대한 제국을 세웠던 원나라가 차츰 쇠약해지자 중국 각지에서 홍건적 등 수많은 군벌이 일어나 원나라와도, 자기들끼리도 치열하게 싸웠다. 당시의 중국은 거대한 전쟁터였고 수많은 백성들은 처참하게 희생당했다. 그야말로 정권 교체의 혼란기 한가운데였다.

이 혼란기를 겪은 끝에 1368년 명나라가 건국된다. 중원의 패자가 된 홍무제 주원장은 가진 것 하나 없는 가난한 농민이다가 홍건적 대장이 된 후 황제 자리에까지 오른 사람이었다. 기나긴 중국 역사에서 농민이 황제가 된 경우는 홍무제와 한나라 고조 유방, 단 두 사람뿐이다.

원나라 말기, 주원장보다 강력한 군벌들은 아주 많았다. 그러나 이 강력한 군벌들이 자기들끼리 싸우며 힘을 다 소진하고 제풀에 주저앉는 동안 변두리에서 세력을 보존했던 주원장은 치고 올라와 탑의 자리를 거머쥘 수 있었다.

이렇게 황제가 된 주원장은 좋게 말하면 철저한 사람이었고 솔직히 말하자면 피도 눈물도 없는 사람이었다. 온 가족이 가난에 시달리다 전염병까지 겹쳐 굶어 죽고, 자신도 간신히 여기저기 떠돌며 빌어먹고 살았던 혹독한 과거 탓일까. 관리들의 부정부패를 절대로 그냥 보아 넘기지 못했고, 동시에 사람을 믿지 못했다.

황제가 된 그는 오래 전부터 자신을 따르던 신하들도 조금만 의심스러우면 죽여 버렸다. 숙청한 신하 및 그 일가친척이 5만 명에 이른다고 한다. 주원장이 믿지 못한 것은 자신의 신하들뿐만이 아니었다. 그는 원나라를 따르던 고려 역시 믿지 못해 공격에 나선다.

건국 뒤 수백 년을 이어가는 명나라지만 당시에는 신장개업한 지 얼마 안 된 나라였다. 이름만 제국이지 체계라고는 없는 천막 신세나 같았다. 아직까지 지방에서는 미처 진압되지 않은 군벌들이 득시글대고 있었고 통치 체계 역시 만들어지지 않았다. 무엇보다 망한 원나라가 순식간에 뿅 하고 사라진 것은 아니었다. 원나라 마지막 황제였던 순제의 황태자 아유르시리다르(기황후의 아들)는 북쪽으로 옮겨 가서 북원을 세웠고, 황태자는 소종으로 즉위하여 한때 명나라를 공격하기도 했다.

고려는 오랫동안 원나라의 부마국이었고 그즈음 원나라의 태후는 고려 여자인 기황후였으며 북원을 세운 소종의 황후 두 사람도 모두 고려 여자였다. 이렇듯 원나라와 밀접한 관계인 고려가 북원 세력과 손을 잡고 명나라의 뒤통수를 친다면? 당시 고려의 입장에서는 "우리가 뭐하러 그래?"라고 반문했겠지만, 불안했던 명나라는 고려를 몹시 강경하게 협박·견제했고, 고려는 고려대로 그 견제를 이해하고 적절하게 대처할 만한 국제적인 감각과 수완이 부족했다. 그래서 북진을 주장하는 사람들이 등장했던 것이다.

과연 최영이 주장한 대로 요동정벌에 나섰으면 성공했을까? 그러기에 북원은 이미 쭉정이가 된 상태였다. 게다가 수십 년 뒤 사방팔방으로 왕성하게 해외 원정을 펼친 영락제 시기의 명나라 국력을 생각하면 정벌 당시에 약간의 성과는 거둘 수 있었을지 모르나 이후 후환은 분명히 컸을 것이다. 조선왕조실록

03 위화도회군 (하)

하나요 철령 이북

명나라가 요구한 철령 북쪽땅.
부르기를, '동북면'.

솔직히 매력적인 땅은 아니다.
너무나 춥고, 산세도 험하며,
험한 땅만큼이나 사람들도 거칠다.

잘 크는 것이라곤
어린아이들과 감자뿐인,

나 이성계의 고향.

둘이요 사불가론

하나.우리가
크기에서밀립니다

4
명
명나라사이즈보십시오
견적이안나옵니다!

오늘
내일
모레
동북면
그리고봐요,이제장마철인데
불어난압록강을어찌건넙니까?
거기다농사철아닙니까!
백성들일하게둬야지요!
셋,이무더위속에선활줄이
팬티고무줄처럼늘어집니다
콜레라도번질텐데
싸움을어찌합니까!

끝으로왜구들때매안됩니다.
얘네좀보십시오

왜적
이송게장군~^^^
조만간 요동으로
출장간다는데 혼또?^^
군사들도 싹 데려가주시떼❤

빈집털이올게뻔하잖습니까!

아,이싸움정말안됩니다

전하,
최영선배님,
제발

요동정벌의명을
거두어주십시오!

셋이요 위화도 회군

한 달 뒤,
1388년 5월 22일.

나는 지금, 5만 군사와 함께
압록강에 와 있다.

내 말은 씨알도 먹히지 않았다.

강만 건너면 요동인데.

글쎄. 우리가
싸워볼 수나 있을지?

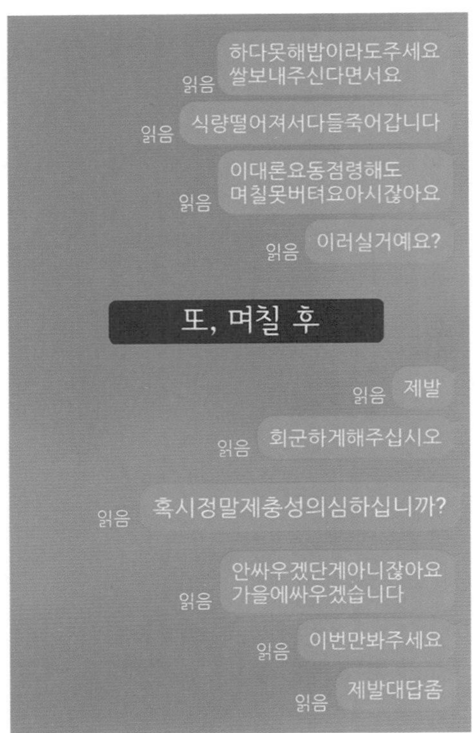

그런데 그때,

개경에서 다급한 전갈이!

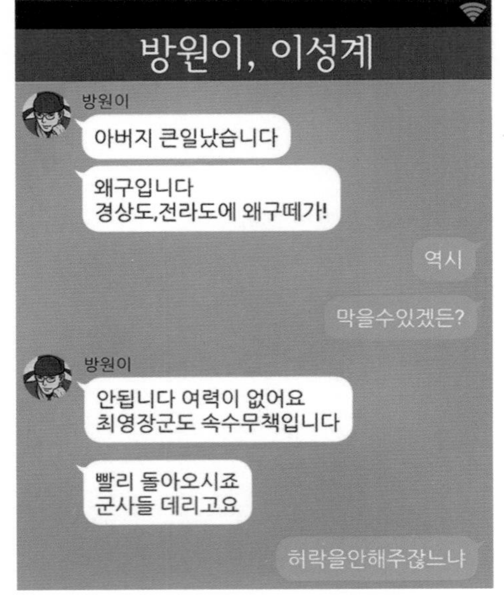

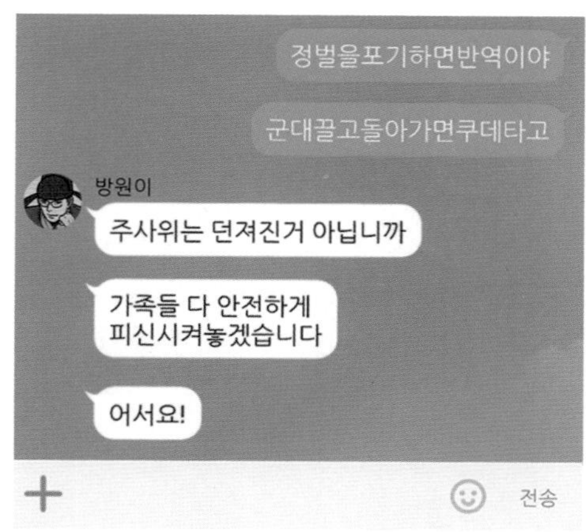

그래,
주사위는 던져졌다.

앞에는 죽음,
뒤에는 반역이라면

[전체공지-알려주세요]
전군, 회군하라!

나는,
개경으로 간다!

이성계,
압록강 근처 위화도에서 군을 돌리다.
3만 군사와 함께 개경을 치다.

우왕과 최영 붙잡다.
구세력들을 축출하다.

고려를 장악하다.

정사 正史

실록에 기록된 것

- 동북면은 이성계의 고향.
- 이성계, 사불가론을 들며 요동정벌을 반대. 그러나 우왕과 최영, "안 가면 사형"이라 위협.
- 위화도에 도착. 뗏목을 만들었으나 뒤집히다. 군량미 떨어지다. 그러나 고려로부터 지원이 시원찮았다.
- 이성계, 가을에 싸우겠다고 하니 거절당하다. 그사이 왜구 침략.
- 이방원, 가족들을 피난시키다. 이성계, 군을 돌려 개경을 장악하다.

픽션

기록에 없는 것

- 카이사르 : "주사위는 던져졌다." 이거 내 유행언데?

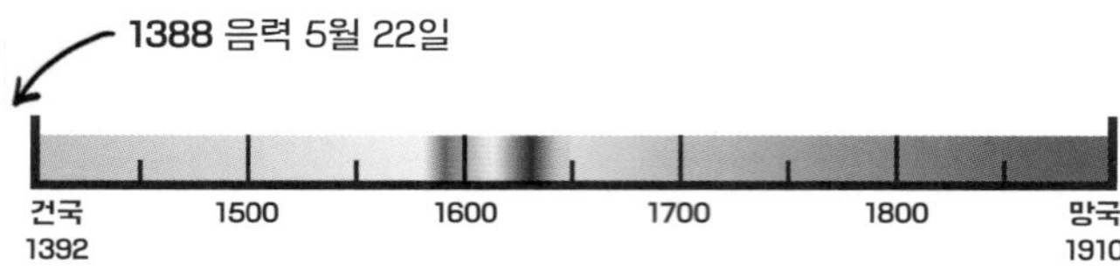

- 세 번째 이야기 -

위대한 명성과 뛰어난 전공은 죽음으로의 하이패스

역사적으로 세계 어느 나라에서나 막강한 군대를 이끌고 훌륭한 전공을 세워 국민의 인기를 한 몸에 받는 장군은 언제나 다른 이들의 질시를 받았고 모함당하다가 마침내는 죽임을 당하곤 했다. 그런 예는 너무나 많아서 일일이 나열하기 어려울 정도이다. 하지만 그래도 고려 후기처럼 뛰어난 무장들에게 살벌하던 시기도 찾아보기 어렵다.

고려는 무신 정권 시대라는 호된 시기를 보낸 역사가 있다. 정중부를 비롯한 무신들이 난을 일으켜 문신들을 제거하고 왕을 꼭두각시로 만든 뒤 나라를 온통 들쑤셔 놓았던 시기이다. 그랬기에 고려의 왕들은 무신, 특히 뛰어난 장군들을 중용하면서도 지극히 견제할 수밖에 없었다.

이런 경향은 공민왕 때 특히 두드러졌다. 공민왕은 원나라가 쇠약해진 틈을 타서 내정 간섭 기구인 정동행성을 폐지하고, 쌍성총관부와 제주도를 공격해 원래의 고려 땅을 되찾았던 왕이다. 이 영토 수복 전쟁에는 인당이라는 장수가 앞장섰는데, 이후 원나라가 이 문제로 고려를 침략하겠다고 으름장을 놓자 공민왕은 인당의 목을 뎅겅 베어 "얘가 그랬어요!"라며 사태를 무마한다. 왕의 명령을 열심히 따라 공을 세웠을 뿐인데 그 대가로 돌아온 것이 죽음이라니 이처럼 억울한 일이 또 있을까.

일은 여기서 끝나지 않는다. 1359년(공민왕 8)과 1361년(공민왕 10), 두 차례에 걸쳐 홍건적이 고려에 쳐들어온다. 각각 4만, 10만의 군사를 이끌고 몰려드는 기세 앞에서 공민왕은 안동으로 피난을 가야 할 만큼 궁지에 몰렸다. 이것을 막아낸 것이 정세운, 안우, 이방실, 김득배라는 네 장군이었다. 이들은 힘을 다해 싸워 홍건적을 개경에서 몰아냈는데, 홍건적이 물러난 지 나흘이 지나자 차례차례 죽임을 당했다.

『고려사』에서는 정세운과 사이가 나빴던 김용이란 사람이 장군들 사이를 이간질하여 서로 죽고 죽이게 되었다고 하지만 이후 공민왕의 대처는 심상치 않다. 공민왕은 일이 터지자 곧장 김용을 처형하고 아직 살아남은 김득배와 이방실을 잡아오면 막대한 상금을 주겠다며 체포령을 내려 결국 둘도 붙잡아 처형했다. 이 사건에 정몽주도 크게 화를 내며 “해도 너무한 거 아니냐”라고 했다 하니, 모든 일은 장군들 사이의 내분이었다기보다는 혁혁한 공을 세운 장수들을 견제하기 위한 공민왕의 짜고 치는 고스톱이었을 가능성이 매우 높다.

똑같이 혁혁한 공을 세운 장군이라도 최영은 상황이 많이 달랐다. 비록 본인은 황금 보기를 돌같이 하는 검소하고 강직한 인물이었을지언정 집안은 내로라하는 권문세족 일가였다. 뒷배가 튼튼한 데다 우왕이 최영의 딸을 자신의 왕비로 맞이하기까지 했으니 최영은 왕의 견제를 받기는커녕 오히려 왕의 비호를 받는 감이 있었다.

그에 비해 이성계는 이제까지 죽은 장수들과 다를 바 없는 처지였다. 그것도 내내 원나라의 쌍성총관부에서 터를 잡고 살다가 불과 얼마 전 고려로 귀순한 새내기 처지. 그리고 우왕은 이성계의 존재를 몹시 불안하게 여겼다. 왕의 견제를 받게 된 이성계에게 남은 길은 두 가지밖에 없었다. 죽느냐 사느냐. 그러니 만약 이성계의 군대가 요동정벌에 성공했다 하더라도 돌아와 좋은 결말을 맞이하기는 어려웠을 것이다. 노량대첩에서 이순신이 전사하지 않았다면 이후 어떤 꼴을 당했을지 알 수 없는 것처럼 말이다. 결국 이성계는 사는 길을 선택했고, 위화도회군이 벌어졌다. 그리고 이성계는 이전의 무신이나 권신들처럼 꼭두각시 왕을 세워 정권을 잡는 대신 완전히 새로운 나라를 만들어 조선의 태조가 되었다.

조선왕조실톡

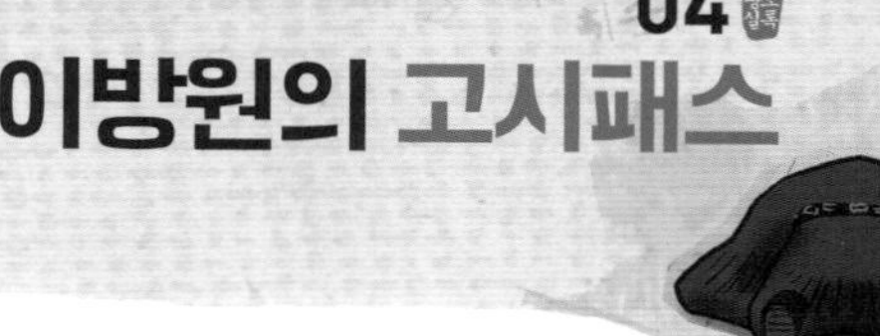

04 이방원의 고시패스

이성계　장하다 아들아

이방원　성공할 테다

하나요 흐뭇

나, 고려의 장수 이성계.
외적을 막고자
황량한 변방에 나와 있다.

[이성계, 동북면도지휘사]
고려의 ~~탱커~~수호신

하지만,
지금 기분 아주 좋다!

이성계, 이방원
이성계
ㅎㅎ
이방원
ㅎㅎ
ㅎㅎㅎㅎ
이방원
ㅎㅎ왜요?
ㅎㅎ좋아서
이방원
ㅎㅎ뭐가요?
ㅎㅎㅎㅎㅎ그냥
우리아들보기만해도좋아서
이방원
ㅎㅎㅎ
수고많았다
니가애비설움을풀었어
이방원
제가 뭘요
얼마나장하냐
그어려운시험에붙다니
내가동네방네자랑하고다닌다
이방원
ㅎㅎ
우리방원이가과거급제했다!!!!!!!!!!!!!

합격증 이방원
그대를 1383년도 과거시험의
전송

둘이요 이성계의 설움

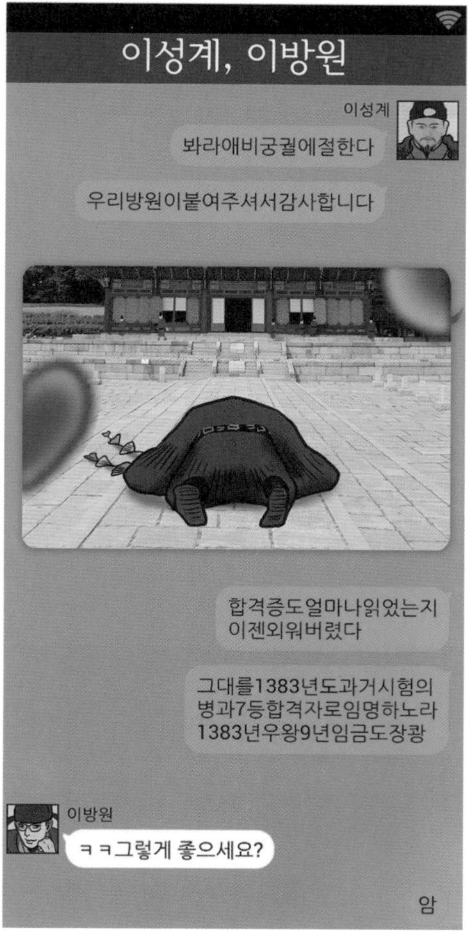

이성계, 이방원
이성계
봐라애비궁궐에절한다
우리방원이붙여주셔서감사합니다
합격증도얼마나읽었는지
이젠외워버렸다
그대를1383년도과거시험의
병과7등합격자로임명하노라
1383년우왕9년임금도장쾅
이방원
ㅋㅋ그렇게 좋으세요?
암

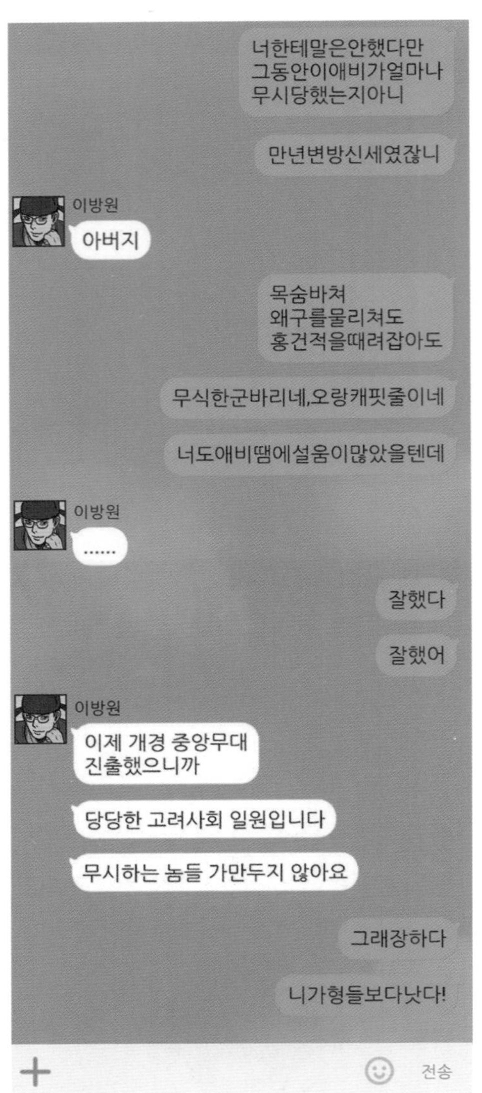
너한테말은안했다만
그동안이애비가얼마나
무시당했는지아니
만년변방신세였잖니
이방원
아버지
목숨바쳐
왜구를물리쳐도
홍건적을때려잡아도
무식한군바리네,오랑캐핏줄이네
너도애비땜에설움이많았을텐데
이방원
……
잘했다
잘했어
이방원
이제 개경 중앙무대
진출했으니까
당당한 고려사회 일원입니다
무시하는 놈들 가만두지 않아요
그래장하다
니가형들보다낫다!
전송

셋이요
아빠친구

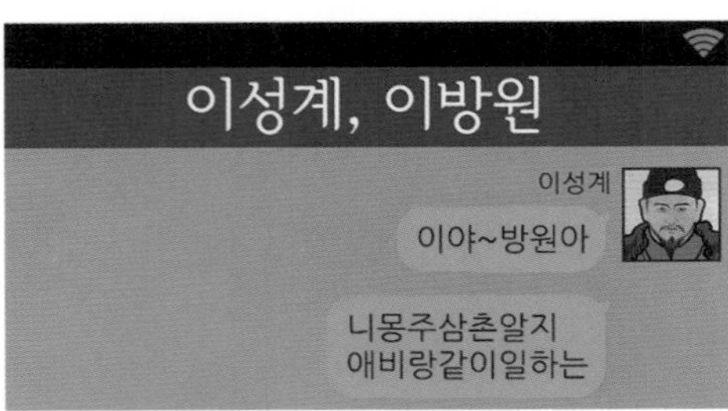
이성계, 이방원
이성계
이야~방원아
니몽주삼촌알지
애비랑같이일하는

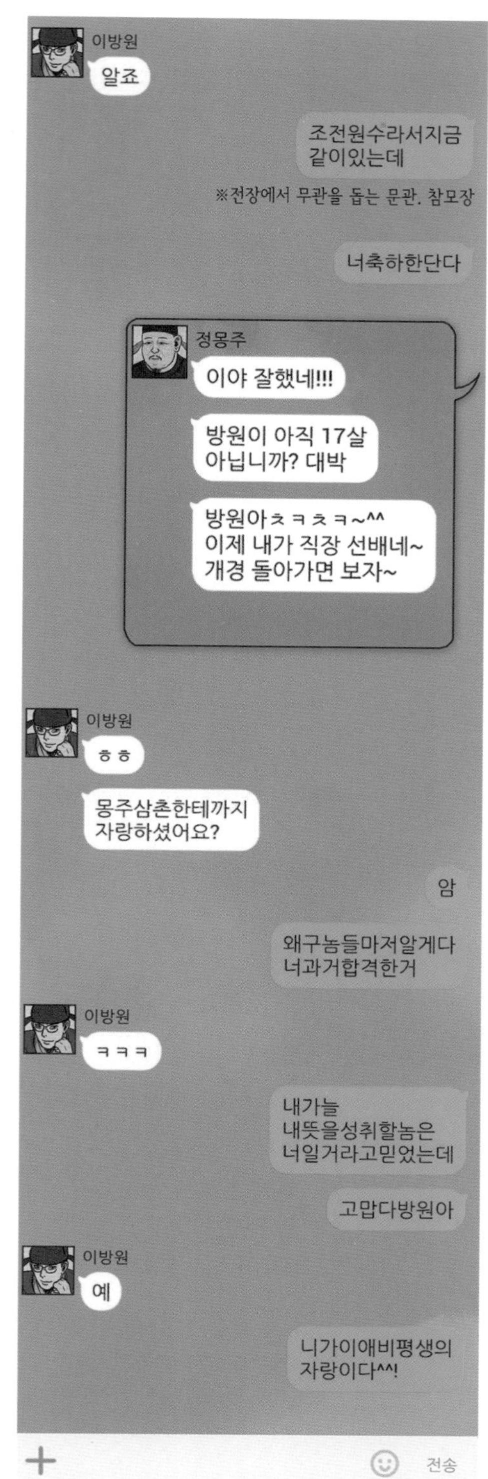
이방원
알죠
조전원수라서지금
같이있는데
※전장에서 무관을 돕는 문관. 참모장
너축하한단다
정몽주
이야 잘했네!!!
방원이 아직 17살
아닙니까? 대박
방원아ㅊㅋㅊㅋ~^^
이제 내가 직장 선배네~
개경 돌아가면 보자~
이방원
ㅎㅎ
몽주삼촌한테까지
자랑하셨어요?
암
왜구놈들마저알게다
너과거합격한거
이방원
ㅋㅋㅋ
내가늘
내뜻을성취할놈은
너일거라고믿었는데
고맙다방원아
이방원
예
니가이애비평생의
자랑이다^^!
전송

이로부터 9년 뒤인

1392년,

26세 이방원,
조선 건국에 반대하던 정몽주를
선죽교에서 척살하다.

이성계,
조선을 건국하고
1대 왕 태조가 되었으나

이방원을 세자로 삼지 않다.

정사 正史

실록에 기록된 것

- 이방원, 처음이자 마지막으로 과거급제한 왕.
- 이성계, 집안에 유학을 공부하는 사람이 없음을 불만으로 여겨, 이방원을 일찍이 스승에게 보내 학문 가르치다. 방원, 열심히 배우다. 성계, 뿌듯해하며 "내 뜻을 성취할 사람은 반드시 너일 것이다" 하다.
- 이방원, 17세에 과거급제하다. 성계, 감격하여 눈물 흘리며 대궐 뜰에 절하고 합격증서를 연거푸 읽다.
- 일찍이 이성계와 교분이 있었던 정몽주. 황산대첩 등 큰 전투에 이성계의 참모로 수차례 참전하다. 후배 정도전을 이성계에게 소개한 것도 정몽주. _ #난_성계를_믿었었던 만큼_정도전을_믿었었기에
- 이방원, 정몽주를 선죽교에서 척살하다. 이 일로 이성계의 눈밖에 나다. 왕자의 난 서막 오르다.

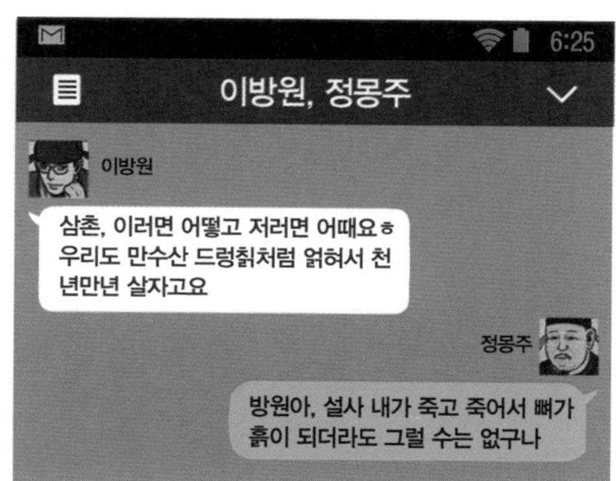

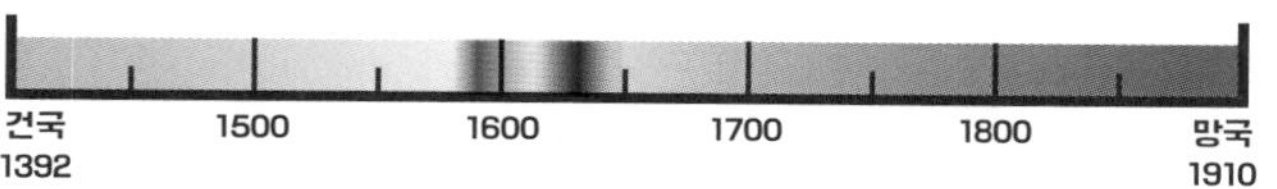

- 네 번째 이야기 -

얘들아 공부 좀 하자

이성계는 그의 5대조가 함흥으로 이주한 이래 여진족과 다를 바 없이 살아왔던 무골이었다. 그러다 보니 그의 친척, 아들, 자식들에게는 모두 체육인의 피가 진하게 흐르고 있었는데, 예나 지금이나 도시사람들에게 지방 촌놈이라고 은근히 무시를 받았을 것이다. 따라서 그가 과거에 당당하게 급제한 이방원을 자랑스러워한 것은 당연한 일이었다.

조선을 세운 이후로도 변방의 무장 집안이란 콤플렉스는 여전했는지 1428년(세종 10) 세종은 종학宗學을 세운다. 이곳은 왕족 학교로 8세 이상 50세 이하의 종실들은 모두 이곳에서 글공부를 해야 했다.

"크게 배우지는 못하더라도 매일 좋은 말을 들으면 그것만으로도 좋은 일이잖아." 세종은 그렇게 말하며 자신의 아들들을 줄줄이 성균관 및 종학에 입학시켰고, 이를 따라 종친들도 자식들을 종학에 입학시켜 세종의 '다함께 공부 프로젝트'는 문제없이 진행되는 듯… 했지만 그렇게 쉽게 굴러가지 않았다. 종실 출신이면 임금의 친척이라 공부를 하든 말든 먹고살 걱정은 없었고, 동시에 왕족이기에 열심히 공부해봐야 끝까지 출세할 수도 없었다.

해봐야 좋은 것도 없는데 굳이 공부를 하고 싶지 않은 게 사람의 본성 아닐까. 그러다 보니 종친들은 열심히 공부하기는커녕 학교를 빼먹고 사고만 쳤다. 전체 인원의 60퍼센트가 각종 핑계를 대어가며 수업을 빼먹고 놀러 다녔으니 제대로 수업이 될 리 없었다.

그걸 보아 넘길 세종이 아니었다. 세종은 수업에 빠지거나 공부를 안 하는 종실들에게 벌을 주고, 몸이 아프다며 수업을 빠지면 의원을 보내 진찰하게 한 뒤 꾀병이 아닌지를 확인하게 했다. 어느 종실은 말에서 떨어져 다쳤다고 학교를 빠졌는데, 진찰 결과 뻥이었음이 밝혀져 내렸던 벼슬을 거두는 일까지 있었다. 심지어 아무리 배워도 진도가 안 나가는 종실에게도 처벌을 했지만, 아무리 그래도 끝까지 공부를 안 하는 사람들도 있었다.

"하루에 글자 10개밖에 안 읽는다."

세종이 대놓고 한탄을 할 정도였으니 가르치는 선생들은 얼마나 머리를 쥐어뜯었을까. 수업을 빼먹는 정도면 차라리 다행이었다. 공부하라고 모인 종학에서 싸움을 벌이기까지 했으니 세종의 이복동생인 혜령군惠寧君이 그랬다. 혜령군은 어릴 때부터 책은 펴 보기도 싫어했고, 그렇다고 무예를 잘하는 것도 아니었으며, 경회루 연못에 퐁당 빠진 걸 지나가던 세자(문종)가 구해주는 등 말썽이 많은 인물이긴 했다.

그러나 뛰는 놈 위에 나는 놈, 말썽에도 끝판왕이 있었으니 바로 세종의 친형 양녕대군이었다. 원래 고려시대에는 단옷날에 돌팔매싸움을 벌이는 풍습이 있었는데, 사람들이 돌에 맞아 많이 다쳐 조선시대에는 금지되었다. 하지만 1438년(세종 10), 양녕대군은 그런 동생을 물 먹이기라도 하듯 종학 수업을 빠진 종실들을 불러 모아 돌팔매싸움을 크게 벌이고 어떤 종실들은 직접 말을 타고 작대기를 휘두르며 지휘를 해서 죽은 사람까지 나왔다. 당연히 사헌부에서는 처벌하라고 벌떼같이 일어났지만, 세종은 애써 무마해 양녕대군은 건드리지 않고 다른 종실들도 지방으로 추방했다가 1년쯤 뒤 복귀시켰다.

결국 세종이 세상을 떠난 뒤 종학도 차츰 유명무실해지다가 연산군 때 폐지되고 말았다. 중종 때 다시 만들어지지만 숙종 때에 가서는 있느니만 못한 기관으로 남게 된다. 이렇게 보면 임금이 시켜도 하기 싫은 공부는 못하는 것인가 보다. 뭐, 집안 내력을 따지고 보면 책벌레 세종이 더 특이한 것이기는 했지만. 조선왕조실톡

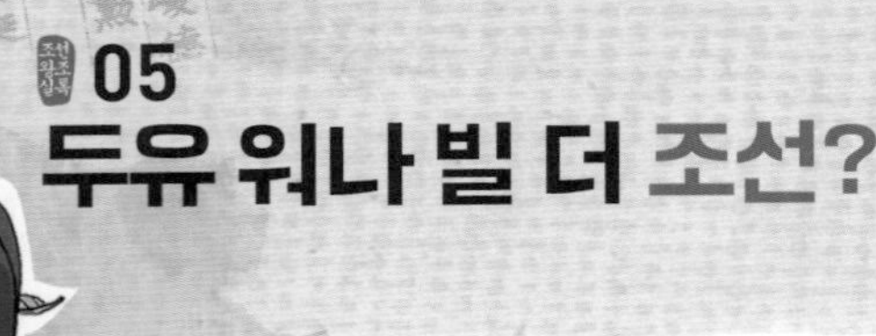

05 두유 워나 빌 더 조선?

혼란스러웠던 고려 말.

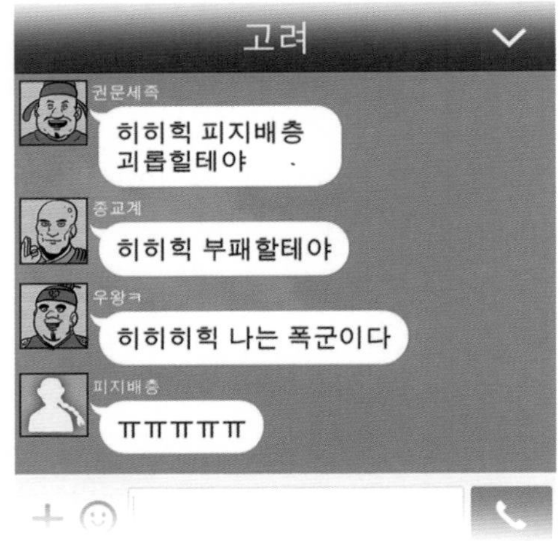

신진사대부와 신흥무인이 일어나
고려를 무너뜨렸다.

주인 잃은 고려 국새를 들고
이성계 대감의 집으로 향하는
나, 정도전과 신료들.

새나라 조선의 첫 번째 왕이
뚫하고 탄생하는
역사적인 순간인데,

이상하다.

?

이성계 대감이
문을 안 열어!

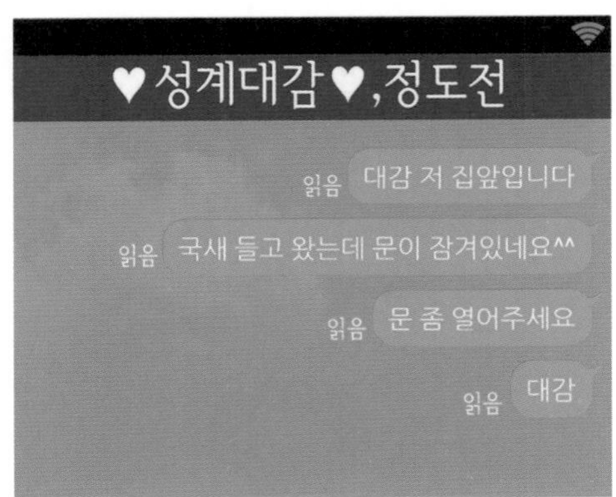

…….

읽음 아 부담스러워서 그러시는구나^^;

읽음 잘 알죠 왜 몰라요……
대감이나 저나 고려에서
나고 자랐는데요.

대감은 또 목숨바쳐 고려 지키는
장군이셨고......ㅠㅠㅠ
읽음
근데요 대감
읽음
권문세족이 양민 수탈하고
간신들이 나라 말아먹었잖아요
갈아엎을 때 됐어요.
읽음
왕위에 오르세요.
읽음
대감
읽음

대감 읽씹은 군자의 도리가
아닌줄로 아뢰오......
띠롱!

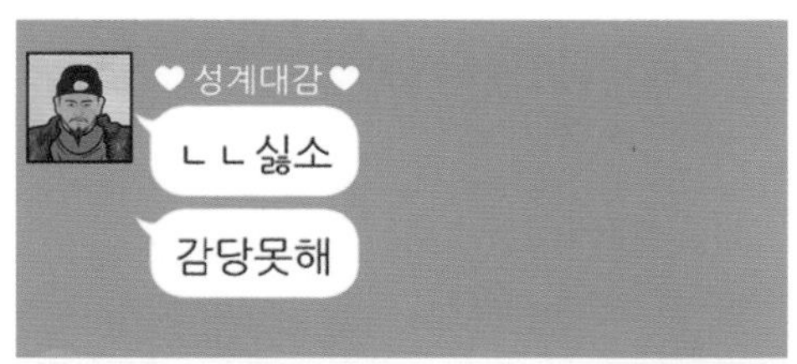
♥성계대감♥
ㄴㄴ싫소
감당못해

"…부수죠?"

"넵ㅋ"

대소신료들의 간곡한 설득(?) 끝에
이성계는 나와서 왕위에 올랐다.

이가 조선의 1대 임금 태조이니,
때는 1392년 7월이었다.

실록에 기록된 것 정사 正史

- 조선의 왕이 된 이성계, 하지만 한때는 고려의 충성스런 장수였다.
- 이성계, 신료들이 국새를 들고 오자 문 잠그고 버티다.
- 배극렴 등 신료들, 문 밀치고 들어가다.

기록에 없는 것 픽션

- 정도전, 쿼티 자판을 쓰진 않았다.

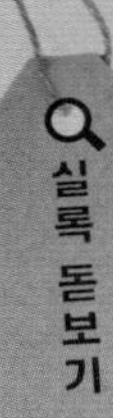

- 다섯 번째 이야기 -

조선 레볼루션

고려는 개경 지방의 호족이었던 왕건이 다른 호족들과 힘을 합쳐 세운 나라였다. 그러다 보니 왕건은 왕이되 귀족들의 대표라는 느낌이 더 강했다. 또 하나 고려의 특징은 불교를 국가철학으로 삼았다는 것이다. 국가적으로 유학도 장려하기는 했지만 그보다 더 많은 것을 불교에 기댔다. 국가가 직접 불교 행사를 거행하고, 왕족들이 출가하기도 하고, 부처의 힘을 빌어 외적을 물리치겠다는 염원을 담아 대장경을 만들기도 했다.

이런 고려를 뿌리부터 뒤흔들었던 두 사건이 있다. 하나는 무신정변, 하나는 원나라의 침입이다. 정중부, 이의방 등 무신들이 반란을 일으켜 문신들을 죽이고 권력을 잡은 무신정변은 잠깐의 쿠데타로 끝나지 않고 국가 질서를 뿌리부터 흔들어 나라를 약육강식의 정글처럼 만들었다. 어떤 정의도 정당성도 없이 그저 가장 힘이 센 무신이 정권을 잡아 왕을 세우고 횡포를 부리다가 다른 무신에게 숙청당하는 일이 거듭되며 나라는 혼돈 파괴 망각에 빠져든다.

고려의 왕 원종은 이 무신들을 어떻게든 물리치기 위해 외세를 끌어들였으니 그것이 원나라였다. 그야말로 여우를 쫓겠다고 호랑이를 들인, 고려의 세컨드 임팩트. 덕분에 무신들은 축출해냈지만 이후 고려의 왕은 원나라의 호구가 되어 왕의 이름에마저 (원나라에의) 충성을 담아 충忠 자와 공恭 자를 붙여야 했고, 대대로 원나라 공주와 결혼해야 했으며 어릴 때는 원나라에서 자라야 했다.

이렇듯 원나라에 기생하며 나라의 명맥을 유지하다 보니 왕의 책임감은 흐려지고 자포자기가 대대로 이어지기 시작한다. 충선왕부터 시작되는 고려왕의 계보에는 광기가 흐르고 있다. 아들과 아버지가 서로를 몰아내고, 왕이 왕비를 주먹으로 때려죽이고, 아들이 아버지의 여인들과 간음한다. 조선 사람들이 고려를 깎아내리기 위해 조작했다는 설도 있지만 이렇게 꾸며내기도 어렵다 싶을 만큼 그 광기의 형태는 다채롭다. 개혁의 군주였다며 높게 평가받는 공민왕조차도 뿌리 깊은

인간 불신으로 원나라에서부터 함께 해온 공신 37명을 두어 명만 제외하고 모두 죽였을 정도이다. 이러니 신하들은 왕에게 충성하기보다 원나라에게 기대었고, 지도부가 이 꼴이니 나라가 멀쩡할 리 없었다. 극소수의 사람들이 나라 대부분의 부를 소유하고, 백성들은 가난과 난리에 찌들어 지쳤으며, 고려의 불교는 고려와 함께 썩어 들어갔다. 한 국가를 지탱하는 종교철학이라기에는 너무나 부패해버린 암 덩어리가 된 것이다.

게다가 동아시아 국가 정세는 혼란의 카오스였다. 중국은 원나라가 쇠약해진 뒤 전역에서 군벌들이 일어나 싸워댔고 일본은 남조와 북조로 나뉘어 싸워댔다. 그러자 홍건적과 왜구의 고려 침략도 빈번해졌다. 안팎으로 엉망진창인 상황에서 탈탈 털리는 백성들의 삶은 넋이라도 있고 없고 한 수준이었다. 꿈도 희망도 없이 당장 내일을 무사히 맞을 수 있을지를 걱정하는 나날.

그러나 언제나 희망은 가장 깊은 절망의 밑바닥에서 솟아나는 법. 이제 더 이상은 안 되겠다, 고려가 아닌 새로운 나라를 세워보는 건 어떨까? 하는 파랑이 일어났다. 자연스레 그 과정에서 새 나라를 세우는 사람들은 모든 것을 고려와 다른 방향을 추구하게 되었다. 궁에 틀어박혀 미쳐 날뛰는 왕씨 대신 산 좋고 물 좋은 함흥에서 부지런히 뛰어다니는 이씨로. 제 배 불릴 줄만 아는 권문세족 대신 더 나은 미래를 꿈꾸는 신진사대부로. 부패한 불교 대신 유교로. 그게 바로 조선 레볼루션. 그렇게 새로운 나라, 새로운 시대가 열렸다. 조선왕조실톡

06

태조, 수업을 째다

[태조 이성계 : 조선의 첫 왕]

하나요 수업

나 이성계,
고려가 무너져
조선의 왕이 된 지 어언 100일.

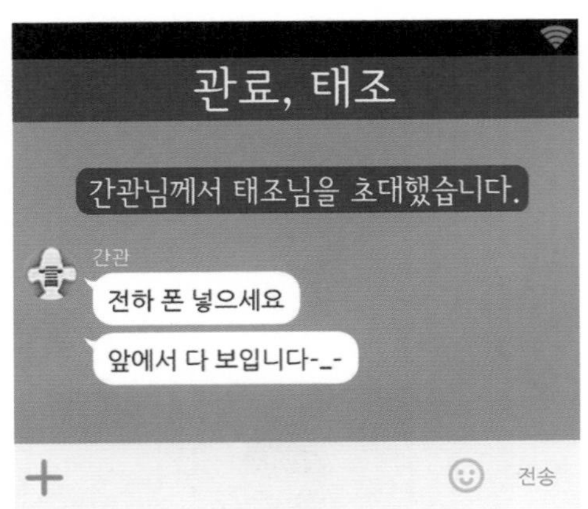

나는 몰랐다.

임금이
수업을 들어야 하다니?!

경연은,
신하가 왕에게 유교경전을
가르치는 세미나.

經筵

공부는 물론
나랏일도 의논할 수 있는
소중한 시간이다.

그러나……

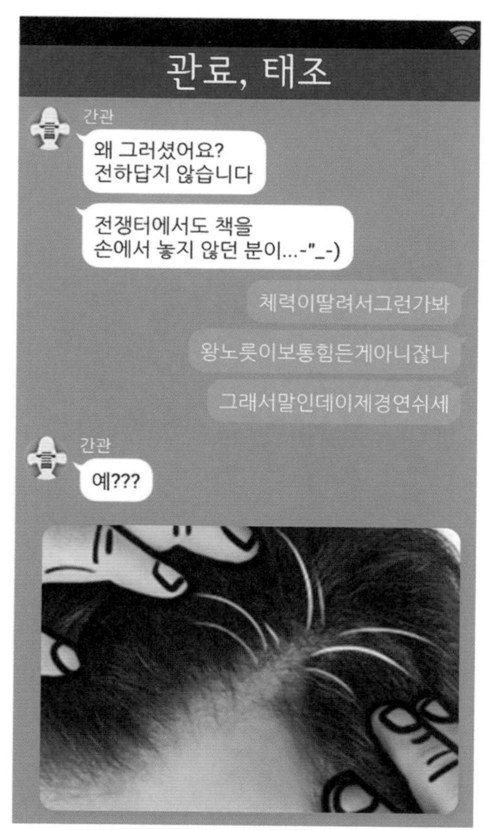

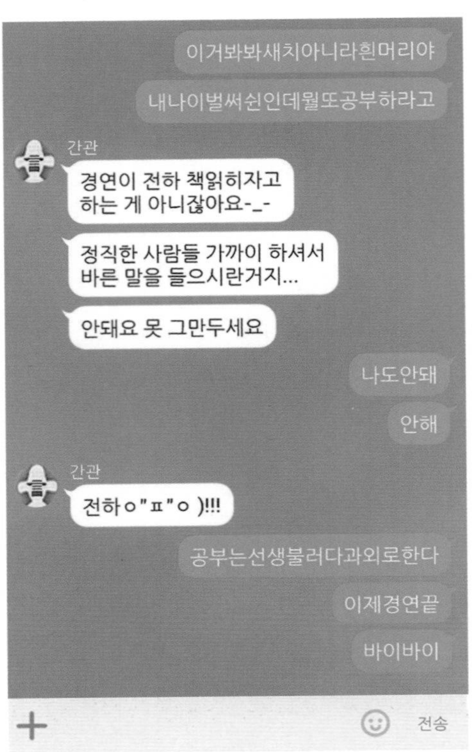

간관은 어제 종일 조용했다.
화낼 줄 알았더니?

그런데, 오늘 아침 일찍
짧은 문자가 하나.

그리고는 몇 시간째 작성중이다.

음...... 저 마음 안다.
무섭겠지. 아마 단어 하나를 고르지 못해
끙끙대고 있을 것이다.

거참, 열심히 하겠다는 사람
괜히 겁먹게 만들다니

미안하네......

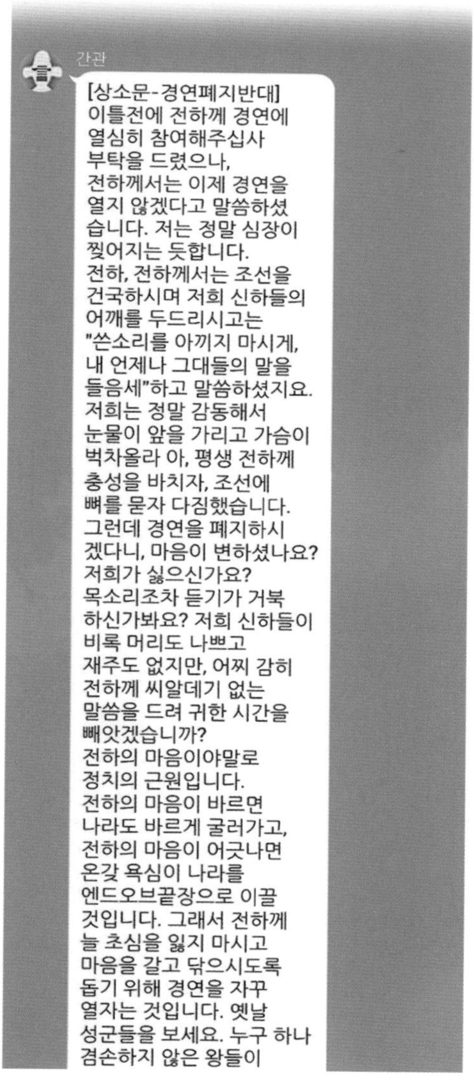

간관

[상소문-경연폐지반대]
이틀전에 전하께 경연에 열심히 참여해주십사 부탁을 드렸으나, 전하께서는 이제 경연을 열지 않겠다고 말씀하셨습니다. 저는 정말 심장이 찢어지는 듯합니다.
전하, 전하께서는 조선을 건국하시며 저희 신하들의 어깨를 두드리시고는 "쓴소리를 아끼지 마시게, 내 언제나 그대들의 말을 들음세"하고 말씀하셨지요.
저희는 정말 감동해서 눈물이 앞을 가리고 가슴이 벅차올라 아, 평생 전하께 충성을 바치자, 조선에 뼈를 묻자 다짐했습니다.
그런데 경연을 폐지하시겠다니, 마음이 변하셨나요?
저희가 싫으신가요?
목소리조차 듣기가 거북하신가봐요? 저희 신하들이 비록 머리도 나쁘고 재주도 없지만, 어찌 감히 전하께 씨알데기 없는 말씀을 드려 귀한 시간을 빼앗겠습니까?
전하의 마음이야말로 정치의 근원입니다.
전하의 마음이 바르면 나라도 바르게 굴러가고, 전하의 마음이 어긋나면 온갖 욕심이 나라를 엔드오브끝장으로 이끌 것입니다. 그래서 전하께 늘 초심을 잃지 마시고 마음을 갈고 닦으시도록 돕기 위해 경연을 자꾸 열자는 것입니다. 옛날 성군들을 보세요. 누구 하나 겸손하지 않은 왕들이 없지요? 이런 신중함이 나라를 태평하게 만들고 튼튼하게 만드는 비결이었겠지요? 반면 자기가 하고 싶은 대로만 하고, 놀이에나 빠진 왕들은 어찌 됐는지 생각해 보십시오. 밑의 신하들이 방탕해져 나라를 뒤흔드는 슈레기들이 되지 않았습니까? 전하의 조선이 그렇게 되기를 바라시는 건 아니겠죠? 어떻게 세우신 나라인데! 전하께서 전쟁터에서도 읽으셨던 책 [대학연의~아프니까 제왕이다]에도 분명히 쓰여있을 것입니다. 좋은 임금이 되려거든 먼저 공부를 열심히 해서, 몸과 마음을 바르게 해야 바른 신하들도 뽑을 수 있고, 백성들도 바르게 이끌 수 있다고요. 그러니 옛분들의 좋은 책을 많이 읽고, 거기서 요즘에도 적용할만한 지혜를 끌어내는 연습을 많이 해야 한다고요. 이게 딱 저희가 경연에서 하는 거잖아요. 그런데 전하께서 경연을 하지 말자 하시니 저희 신하들 마음이 어떻겠어요?ㅠ 저는 전하를 압니다. 그런 분 아니시잖아요. 좋은 분이시잖아요. 왕 되시기 전부터 독서 참 좋아하시고, 임금 되신 후에는 아랫사람 이야기에 늘 귀기울여 주셨고, 신하들과 쉼없이 토론하셨으니 사실 저희같은 멍청이들보다 전하께서 더 소통의 소중함을 잘 알고 계시지 않습니까. 물론 전하께서는 "꼭 강의실에서만 공부해야 하냐, 언제나 어디서나 소통은 할 수 있다"고 하실지 모르지만, 말씀드렸다시피 경연은 책을 읽는 자리가 아니라 전하와 저희 백성들이 얼굴을 맞대는 자리이기에 중요합니다. 전하께서 직접 선비들을 맞이하셔서 이야기를 들으시는! 그게! 경연의 핵심이라고요ㅠㅠ 거기다 경연을 자주 하시면 공부시간이 늘어나니, 아첨하는 환관들이나 후궁들과 놀아나실 일도 적어지는 효과도 있죠.

도랑치고 가재잡고
마당쓸고 만원줍는겁니다!
거기다 딴사람이면 또
모릅니다. 전하께서는
조선의 첫번째 왕이시잖아요.
원래 첫타자가 중요합니다.
야구도 첫타자가 삼진당하면
둘째타자도 흔들리고,
결국 셋째타자가 병살쳐서
게임 끝나는 거예요.
그런데 전하께서 미리
모범을 보이시지 않고
땡땡이를 일삼으신다면
뒤의 왕들께서 당연히
엇나가지 않겠습니까?
"할아버지도 수업 쨌는데
나라고 못함?ㅋ"하지
않겠습니까? 그렇게
공부를 안하고, 놀기만 하면,
폭군이 되고, 백성들을 괴롭
힐테니, 가정이 무너지고,
경제가 망해서, 조선은 폭망
할 것입니다. 그러길
바라시는 건 아니죠ㅠㅠ?
그러니 전하, 저희는
조선을 사랑하는 백성으
로서 전하께 요청합니다.
경연을 부활시키되,
횟수를 오히려 늘리십시오.
매일 열어주십시오.
일년에 364일은 하셔야
아 이제 소통좀 하는구나
하시지 않겠습니까?
가끔 먹으면 쓴 약도
매일 드시면 물같지 않겠
습니까? 결국 다 전하를
위한 일입니다. 그러니
꼭 허락해주십시오.
주 7일 경연, 밝은 미래와
수신제가 치국평천하를
향한 길입니다.

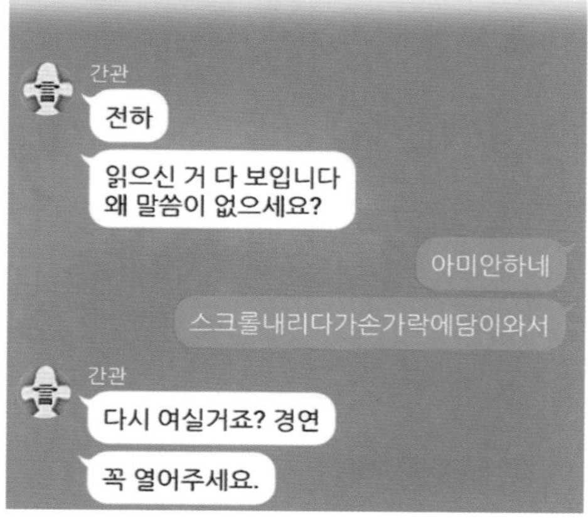

※만인소(萬人疏)

조선 유생들이
국가정책에 반대할 때 보내는,
1만 명이 한꺼번에 쓴 상소.

#문자폭탄
#데이터_펑_발

정사 正史

실록에 기록된 것

- 태조, 머리가 하얗게 세었으니 공부할 필요 없다며 경연에 나가지 않겠다고 하다.
- 다다음날, 간관(간언하는 관리), 장문의 상소 올리다.
- 태조, 알았다며 매일 경연을 열자고 하다.

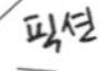

기록에 없는 것

- 태조는 임금이 되면 공부해야 할 것을 알았을 것이다. 경연은 고려시대에도 있었다.
- 태조가 〈갱엿부수기 사가〉를 즐겼다는 기록은 없다.

- 여섯 번째 이야기 -

각왕각색 경연 스타일!

임금의 경연은 공부 그 이상의 의미를 가지고 있었다. 경연은 임금이 신하들과 만나 이야기하고, 정치 현안을 토론하고, 그래서 나라가 나아가야 할 바를 가다듬는 정치의 연장선이기도 했다. 유교경전과 훌륭한 사람들이 남긴 말을 읽고 사안에 대해 토론하는 형식이다 보니 임금도 공부를 열심히 하지 않았다가는 공개적으로 망신을 당하곤 했다.

정종은 아버지를 닮아 용맹한 장수였지만 그와 별개로 공부 머리는 좋지 않았다. 경연 도중에 "내가 저번에 봤는데, 귀신은 진짜 있는 것 같아", "내 생각에는 불교도 좋은 것 같아"라는 천진난만한 이야기를 풍풍 뿜어내어 신하들에게 번번이 혼쭐이 나고는 했다.

다음 왕인 태종은 전혀 만만한 인물이 아니었다. 태종은 일단 산과 들을 뛰어다니며 노루를 잡을지언정 앉아서 공부하는 경연을 싫어해서 요리조리 피했지만, 어쩌다 경연에 참여해 자기가 좀 불리해지면 "아, 내가 무인 집안 출신이라서"라고 얼버무리며 빠져나갔다. 반면 신하들이 실수를 하면 그걸 귀신같이 잡아내 "내가 무인 출신이지만 과거급제한 엘리트지롱" 하며 푹 찔러드니 신하들로서는 그저 두 손 두 발 다 들 수밖에 없었다.

그다음으로 등장한 왕은 세종 더 그레이트. 그는 역대 조선 임금 중에서 가장 경연을 좋아하는 왕이었다. 그 이전 임금들이 도살장에 끌려가는 소처럼 억지로 경연장에 나갔다면 세종은 경연을 즐겼다. 세종의 즉위 기간 동안 벌어진 경연의 횟수를 세보면 자그마치 1928회. 그나마 부모님이 돌아가신 해에는 횟수를 줄였고, 즉위 22년 이후에는 아마도 나빠진 건강 탓에 전혀(!) 경연을 하지 않았음에도 이 정도의 횟수를 자랑하고 있다. 게다가 세종은 자기 얘기만 하는 강압적인 리더가 아니라 부하에게 "너의 생각을 말해봐"라고 말하는 타입의 임금이었으므로 신하들은 죽도록 준비해 가지 않으면 망신을 예약하는 지름길이었다. 토론의 왕이

자 타고난 책벌레였던 세종 앞에서 잘 모르면서도 아는 척 떠들었다가는 대번에 들통이 났기에, 세종 시대 경연을 앞둔 신하들은 복불복으로 칠판 풀이를 해야 하는 학생들처럼 열심히 예습을 해야 했을 것이다.

세종대왕을 롤모델로 삼았던 성종은 정말로, 굉장히, 아주 열심히 경연을 했다. 조강, 주강, 석강으로 나눠 하루에 세 번 경연을 하고 그것도 모자라 낮에 하는 소대에다 밤에 하는 공부인 야대까지 했다. 열심히 공부하는 것은 좋은 일이었지만 계속된 무리한 공부 스케줄 탓에 성종은 오래 살지 못했다. 원래는 시와 동물을 좋아하는 로맨틱한 사람이었건만 성군이 되기 위해 억지로 공부만 했으니, 예나 지금이나 원하지 않는 길을 억지로 가면 몸을 버리는 게 따 놓은 당상이랄까.

반대로 경연에 적극적으로 참여하지 않은 임금이 있다면 두말할 것도 없이 연산군과 광해군이다. 연산군은 노느라 안 했고, 의심병에 걸린 광해군은 하루가 멀다하고 나라 안의 반란자들을 색출해 국문하느라 경연을 안 했다. 특히 광해군이 14년간 즉위하는 동안 벌인 경연은 고작 13회로 1년에 한 번꼴도 열리지 않았다. '그' 연산군도 500번이 넘는 경연을 했으니 이 수치는 정말로 비정상적이었다.

끝으로 경연을 좋아하면서도 이용해 먹은 임금이 있었으니, 바로 정조였다. 그가 내세운 캐치프레이즈는 '군사君師'. 임금인 동시에 스승으로서 신하들을 가르치겠다는 말이다. 즉 정조의 경연은 임금과 신하가 오순도순 책을 읽고 이야기를 나누는 스터디가 아니라 "나의 쩔어주는 학설을 들어!"라는 스타 강사 정조의 강의 시간에 가까웠다. 유식이 철철 넘치는 정조는 신하들이 실수를 하면 아주 유려하고도 우아한 표현을 써가며 '너 참 무식하다'고 갈궜으니 이 역시 심장이 쫄깃해지고 위가 아파지는 경연이었다.

이처럼 다양한 경연 스타일! 독자 분들은 이 임금들 중 누구의 경연에 들어가고 싶으신지? 조선왕조실톡

07 차 좀 빼주세요

하나요 무단주차

조선시대의 교통수단

'말馬'

값이 매우 비싸,
아무나 가질 수 없는
고급차나 마찬가지였다.

**덩달아 말주인들도
콧대가 높았는데……**

(알 수 없음), 말주인

(알 수 없음)

이보쇼

이보쇼

01왕1392 마주 맞지?

그런데요ㅎ?

(알 수 없음)

당장말빼쇼

보이쇼?

당신말때매지금
난리가났단말요!

둘이요 **무개념**

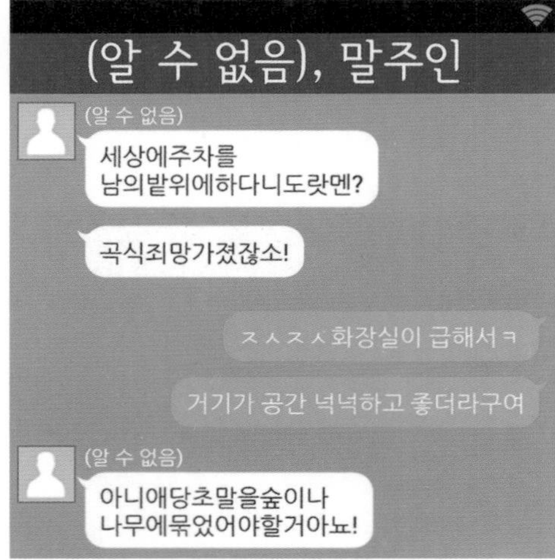

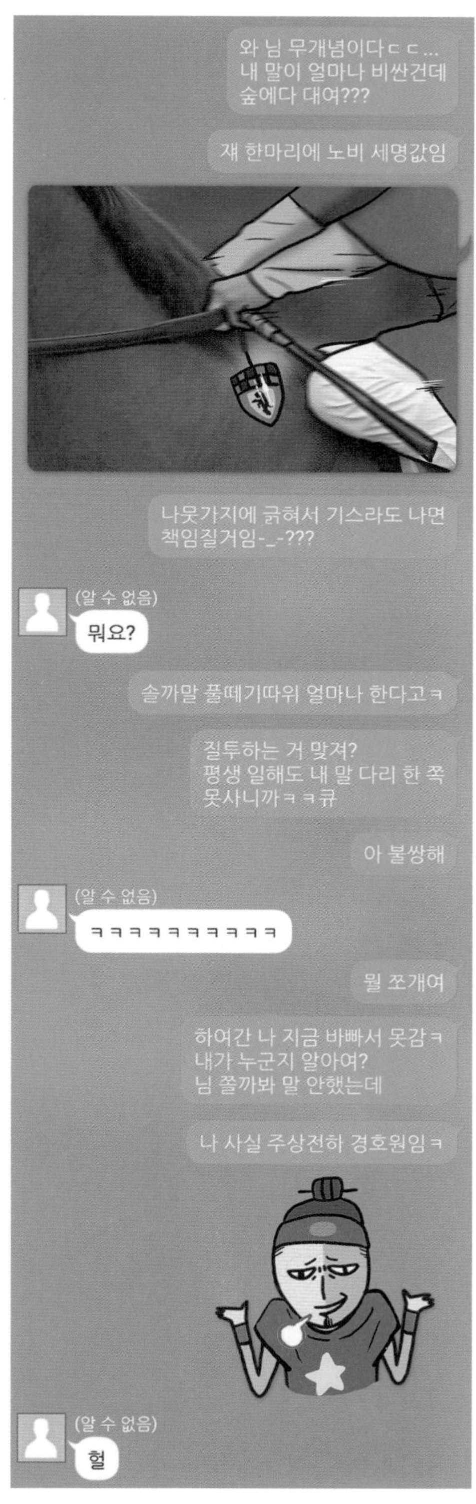

와 님 무개념이다ㄷㄷ...
내 말이 얼마나 비싼건데
숲에다 대여???
쟤 한마리에 노비 세명값임
나뭇가지에 긁혀서 기스라도 나면
책임질거임-_-???
(알 수 없음)
뭐요?
솔까말 풀떼기따위 얼마나 한다고ㅋ
질투하는 거 맞져?
평생 일해도 내 말 다리 한 쪽
못사니까ㅋㅋ큐
아 불쌍해
(알 수 없음)
ㅋㅋㅋㅋㅋㅋㅋㅋㅋㅋ
뭘 쪼개여
하여간 나 지금 바빠서 못감ㅋ
내가 누군지 알아여?
님 쫄까봐 말 안했는데
나 사실 주상전하 경호원임ㅋ
(알 수 없음)
헐

님이랑 더 놀고시픈데
전하한테 가야해서 뱌뱌ㅋ

(알 수 없음)

ㅠㅠㅠㅠㅠㅠㅠㅠㅠㅠ

셋이요 인생은 실전이다

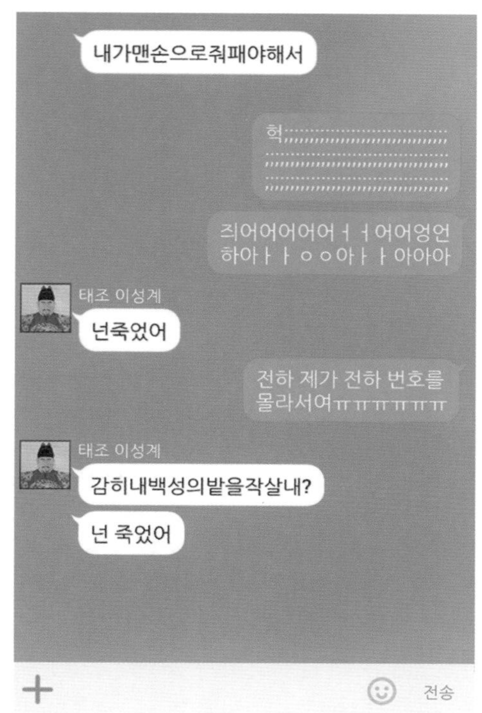

"말 타고
백성 곡식 망쳤다간
내 자식새끼도 용서 안 해!"

by. 태조 이성계

정사 正史

실록에 기록된 것

- 태조대, 말 한 마리에 옷감 400~500필. 노비는 한 명에 150필.
- 태조, 온천에 가던 도중 천신산 골짜기에 머물다. 그때 태조를 수행하던 신하의 말이 백성의 밭을 짓밟다.
- 태조, 말주인에게 망가진 밭작물 값을 옷감으로 보상하라고 말하다.
- 태조, "지금부터 만약 말을 놓아서 곡식을 해치게 하면, 비록 내 자식이라도 용서하지 않을 것이다."

그 외의 탈것들

벤츠 초헌
(외바퀴가마)

람보루기니
황소

BMW
B밥만 M멕여주심 W워디든 가유
(노비)

- 일곱 번째 이야기 -

소 타는 정승

조선시대의 양반들에게 말이란 오늘날의 자가용과 같았다. 조선 후기 가난한 양반 중 하나는 생활에 쪼들리면서도 "말 없이는 살 수 없다!"라고 했을 정도였으니까.

오늘날 사람들이 차를 자랑하는 것처럼 옛날에는 훌륭한 말이 세간의 자랑거리였다. 태조에게는 여덟 준마가 있었다. 평생 전장을 뛰어다닌 왕의 말답게 이름들도 아주 후덜덜해서 횡운골橫雲鶻, 유린청遊麟靑, 추풍오追風烏, 발뢰자發雷赭, 응상백凝霜白, 용등자龍騰紫, 사자황獅子黃, 현표玄豹였다. 각각 여진, 함흥, 제주, 안변 등지에서 온 명마들이었다.

이 중 특히 횡운골과 유린청은 태조를 태우고 전쟁터 한복판을 달리며 화살을 여러 대 맞고 부상까지 당했던 용마였다. 유린청은 31세에 죽었는데 태조는 죽은 말을 돌로 된 관에 넣어 고이 매장하게 했다 한다. 그만큼 정이 깊어서 그랬겠지만, 오늘날 시각으로 보자면 페라리나 람보르기니를 관에 넣어 묻어준 것과도 비슷하다 하겠다. 그의 손자인 세종은 훗날 집현전과 화가 안견을 동원해서 이 말들의 그림을 그리고 그에 맞는 멋진 글을 짓도록 하며 왕실 자가용 말馬의 프로필 보존을 국가사업으로 지정하기까지 했다.

조선 초기, 이 8준마를 능가하는 힙하고도 핫한 탈것을 이용하는 사람이 있었다. 힘도 좋고 밭도 가는 농승양용農乘兩用의 전천후 탈것, 바로 소다. 이 이야기의 주인공은 황희, 허조와 더불어 세종 시대를 대표하는 정승 중 하나이던 고불 맹사성이다. 그는 느긋하고 상냥한 성격으로 끝없는 프로젝트와 과로의 폭풍이 계속되던 세종 시대, 유일하게 사람들의 숨통을 틔워주던 오아시스 같은 사람이었다. 음악을 좋아해 피리를 가지고 다니며 언제 어디서나 삑삑 불어댔으며 수십 년이나 정승 자리에 있었음에도 뇌물 게이트 하나 없이 집에 비가 샐 정도로 가난하게 살았다. 가난해서였는지 그는 말 대신 소를 타고 다녔다. 이 요소들을 모두 합치면 '느릿느릿 걷는 검은 소 등에 올라탄 허름한 복장의 피리 부는 노인'이라는 가장 센세이셔널한 정승의 행차 장면이 완성된다.

맹사성은 부모님을 만나기 위해 가끔 고향인 온양에 다녀오곤 했는데, 그럴 때면 근처의 원님들이 지나가는 정승님을 뵙고 얼굴 도장을 찍으려고 스타의 사인회 순서를 기다리듯 대기를 하고 있었다. 그러나 그렇게 한참을 기다려도 정승님은 오지 않고 지나가는 건 웬 소를 탄 추레한 한 노인네. 원님들은 귀한 분 가실 길을 곱게 닦아놨는데 불청객이 먼지를 일으키며 지나간다고 호통을 쳤다 한다. 그러자 그 노인네가 이르는 말.

"내가 온양 사는 맹고불인데?"

맹사성의 말을 들은 원님들은 혼비백산해서 달아났다 한다. 이 이야기는 『연려실기술』에 실려 있는 야담으로 정말 있었던 일인지는 알 수 없다. 다만 이런 이야기가 생길 만큼 맹사성이 소탈한 사람이었음은 분명하다. 지방 관리들이 으리으리하게 자리를 펼쳐 놓고 기다리고 있는데 정승 정도 되는 사람이 그들의 속내를 짐작 못했을 리 없다. 모른 척 시침 뚝 떼고 지나간 맹사성은 역시 태종-세종 시대를 헤쳐나간 풍운아라 하겠다.

다른 야담에 따르면 맹사성은 자기가 타고 다닌 소가 세상을 떠나자 자신의 묏자리 곁에 묻어주게 했다고 한다. 소탈함이란 어쩌면 자존심의 다른 말일지도 모른다. 남들이 무엇을 타고 다니든 내가 좋으면 그만이라는 정신. 현대인들도 본받을 만하지 않을지?

08 왕자의 난

하나요 세자 책봉

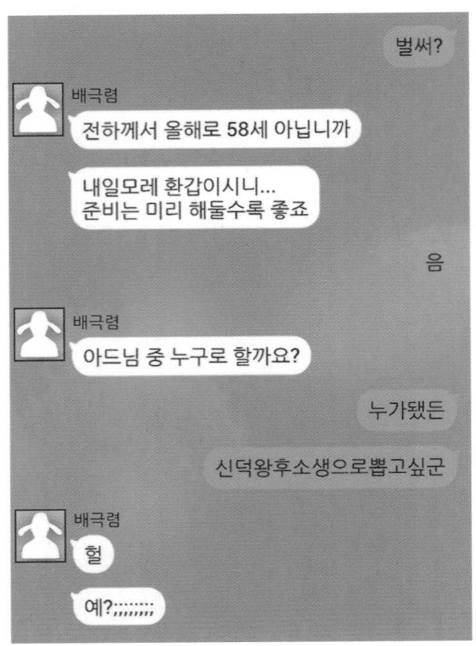

둘이요 신덕왕후

태조 이성계에게는
부인이 두 명 있었다.

첫 번째가,
조선 건국을 못 보고 일찍 죽은
신의왕후 한씨.

두 번째가 명문가 출신 규수로,

뒤어난 수완으로
이성계의 즉위를 도운
신덕왕후 강씨.

하지만 그녀의 아들들,
이제 겨우 12세, 11세였으니.

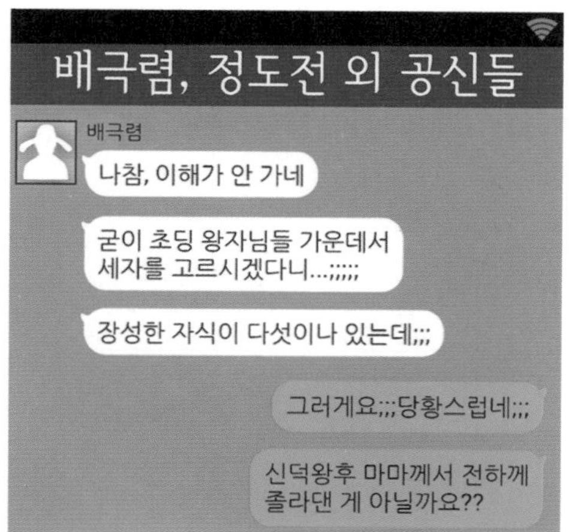

배극렴

자기 애 세자 삼아달라고;;?

에이 설마ㅇㅇ;;;

부부사이 일이야 모르져 뭐ㅇㅇ;

그나저나 어쩐다…;;
다섯 왕자님 반발 심할텐데;;;

정도전

조선의 미래를 생각하면
잘 된 일인지도 모르지ㅇㅇ

넹;;;;;???

정도전

나이가 대수요?성격이 문제지

어질고 의롭지 못하면
아무리 장성했단들 안됩니다ㅇㅇ

[나쁜 당태종 이야기]
당나라 황제 태종, 형제들을
죽이고 황제가 되다.
천하의 깡패쓰애끼
[삼봉 정도전 문집] 61p

패권주의에 찌들어
폭력이나 휘두르는 인간은
나라를 말아먹는 법이오-_-

아 지금 은근히
방원왕자님 디스하시는구나ㅎ

정도전

……

훔……뭐 어린 왕자님들
착하고 순수하긴 하지만

왠케 불안하지ㅠ……

배극렴

어쨌든 전하께서 완강하시니,
우리도 의견 모아봅시다

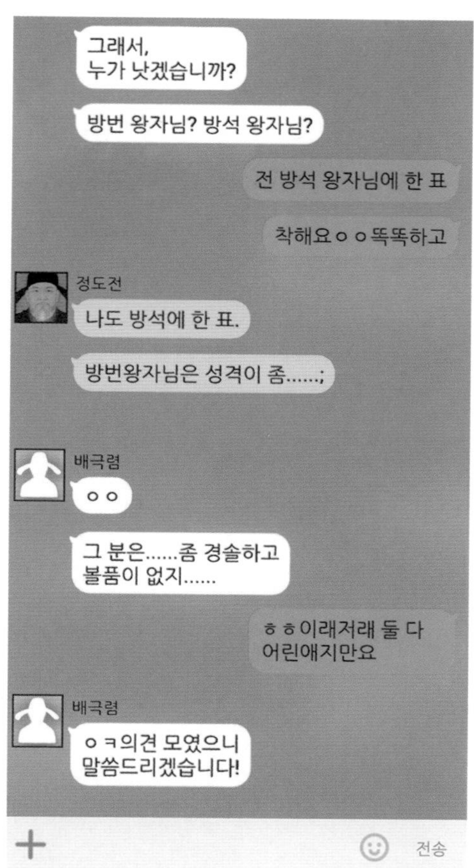

셋이요 왕자의 난

1392년 8월 20일,
어린 방석이 세자로 책봉됐다.

실시간 급상승 검색어

순위	검색어	변동
1	세자책봉	↑ 72
2	이방석	↑ 219
3	이방원 반응	NEW
4	토사구팽	↑ 66
5	정도전	↑ 351

신의왕후 소생 다섯 왕자들은
난리가 났다.

그로부터 6년 뒤,
1398년 8월.

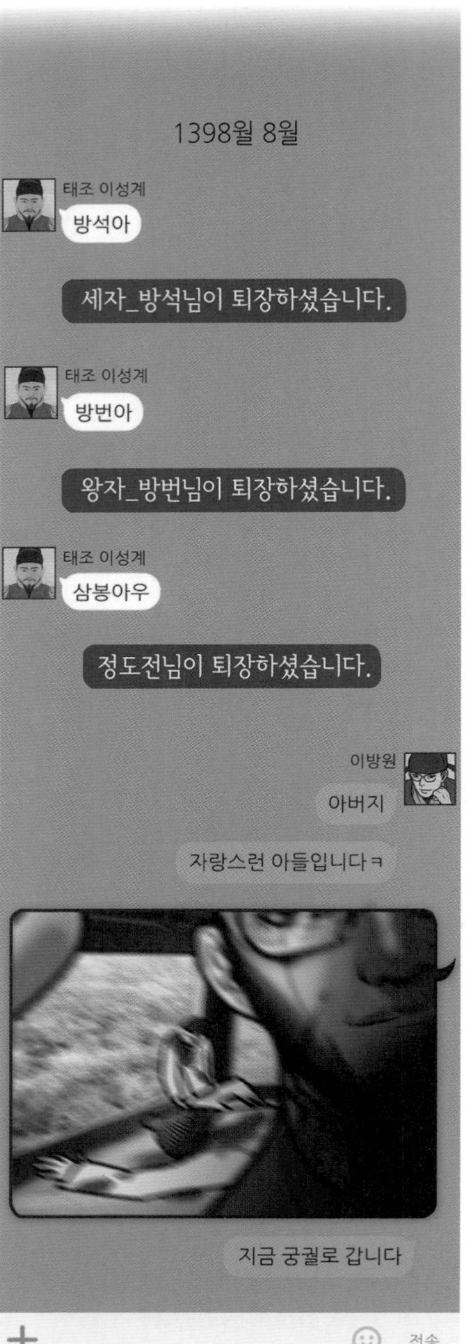
1398월 8월
태조 이성계
방석아
세자_방석님이 퇴장하셨습니다.
태조 이성계
방번아
왕자_방번님이 퇴장하셨습니다.
태조 이성계
삼봉아우
정도전님이 퇴장하셨습니다.
이방원
아버지
자랑스런 아들입니다ㅋ
지금 궁궐로 갑니다
전송

이방원과 형제들,
정도전 일파 제거하다.

이유는 "임금을 농락해
첩(?)의 자식을 세자로 만든 죄."

세자 방석과 왕자 방번,
의문의(?) 죽임을 당하다.

방원, 자신이 아닌 형 방과를
세자로 추대하다.

상심한 태조, 왕위에서 물러나니
2대 왕 정종 즉위하다.

정사 正史

실록에 기록된 것

- 배극렴 비롯한 공신들, 건국 시 세운 공과 나이를 따져 세자를 정하라 요청한다. 그러나 태조, 신덕왕후의 소생 중 세자를 뽑겠다 하다.
- 공신들 당황. 굳이 고르자면 방번은 경솔한 구석이 있으니, 막내아들 방석이 좋겠다고 하다.
- 정도전, 세자 방석을 비호하다.
- “임금은 자질이 어질어야 한다”, “당태종은 형제들을 죽이고 황제가 되는 부끄러운 짓을 했으므로 백성들이 본받을 것이 없다” 예언?
(정도전, 『삼봉집』)
- 1398년, 정도전이 사병을 혁파하려는 등 신변에 위협을 느끼자, 이방원과 형제들 쿠데타 일으켜 “왕을 조종하고 국정을 농단한” 정도전 일파를 숙청하다.
- 방석과 방번, 유배 가던 도중 살해당하다.
- 태조, “사랑에 눈이 멀어 잘못된 선택을 했다. 내 허물이다”라며 방과에게 왕위를 물려주다. 이방원, 세제(世弟)가 되다.
- 태종 이방원, 즉위 후 신덕왕후를 후궁으로 격하시키고 무덤마저 한양 밖으로 이장시켜버리다.

픽션

기록에 없는 것

- 정도전이 방석을 지지한 이유는 실록에 나와 있지 않다. 이방원의 입장만 드러났을 뿐.

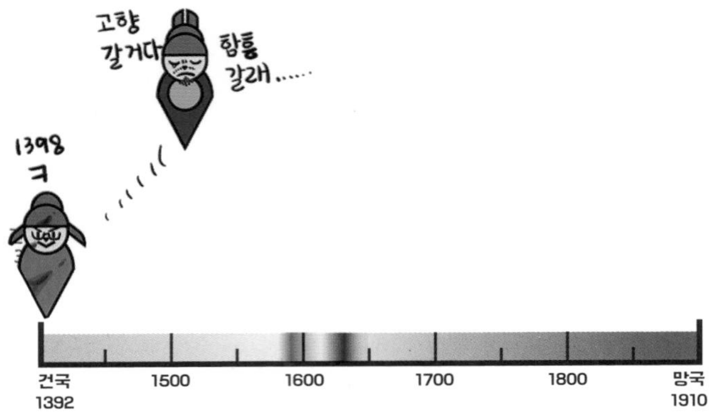

실록 돋보기

- 여덟 번째 이야기 -

그들이 아직 가족이었을 때

1차 왕자의 난은 이방원을 중심으로, 이성계의 첫 번째 부인인 신의왕후 한씨가 낳은 왕자들이 쿠데타를 일으켜 정도전을 비롯한 자신의 반대파와 두 번째 부인 신덕왕후 강씨가 낳은 왕자들을 모두 제거한 일이었다.

태조 이성계는 본부인만 두 사람인 특이한 케이스였다. 그는 조강지처인 한씨와 결혼한 상태에서 또 다른 부인 강씨와 결혼했다. 조선시대라면 당연히 강씨의 지위는 첩이었겠지만 그런 제도가 엄격하지 않았고, 강씨의 친정은 빵빵한 권문세족이었으며 무엇보다도 태조의 극진한 사랑을 받았기에 한씨와 같은 부인의 지위를 가졌다. 강씨는 이방원보다 고작 아홉 살 연상이었다. 나이로만 따지면 누나와 동생뻘인 두 사람의 관계가 처음부터 나빴던 것은 아니었다.

요동정벌이 강행되고 위화도회군이 벌어지기 직전, 우왕과 최영도 바보는 아니었기에 이성계의 가족을 인질로 잡아두려 했다. 이 당시 한씨와 강씨는 포천의 재벽동滓甓洞, 철현鐵峴에 있는 각각 다른 농장에서 살고 있었는데, 가족들을 인질로 잡으려 한다는 소식을 들은 이방원은 다급히 포천으로 달려왔다. 이미 노비들은 모두 도망가서 가족들만 달랑 남은 어수선한 상황에서, 이방원은 가족들을 데리고 동북면으로 피난길을 떠났다. 이때 강씨와 그 아들들도 함께였다.

산을 넘고 물을 건너는 위태로운 길. 게다가 언제 관군이 쫓아올지도 모르는 위험마저 있었다. 이방원은 두 어머니를 모시고 어린 동생들을 돌보며 어려운 걸음을 떠났다. 당연히 가마를 탈 겨를이 없었기에 모두 말을 탔는데, 이방원은 어머니들이 말을 타고 내릴 때 손수 부축했으며, 가면서 먹을 음식들도 직접 자신이 싸들고 다녔다. 추격자들이 쫓아온다는 소문이 있었기에 한밤중을 틈타 움직였고, 일부러 아무도 없는 들판에서 잠을 잤다. 그야말로 생고생 로드였는데 결국 식량이 떨어져 나중에는 근처의 민가에서 음식을 얻어 올 정도였다.

당시 강씨 소생의 아들 이방번은 8세, 이방석은 7세였다. 한씨 소생의 경신공주는 그보다는 위였겠지만 마찬가지로 어린 나이였다. 한편 이방원은 26세였으니 한참 어른이었다. 이방원은 고생하는 어린 동생들이 안쓰러웠는지 직접 안아 말에 태우고 다녔으며, 깊은 물을 만나면 자신이 물속에 들어가 직접 말고삐를 이끌기도 했다. 이방원으로서도 자신의 품에 안겨 칭얼거리는 어린 이복동생을 자신이 죽이게 되리라곤 상상도 하지 못했을 것이다.

이들의 인연이 이것뿐만이 아니었으니, 강씨가 이방원을 편들어준 일도 있었다. 이방원이 정몽주를 죽이자 이성계는 머리끝까지 화가 나 병석을 박차고 일어나서 "네가 이렇게 불효를 했으니 내가 사약을 먹고 죽겠다!"라고 외칠 정도였다. 옆에서 벙쪄 있던 강씨는 이방원이 "어머니도 뭐라 말씀 좀 해주세요"라고 하자 얼른 이방원을 변호했고, 그러자 결국 이성계도 더 이상 상황이 돌이킬 수 없는 지경이 되었음을 받아들였다. 이처럼 강씨와 이방원의 관계는 이러니저러니 해도 가족이었다. 이것이 어그러진 것은 조선 건국 이후 세자 책봉 문제 때문이었다.

조선을 건국할 때 신덕왕후 강씨가 정치적으로 많은 보필을 했다는 이야기가 있지만, 이방원의 부인인 원경왕후 민씨의 대활약에 비하면 뭘 했는지 알 수가 없을 만큼 미미하다. 게다가 나라가 갓 들어선 혼란기에 자기 소생을 세자로 밀어붙인 무리한 행동 역시 정치적 감각이 뛰어난 사람으로는 보이지 않는다. 결국 신덕왕후 강씨는 왕비에서 첩으로 격하되어 무덤이 옮겨졌고, 그녀가 낳은 두 아들에 더해 딸인 경순공주의 남편인 이제마저 살해당한다. 한때의 가족이 생판 남만도 못한 사이가 되었으니 권력이란 참으로 얄궂다. 조선왕조실톡

09 골프왕 정종

2대 왕 정종 골프칠사람?

관료 골때리네

하나요 골프

하……
또 시작이시구나.

정종 이방과, 관료
월요일
정종
어이
날씨 좋구만ㅋ
골프 치러 가세
전하
공부 하시지요^^
정종
이따가ㅎ
화요일
정종
어이ㅎ
필드 한바퀴 도세ㅋ
흐린게 선선하니 딱 좋아
독서 하셔야죠^^
정종
나중에ㅋ
수요일
정종
어이
ㄱㅍㄱㄱ?
^^;......전하
오늘은 천둥쳐서 안됩니다
이런날에 골프장 가면
번개 맞으세요^^
이참에 차분~히 앉아
사색의 시간이라도 가지심이*^^*
정종
ㅠㅠㅇㅋ

얼마 전, 왕자의 난이 있었다.

[이방원, 태조 이성계의 5남]
정종 이방과의 남동생

다들 쿠데타를 일으킨
방원 왕자님이
왕위를 차지할 거라 생각했다.

하지만 그분은, 착하게도
형에게 왕좌를 양보했다.

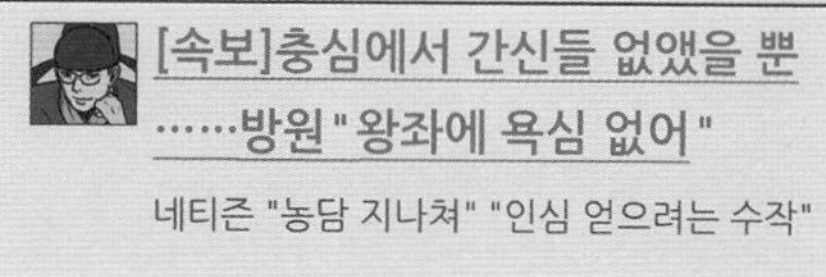

그런데 새 임금께서
이 모양이시라니……

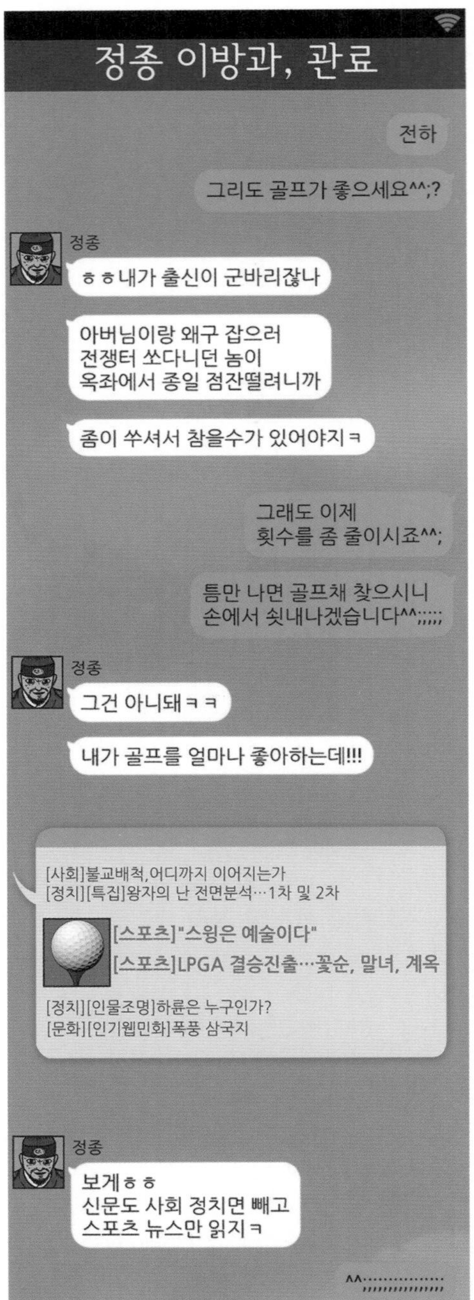

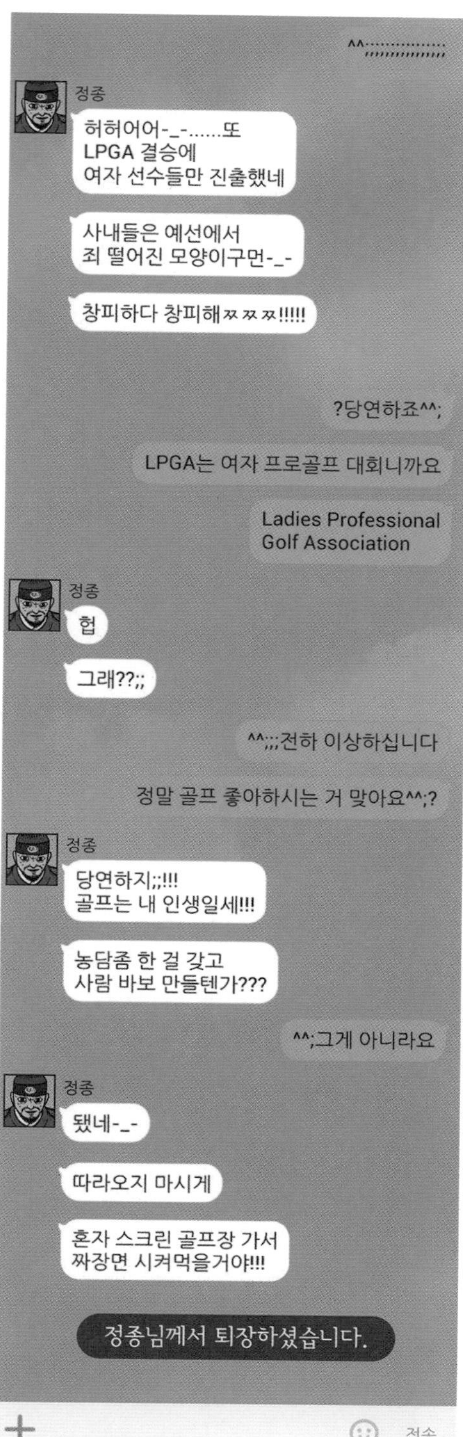
^^;..................;;;;;;;;;;;;;;;;
정종
허허어어-_-......또
LPGA 결승에
여자 선수들만 진출했네
사내들은 예선에서
죄 떨어진 모양이구먼-_-
창피하다 창피해ㅉㅉㅉ!!!!!
?당연하죠^^;
LPGA는 여자 프로골프 대회니까요
Ladies Professional
Golf Association
정종
헙
그래??;;
^^;;;전하 이상하십니다
정말 골프 좋아하시는 거 맞아요^^;?
정종
당연하지;;!!!
골프는 내 인생일세!!!
농담좀 한 걸 갖고
사람 바보 만들텐가???
^^;그게 아니라요
정종
됐네-_-
따라오지 마시게
혼자 스크린 골프장 가서
짜장면 시켜먹을거야!!!
정종님께서 퇴장하셨습니다.
전송

셋이요 그의 진심

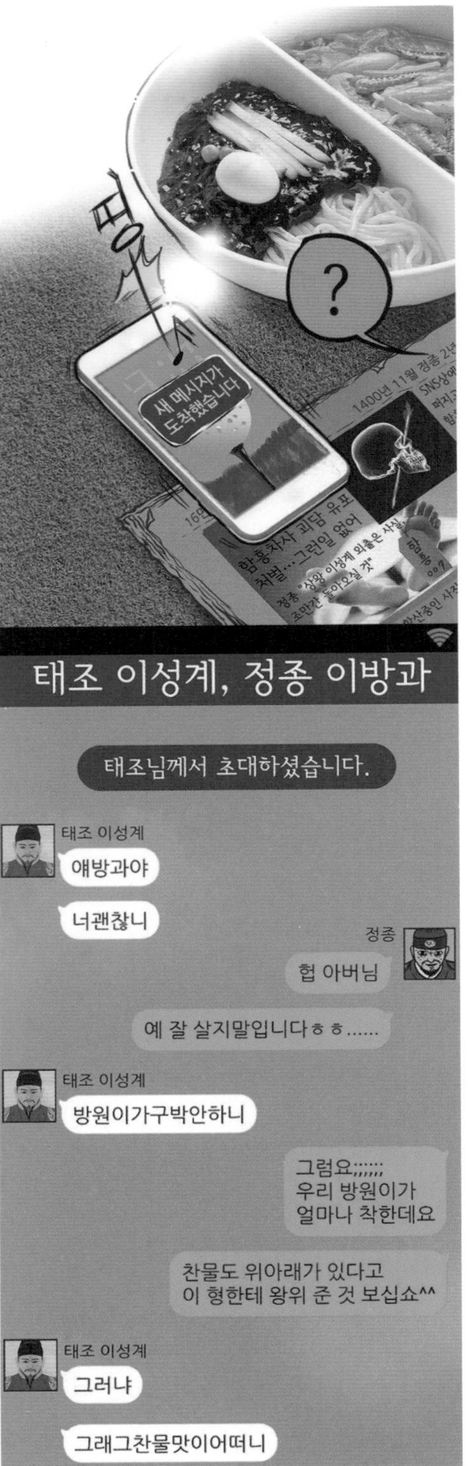

띵
?
새 메시지가 도착했습니다
태조 이성계, 정종 이방과
태조님께서 초대하셨습니다.
태조 이성계
얘방과야
너괜찮니
정종
헙 아버님
예 잘 살지말입니다ㅎㅎ......
태조 이성계
방원이가구박안하니
그럼요;;;;;;
우리 방원이가
얼마나 착한데요
찬물도 위아래가 있다고
이 형한테 왕위 준 것 보십쇼^^
태조 이성계
그러냐
그래그찬물맛이어떠니

......

무섭고요

태조 이성계

내가그맘알지

조심해라알아서몸사려

그래서 맨날
골프치고 다닙니다ㅎㅎ
한량처럼 보이려고요

웃기지요ㅋ제가 팽이도 아닌데
쳐야만 사는 목숨이라니......

태조 이성계

음

그래서 말인데요 아버님

실은 이미 사직서 써놨습니다ㅎ

방원이한테 왕위 넘기려고요

태조 이성계

허

더 버텨 뭘하겠습니까
처음부터 제 자리도 아니었는데ㅋ

편해지렵니다ㅎㅎ

안될까요?

태조 이성계

허

어쩌겠냐니가이미
마음을그리먹었다는데

난 못하겠다
찬성도 반대도

아버님......ㅠ

태조 이성계

맘대로해

정종,
동생 방원에게 왕위 넘기다.

3대 왕 태종 즉위하다.

#왕자에서_왕으로
#세종대왕_아빠

정사 正史

실록에 기록된 것

- 2대 왕 정종, 틈날 때마다 스포츠 격구를 즐기다.
- 간관들이 "격구 좀 그만하시라" 하다.
- 그래도 격구하다. 영의정이 "운동은 기 통하게 하는 정도만 하고 쉬실 땐 책을 읽으셔야지, 너무 격하게 하시니 걱정이다" 하다.
- 정종, "내가 마음에 병이 있어서 밤에 고민이 많아 잠도 못 자고, 늦게 일어났다. 즉위한 후에는 긴장하느라 몰랐으나 요즘 다시 병이 생겨 마음이 어둡고 나른하다. 거기다 내가 본디 무관 집에서 자라 산을 타고 말을 달리는 것이 습관이라, 앉아만 있으면 반드시 병이 생길 것이다."
- 정종, 아버지 태조를 극진히 모시다.
- 정종, "나는 무식하고 덕이 없으니, 똑똑하고 용맹하며 조선 건국에 공이 큰 동생 방원에게 왕위를 물려주고, 한가롭게 놀고 편안히 봉양받으며 백세를 보전하겠다"며 선위하다.
- 태조, "하라고도 못하겠고, 하지 말라고도 못하겠다. 이미 선위했으니 내가 또 무슨 말을 하겠는가!"

픽션

기록에 없는 것

- 격구는 말 타고 하는 골프다. 격하다.

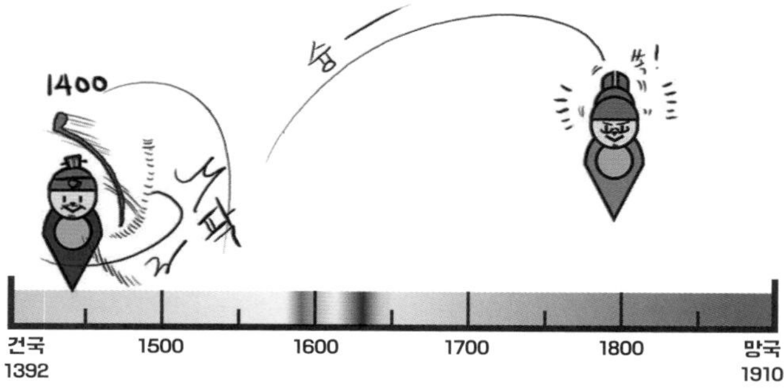

- 아홉 번째 이야기 -

동생을 아들로 삼은 사연

정종은 2년도 안 되는 짧은 기간 왕 노릇을 했고『정종실록』역시 분량이 굉장히 간소하며 내용도 꽤나 건성이다. 게다가 냉큼 태종에게 왕위를 물려주기까지 했으니 나약하고 소심한 사람일 것만 같지만 실제로 정종의 내력을 털어보면 그리 만만하지만은 않다.

사실 정종은 아버지 이성계의 무인 기질을 가장 많이 물려받았던 인물로, 21세 때부터 아버지를 보좌하며 왜구와 싸웠다. 아무리 아들이라 해도 실력이 없으면 목숨이 왔다갔다 하는 전쟁터에 데리고 다니지는 않았을 것이다. 실제로 첫째 아들 이방우는 아버지 덕에 과거 시험을 뒷문으로 패스한 이후로 평범하게 벼슬을 했고, 다섯째 아들 이방원도 도성에서 관직 생활을 했으니, 이방과의 무관으로서의 재능은 무척 탁월한 것이라 하겠다.

하지만 하늘은 두 가지를 한꺼번에 주지 않았다. 방과는 뼛속까지 무골이었으며 머리를 쓰기보다는 몸 움직이는 것을 훨씬 좋아했고, 그러다 보니 정치에는 그다지 능하지 않았다. 때문에 조선이 건국된 이후로는 비교적 조용히 살다가, 1차 왕자의 난이 벌어지자 깜짝 놀라 숨어 있다가 갑자기 세자가 되는 뜬금없는 상황을 맞이한다.

실질적인 권력자였던 이방원이 이방석 제거 이후 자기가 아닌 둘째 형을 세자로 추진한 이유는, 첫째로 최연장자인 이방과가 세자가 되는 것이 모양새가 좋았기 때문이었을 것이다. 또 하나, 정종의 아내 정안왕후定安王后 김씨에게서 자식이 없기 때문도 있었다.(단, 서자는 많이 있었다.) 왕자의 난은 "정도전이 서자를 세자로 삼아 나라를 멋대로 주무르려 했다!"라는 명분으로 일으킨 것이다 보니, 정종도 자신의 서자를 후계자로 세울 수는 없었다.

이렇게 이방과는 조선의 2대 왕으로 즉위하지만, 사실 왕 노릇이 그닥 적성에

맞지도 않았다. 정치에 조예가 없다 보니 '말빨'도 달렸고, 몹시 순진한 발언도 자주 하여 신하들에게 구박을 받기도 했다. 다만 사람은 매우 좋았기 때문에 정종은 왕자의 난 이후 잔뜩 상심한 아버지 이성계를 위로해주었고, 아버지를 감시하는 시위들도 없애서 이성계는 "걔가 원래 착하잖아!"라며 기뻐했다고 한다.

정종이 거둔 가장 높은 정치적 성과는 멋도 모르고 난을 일으킨 넷째 동생 이방간의 목숨을 구했다는 것이다. 1400년(정종 1), 이성계의 넷째 아들 이방간은 동생 이방원을 밀어내고 자기가 한몫 잡아보겠다며 2차 왕자의 난을 일으킨다.

아버지 태조와 형 정종의 반응은 한결같았으니, "얼른 항복하면 목숨만은 살려주마"였다. 방간이 미워서라기보다는 역량 차이가 빤히 보였기 때문이다. 과연 이방원은 넷째 형을 손바닥 위에 올려놓고 있었으니, 이미 만반의 준비를 갖춰두고 병사들 앞에서 "어떻게 형제와 싸우란 말이니?"라며 눈물 쇼를 보일 정도로 여유가 넘쳤고, 실제로도 방간의 군세를 가볍게 쳐부쉈다.

정종은 원래대로라면 죽어야 했을 이방간을 유배 보내 목숨을 부지하게 했다. 그리고 2차 왕자의 난이 진압되고 나서 몇 달 뒤 정종이 이방원을 세자로 삼았다. "동생이니 세제世弟가 맞다"는 신하들의 의견이 있었지만, 정종은 "그럼 동생을 아들로 삼겠다!"라고 선언하며 이를 관철시킨다. 이방원의 계승권을 확고히 해 더 이상의 분쟁을 막기 위해서였다.

그로부터 얼마 지나지 않아 왕위에서 물러난 정종은 이후 노상왕의 자리에 앉아 20년 가까이 띵까띵까 즐기며 살다가 63세로 세상을 떠난다. 얼마나 유유자적하고 즐겁게 놀았는지 동생 태종은 몹시 부러워했다던가. 곰돌이 푸가 떠오를 정도로 순둥이인 정종이지만, 부인 김씨와 거하게 부부싸움을 하는 바람에 왕궁에서 쫓겨나 승정원에서 열흘을 지냈다는 의외의 기록도 함께 가지고 있다. 참으로 재미있는 임금이었다.

10 태종의 편식

나는 태조 이성계의 아들이자
세종의 아비다.

태종 이방원

조선의 3대 임금. 정도전을 숙청했다.

나는 또한 '왕자의 난'으로
피바람을 일으켜 왕위에 앉은
냉혈한이다.

그러나 이런 내게
못 먹는 음식이 하나 있었으니,

난 쑥갓이 정말 싫다!

하나요 의문사

1416년의 일이다.
나는 시종들과 산에서 사냥 중이었다.

낮까진 모든 것이 완벽했다.

그런데 그날 밤,
야영장에 돌아와 쉬는 사이에.

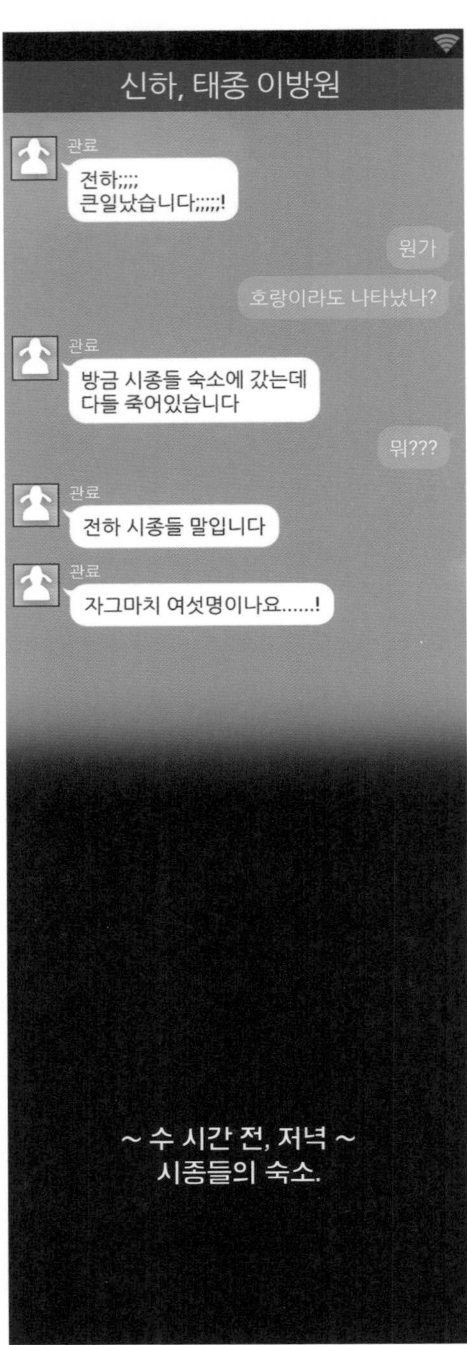

둘이요 쑥갓

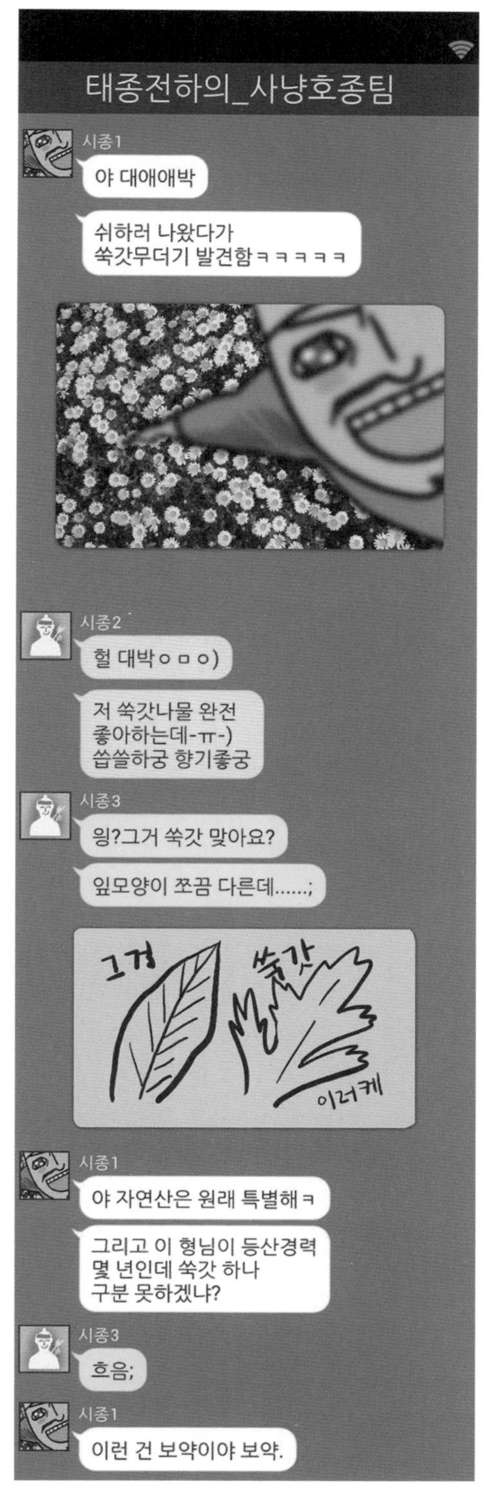
태종전하의_사냥호종팀
시종1
야 대애애박
쉬하러 나왔다가
쑥갓무더기 발견함ㅋㅋㅋㅋㅋ
시종2
헐 대박ㅇㅁㅇ)
저 쑥갓나물 완전
좋아하는데-ㅠ-)
씁쓸하궁 향기좋궁
시종3
잉?그거 쑥갓 맞아요?
잎모양이 쪼끔 다른데......;
그거
쑥갓
이러케
시종1
야 자연산은 원래 특별해ㅋ
그리고 이 형님이 등산경력
몇 년인데 쑥갓 하나
구분 못하겠냐?
시종3
흐음;
시종1
이런 건 보약이야 보약.

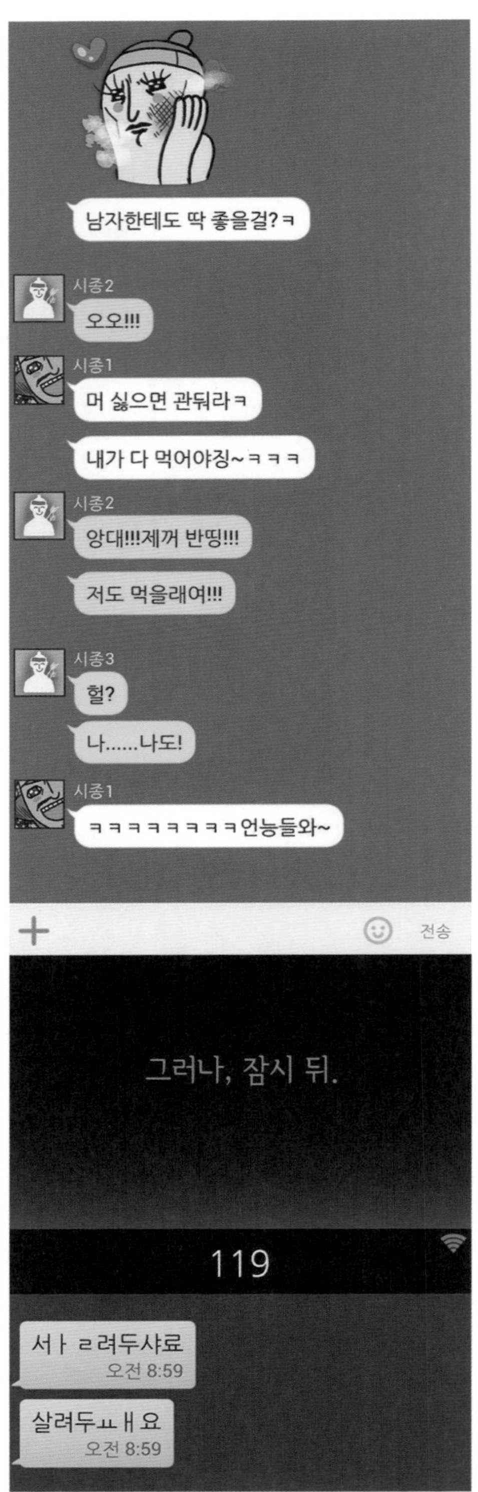
남자한테도 딱 좋을걸?ㅋ
시종2
오오!!!
시종1
머 싫으면 관둬라ㅋ
내가 다 먹어야징~ㅋㅋㅋ
시종2
앙대!!!제꺼 반띵!!!
저도 먹을래여!!!
시종3
헐?
나......나도!
시종1
ㅋㅋㅋㅋㅋㅋㅋㅋ언능들와~
전송
그러나, 잠시 뒤.
119
서ㅏㄹ려두샤료
오전 8:59
살려두ㅛㅐ요
오전 8:59

먹으면 환각을 보다
눈, 코, 입, 귀에서 피를 쏟는 풀로

8명 중 6명이 죽고 말았다.

셋이요

자라 보고 놀란 가슴 솥뚜껑에 놀라다

앞으로 내 밥상에 쑥갓 금지!

엄빠님들도 낯선 풀과 버섯을

조심하세요!

정사 正史

실록에 기록된 것

- 태종 16년 3월 5일, 보장산에서 사냥(강무)하다.
- 태종을 호종하던 사람들, 숙소에서 대조채 잘못 먹고 갑자기 죽다.
- 대조채(大鳥菜), 뿌리는 거여목 같고 줄기는 쑥갓을 닮다. 먹으면 순식간에 황홀하다 눈, 코, 입에서 피가 흐르다.
- 태종, 죽은 이들을 장례 치르고 유족에게 쌀과 콩을 내리다.
- 태종, "사람들이 반드시, 이것은 사냥 탓이라 할 것이다."
- 태종, 수라에 쑥갓과 거여목 못 올리게 하다.

픽션

기록에 없는 것

- 태종이 안경을 쓰다.
- 정몽주 참살과 왕자의 난 때문인지 무골 이미지가 있지만, 이방원은 고려시대 과거에도 급제한 엘리트였다.

- 열 번째 이야기 -

게장은 위험하다?

조선시대의 임금은 하루에 다섯 번 밥상을 받았다. 때에 따라 다르지만 대부분 입이 떡 벌어지도록 많은 개수의 반찬이 올라와 편식을 할 겨를조차 없었다. 반찬 세 개로 밥을 먹었던 영조가 검소함으로 이름을 날릴 정도였으니 말이다. 임금이 구체적으로 "나 이 음식 싫어!"라고 말한 경우는 몹시 드문 편이지만, 말을 하지 않았을 뿐 싫어했으리라 짐작할 음식이 있긴 하다.

1724년, 조선의 20대 왕 경종은 한여름을 맞아 컨디션 난조로 며칠씩 밥을 제대로 못 먹고 있었다. 원래부터 건강한 체질이 아니었으니 심하게 더위를 탔던 것 같다. 그러던 어느 날, 밥상에 게장이 올라온다. 게장의 위력은 수백 년 전에도 변함이 없었는지 경종은 갑자기 입맛이 돌아 밥을 잔뜩 먹고 후식으로 감까지 먹었다. 그러자 어의들은 크게 당황했다. 한의학에서 게와 감은 상극이라 먹으면 안 된다고 말하는 대표적인 한 쌍이기 때문이다. 어의들은 황급히 소화제를 처방했지만 정말 게장과 감을 함께 먹었기 때문인지 게장이 상하기라도 했던 것인지, 경종은 심한 복통과 설사에 시달리다 고작 나흘 만에 세상을 떠나고 말았다.

경종은 자식 없이 죽었기에 왕위는 세제, 즉 동생 연잉군에게 돌아갔다. 그가 영조이다. 하지만 게장과 얽힌 경종의 미스터리한 죽음은 영조의 발목을 붙들고 놓지 않았다. 특히 경종을 지지했던 소론들은 이를 갈고 있었다.

즉위 첫해부터 영조는 행차에 나섰다가 욕을 퍼붓는 사람을 만나는 봉변을 당했고, 길에는 영조를 욕하는 대자보가 붙었으며, 과거 시험에서 왕에게 쌍욕을 적은 답안지가 올라오기도 했다. 이인좌 등 과격한 소론파가 반란을 일으키기까지 했다. 그들은 영조가 일부러 게장과 감을 올려 경종을 죽이고 왕좌를 꿰찼다고 주장했다.

그렇잖아도 센티멘털한 성격의 영조에게는 참으로 지긋지긋한 꼬리표였을 것이다. 그런데 1755년(영조 31), 앞서 말한 과거 시험 답안지의 연루자를 찾아내 문초하던 중, 신치운이라는 용자가 영조에게 폭탄 발언을 쏟아냈다.

"저는 경종께서 돌아가신 이래로 게장도 안 먹었거든요?"

결국 영조가 게장으로 경종을 죽인 게 아니냐고 돌려 까는 말이었다. 이 말을 들은 영조는 그 자리에서 펑펑 울고 말았다 한다. 31년 동안 받던 스트레스가 터져버렸던 것일까. 영조는 나중에 "내가 게장을 바친 게 아니라 수라간이 줬다고!"라는 걸 입증하기 위해 책까지 냈지만 어차피 음모를 좋아하는 사람들은 듣고 싶은 말만 듣는 법. 덕분에 민간에는 게와 감을 같이 먹으면 죽는다는 근거 없는 속설이 널리 퍼지게 되어 아직까지도 간간이 들려온다.

아무튼 이런 일이 거듭되었으니 영조는 게를 몹시 싫어할 수밖에 없었다. 그래서인지 영조의 치세 동안 게 이야기는 찾아볼 수가 없다. 세종 때부터 게는 주요 공납 품목 중 하나였고, 아마도 그렇게 공납 받은 게로 게장도 만들었을 테지만 영조가 왕위에 있던 시절에는 게에 대한 기록이 남아 있지 않다. 그러나 그의 손자인 정조 때에는 다시 전국에서 왕궁으로 활발히 게를 바쳤고, 이들 중 일부는 맛있는 게장으로 만들어졌을 것이다. 이제 다 잊고 맛있는 게장 드시라며 영조의 영전에 게장 한 접시를 올리고도 싶지만, 그의 생전 성격을 생각하면 불같이 화를 낼 것만 같다. 조선왕조실톡

조선왕조실톡 11

코끼리, 귀양 가다

때는 1411년,

태종 11년 2월 22일.

하나요 살인 코끼리

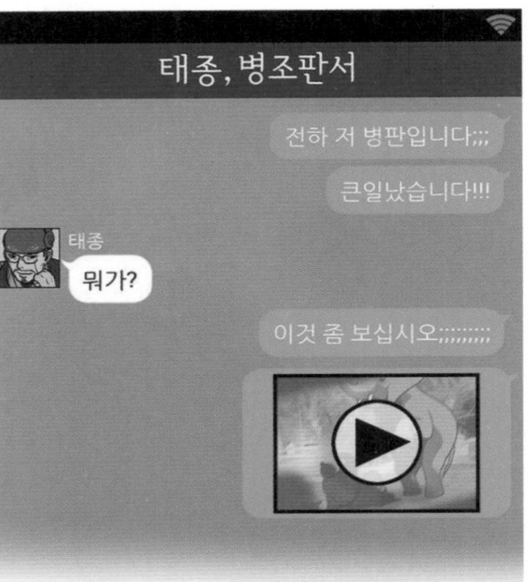

[충격] 전 국토부장관 코끼리에게 밟혀 사망 [혐]
진짜 못생겼네
뭐 이따구로 생겼어? ㅋㅋㅋ

[충격] 전 국토부장관 코끼리에게 밟혀 사망 [혐]
퉤

[충격] 전 국토부장관 코끼리에게 밟혀 사망 [혐]
- 뿌오오ㅇ"ㅍ"ㅇ#)
- 으아아

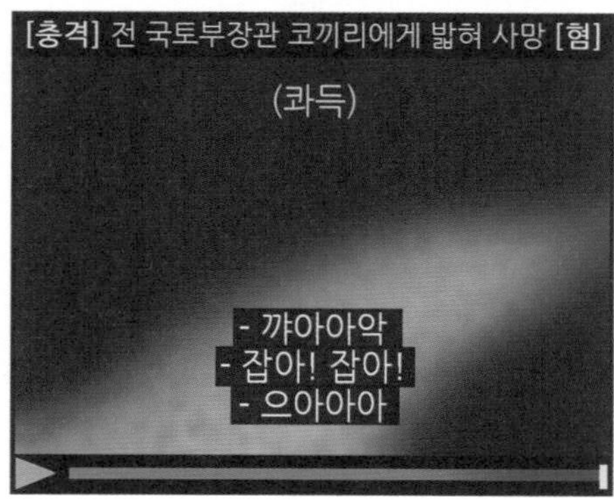
[충격] 전 국토부장관 코끼리에게 밟혀 사망 [혐]
(콰득)
- 꺄아아악
- 잡아! 잡아!
- 으아아아

실시간 급상승 검색어

1	살인코끼리	↑ 417
2	코끼리	↑ 177
3	공조판서 이우	↑ 504
4	이우	↑ 537
5	판서 이우	↑ 291
6	공물 코끼리	↑ 759
7	조정 브리핑	NEW
8	전하	↑ 174
	사망사고	

전 공조판서(국토부장관) 이우,
코끼리에 밟혀 죽다.

둘이요 귀양살이

태종, 병조판서

태종
당장 살처분해.

그게 좀……

외국에서 선물로 준
코끼리라서요.

차라리 유배를 보내시죠?

태종
ㅋ무슨 짐승이 유배야??

섬에 보내면 유배죠.

아쉬우신 건 아니죠?

태종
아냐 이제
별로 신기하지도 않아ㅎ

키워봤자 이득도 없잖아?
사료값만 엄청 들고
사람들 다치고……

그래, 보내. 유배ㅎㅎ

전송

결국 코끼리는 사람을 해친 죄로,
조선의 외딴섬에 보내졌다.

그런데, 다음 해.

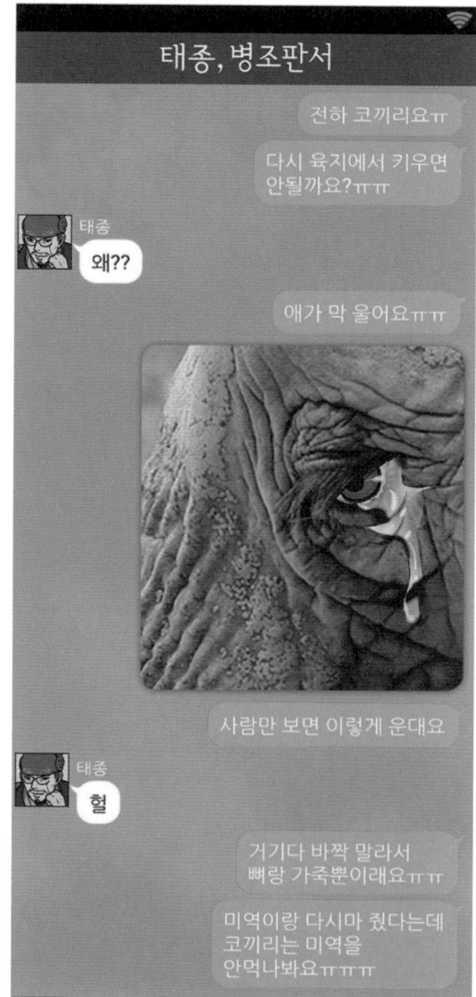

태종
저런
우리가 학대하는 건가?
도로 뭍에 데려와도 되죠?
태종
응 그래
불쌍하네ㅉㅉ
전송

이렇게 코끼리 대감은,
귀양살이 1년 만에

다시 육지로 돌아왔다.

셋이요 애물단지

그러나 코끼리 대감, 여전히
모두의 골칫거리였으니.

코끼리가 머물던 지역의 백성들이
고통을 호소한 것이다.

그러자 태종은
전국에서 돌아가며(!) 사육하라 명했다.

그런데 코끼리의 수명은
60년 이상.

시대가 바뀌어, 태종이 물러나고
4대 왕 세종이 집권하는데.

~1420년, 세종 3년~

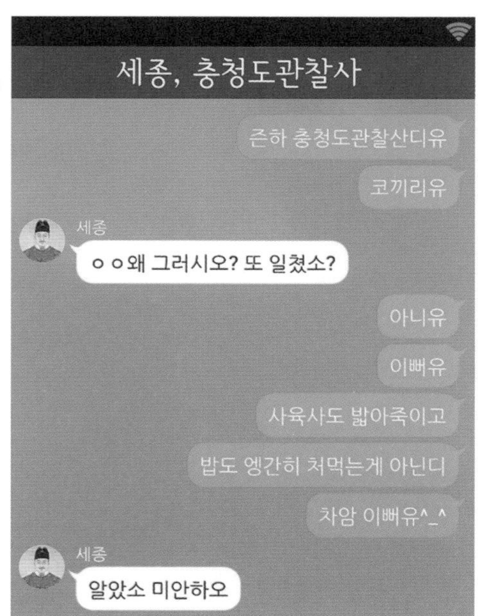

결국 두 왕을 섬긴(?) 코끼리 대감은
다시 바다섬의 목장에 보내졌고,

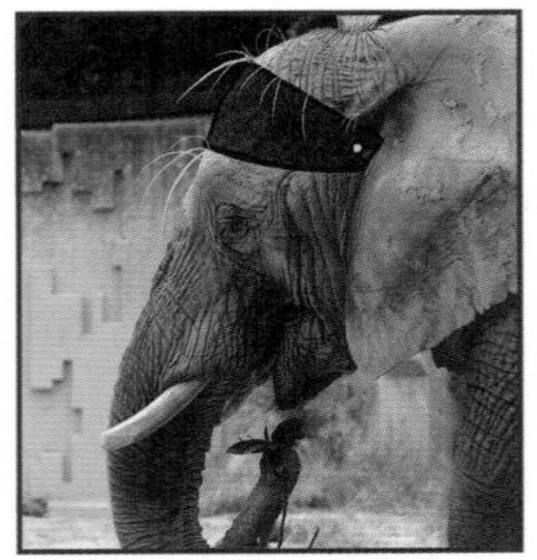

사진 : 진지 잡숫는 코끼리 대감

거기서 생을 마쳤는지
이후 실록에는 등장하지 않는다.

정사 正史

실록에 기록된 것

- 1411년(태종 11), 일본에서 코끼리를 바치다.
- 태종 12년, 전 공조판서가 코끼리를 구경하다 밟혀 죽다. 꼴이 추하다고 비웃고 침을 뱉어, 코끼리가 노했기 때문이다.
- 태종 13년, 병조판서가 "이제 코끼리 신기하지도 않고, 먹이도 많이 먹고, 사람도 죽였으니 섬으로 보내자" 간언. 태종, 웃으면서 그대로 따랐다.
- 태종 14년, "코끼리가 수초를 먹지 않아 날로 마르고, 사람만 보면 눈물을 흘린다" 하자, 태종이 불쌍하다며 도로 육지로 데려오라 한다.
- 1420년, 코끼리 때문에 백성들이 괴로워하자 전라도, 충청도, 경상도에 돌아가며 키우라 명하다.
- 세종 3년, 충청도관찰사가 코끼리가 또 사람 죽이고 먹이도 너무 많이 먹는다며, 섬으로 보내라 청하다.

기록에 없는 것

- 각 지방 관찰사들은 그 지방 사투리를 쓰지 않았을 것이다. '상피제' 때문에 자신의 고향으로는 발령나지 않았기 때문이다.

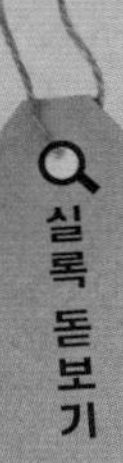

- 열한 번째 이야기 -

궁궐 안 동물원

지금이야 동물원도 백과사전도 인터넷도 있어 신기한 동물을 직접 보는 것도 어렵지 않을뿐더러 사진을 순식간에 검색할 수도 있지만 그 옛날 희귀 동물들은 굉장한 구경거리였다. 그래서 임금은 신하들에게 선물로 받거나 외국에서 조공으로 받은 귀한 동물을 임금의 정원인 상림원上林苑에 두고 길렀으니, 이야말로 조선시대의 동물원이었다. 여기에서 키웠던 특이한 동물들은 여러 종류가 있었다.

1. 공작새

1406년(태종 6), 대마도의 소오 사다시게宗貞茂가 조선에 공작새를 바쳤다. 문제는 이 공작새가 원래 대마도 것이 아니라 조와국爪哇國, 자바의 배에서 빼앗은 것이었다는 것. 약탈당한 배에서 살아 나온 사람이 조선의 바닷가로 표류해 오는 바람에 사실이 알려졌다. 신하들은 신기한 새긴 하지만 그래도 도둑질한 것이라 키우기 찝찝하다고 했지만 태종은 "멀리서 왔으니까 상관없어!"라고 우기며 상림원에 쏙 집어넣었다.

2. 까만 여우

1428년(세종 10) 2월, 세종은 전국에 이런 통보를 내린다.

"까만 여우를 산 채로 잡아 오면 쌀 50석! 관청에 신고만 해도 상금 줌!"

파격적인 조건 덕분인지 채 한 달이 되지 않은 3월에 살아 있는 여우가 평안도에서 잡혀 올라왔고, 세종은 이걸 상림원에서 키우게 한다. 세종이 여우가 키우고 싶어서 찾았던 것이 아니라 중국 사신이 까만 여우를 내놓으라고 행패를 부린 탓이었다.

3. 원숭이

원숭이는 주로 일본에서 들여왔으며, 상림원에서도 키웠지만 제주도에서도 키웠다. 왜냐하면 "원숭이가 있으면 말이 병들지 않는다"라는 미신이 있었기 때문. 심지어 원숭이 그림을 그려두는 것만으로도 효과가 있다고 믿었다나. 그래서 세종은 원숭이를 잘 번식시켜 말이 많이 나는 제주도에 퍼뜨리려 했고, 1447년(세종 29) '밀덕'이었던 세자(문종)는 일본에서 온 원숭이 한 쌍 중 수컷이 죽자 일본 사신들에게 원숭이를 구한다는 말을 전해보라 말하기도 했다.

4. 이리

1399년(정종 1), 정종은 북방 오랑캐에게서 선물 받아 궁궐에서 키우던 이리를 풀어준다. 한 달에 무려 닭 60마리를 먹어치우는 엄청난 식욕 때문에 유지비가 너무 많이 들어 키우기를 포기한 것이다. 사람이 없는 곳에 풀어줬다고 하는데, 과연 잘 살았는지 알 수 없다.

5. 낙타

1695년(숙종 21), 숙종은 신하를 시켜 낙타를 궁궐 안으로 들여오게 했다. 원래 이 낙타는 중국 사신들 것이었는데 낙타가 병들고 힘이 없자 그냥 버리고 귀국한 것이다. 궁궐의 한 노비가 이 낙타를 사서 도성 안으로 가져왔고, 덕분에 온 성안의 사람들이 신기하게 생긴 동물을 구경해보겠다고 바글바글 모여들었다. 소문을 들은 숙종은 자기도 보고 싶어 낙타를 궐 안으로 데려오게 했다. 신하들이 뒤늦게 이 소식을 듣고 이상한 짐승은 키우는 게 아니라고 항의하자 숙종은 "그냥 한번 보려고 한 거야"라고 시크하게 대처했다. 이미 질리도록 봤으니 됐다는 뜻이었을지도. 조선 왕조 실톡

12 태종의 스토커

하나요 사관

"정몽주를 죽인 냉혈한!"

"왕자의 난을 일으켜
권력을 차지한 철의 인간!"

[3대 임금 태종 이방원. 세종의 아버지]

온갖
무서운 별명이란 별명은
모두 가진 나.

……그러나 요즘,
한 남자 때문에

두려움에 잠마저 설친다.

사관 민인생.
나의 스토커다!

둘이요 왕의 스토커

난 사관이란 놈들이 싫다.

[임금을 따라다니며 말을 모조리 받아 적는 관리들]
이 글들을 모아 실록을 펴낸다.

도대체, 프라이버시를 몰라!

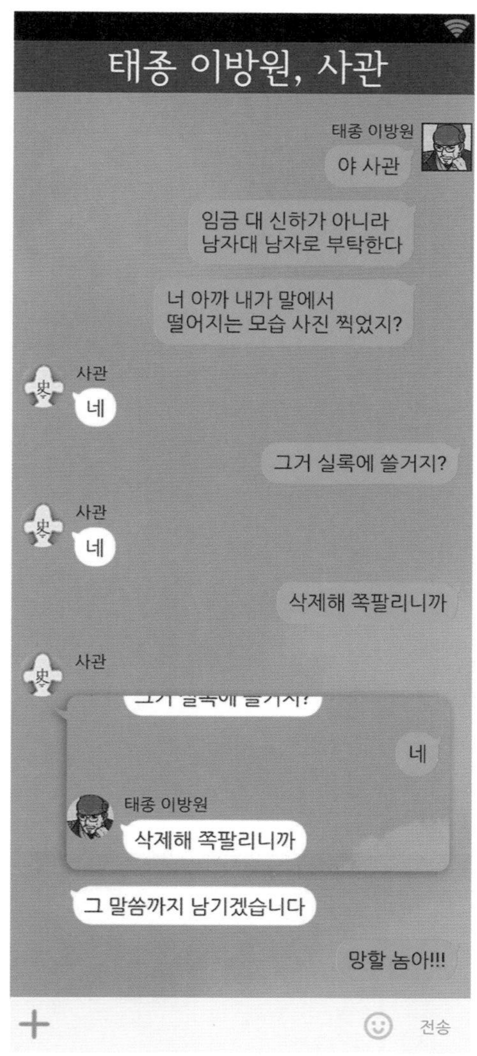

붕어똥 같은 놈들!
꽉 막힌 놈들!

[태종실록 4년 2월 8일]

임금께서 사냥하시다 말에서 떨어지다.
주위를 살피며 “사관에겐 비밀로 하라” 하시다.

다행히 글쓰기밖에 모르는
문관 범생이들이라,
큰소리치면 겁먹고 조심하더니만

얼마 전,
강적이 나타났다.

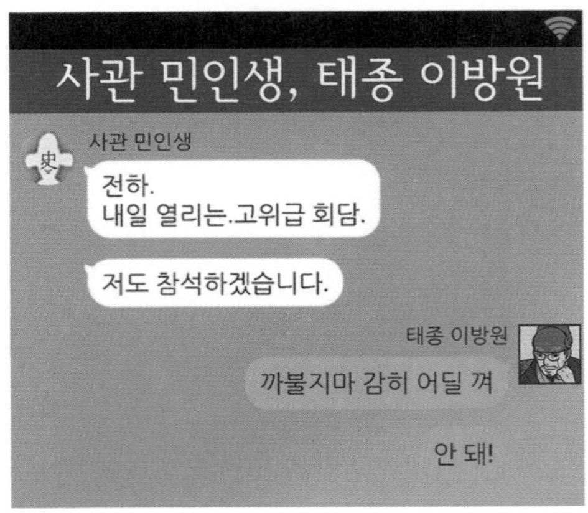

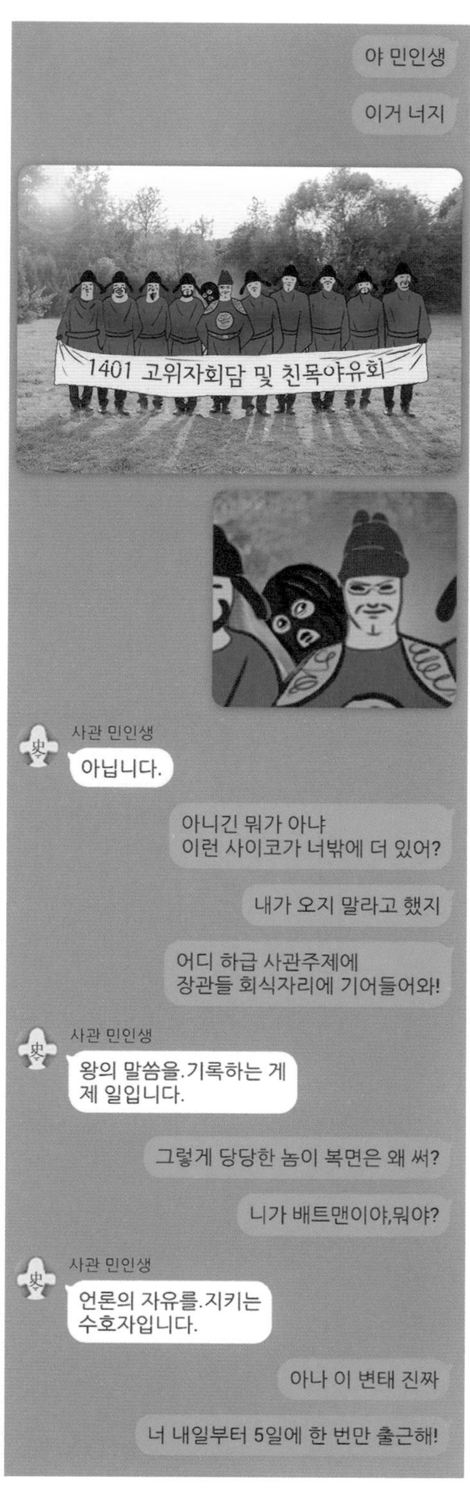

야 민인생
이거 너지
1401 고위자회담 및 친목야유회
사관 민인생
아닙니다.
아니긴 뭐가 아냐
이런 사이코가 너밖에 더 있어?
내가 오지 말라고 했지
어디 하급 사관주제에
장관들 회식자리에 기어들어와!
사관 민인생
왕의 말씀을.기록하는 게
제 일입니다.
그렇게 당당한 놈이 복면은 왜 써?
니가 배트맨이야,뭐야?
사관 민인생
언론의 자유를.지키는
수호자입니다.
아나 이 변태 진짜
너 내일부터 5일에 한 번만 출근해!

그렇게 평화롭던 어느 날.

으아아아악!

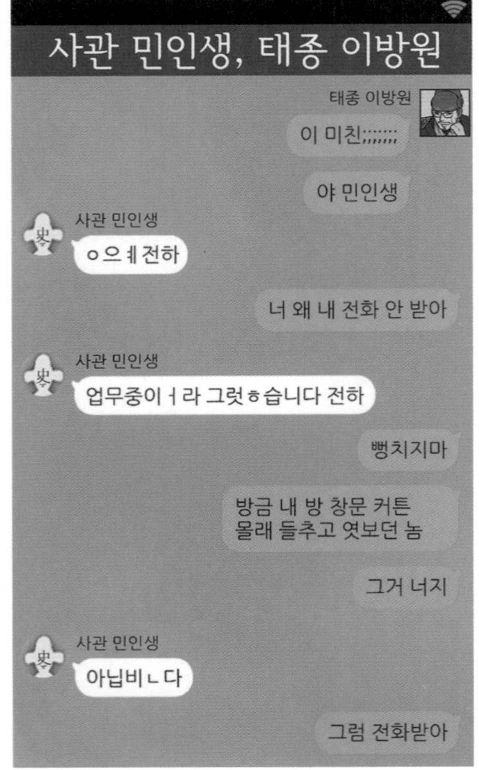
사관 민인생, 태종 이방원
태종 이방원
이 미친;;;;;;;
야 민인생
사관 민인생
ㅇ으ㅖ전하
너 왜 내 전화 안 받아
사관 민인생
업무중이ㅓ라 그럿ㅎ습니다 전하
뻥치지마
방금 내 방 창문 커튼
몰래 들추고 엿보던 놈
그거 너지
사관 민인생
아닙비ㄴ다
그럼 전화받아

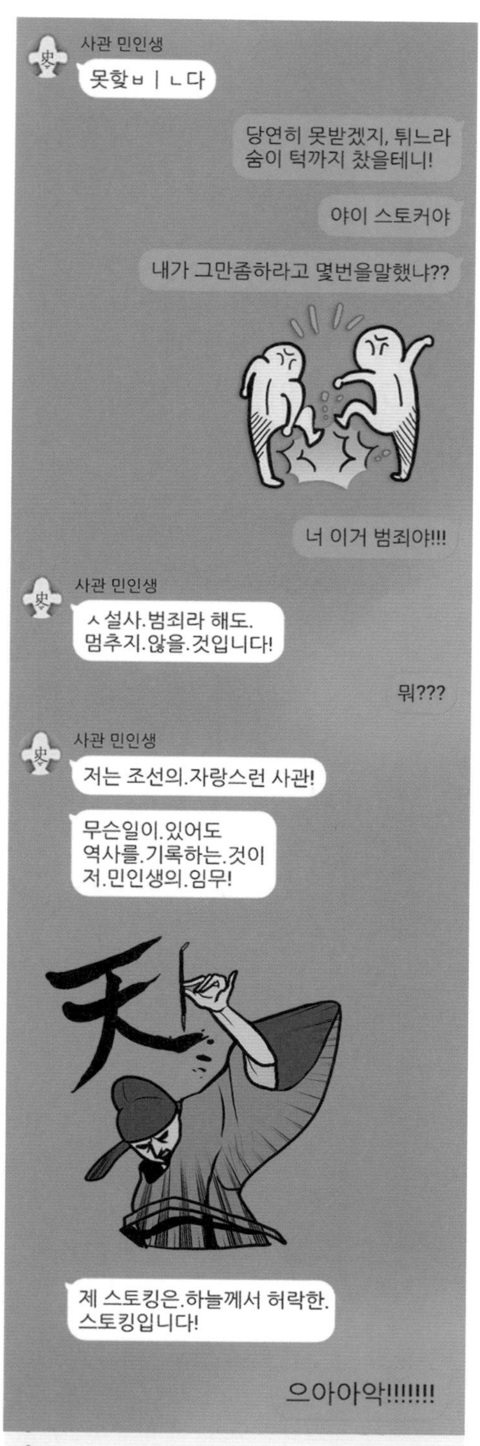
사관 민인생
못핰ㅂㅣㄴ다
당연히 못받겠지, 튀느라
숨이 턱까지 찼을테니!
야이 스토커야
내가 그만좀하라고 몇번을말했냐??
너 이거 범죄야!!!
사관 민인생
ㅅ설사.범죄라 해도.
멈추지.않을.것입니다!
뭐???
사관 민인생
저는 조선의.자랑스런 사관!
무슨일이.있어도
역사를.기록하는.것이
저.민인생의.임무!
天
제 스토킹은.하늘께서 허락한.
스토킹입니다!
으아아악!!!!!!!
전송

민인생,

**“위에 하늘이 있습니다.
저는 바르게
기록해야만 합니다!”**

[1401년, “내가 편안히 쉬는 곳에는 들어오지 말라”는
태종의 어명에도 억지로 편전에 들어가려다 붙잡히며.]

정사 正史

실록에 기록된 것

- 태종, 사관을 귀찮아하다.
- 태종, 사냥 중에 실수로 말에서 떨어지자 황급히 "사관에게는 말하지 말라" 명했으나, 사관, 『실록』에 적다.
- 사관 민인생, 정승급만을 위한 연회에 몰래 따라가다. 얼굴을 감추고 태종의 사냥을 쫓아가다. 담 너머에서 엿보다. 휘장을 걷고 몰래 살펴보다가 걸리다.
- 사관에게 6아일(衙日)에만 출근하라고 하다.

픽션

기록에 없는 것

- 사관들은 임금의 여인들은 취재하지 못했다. 그러나 그것이 안타까웠는지, 중종대에 여성 사관을 두자고 요청하다.

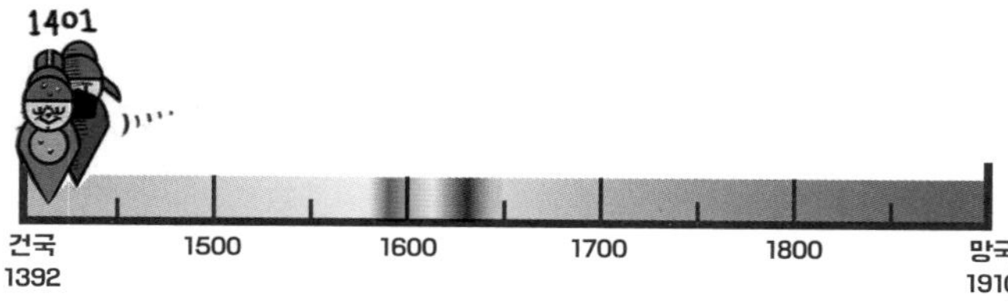

화

2부

세종 1418~1450년 재위

문종 1450~1452년 재위

단종 1452~1455년 재위

성균
패밀리

13 조선왕조실톡

날라리 양녕대군

上 형과 아우

양녕대군 Freedom

태종 이방원 미치겠다

충녕대군 독서중/잠수

하나요 도망

이런 옛말이 있다.
"죄를 지으면, 결국 똑같이
돌려받는다."

나는 태종.
아버지의 뜻을 거스르고
임금이 된 불효자.

옛말 따위
코로 비웃었건만.

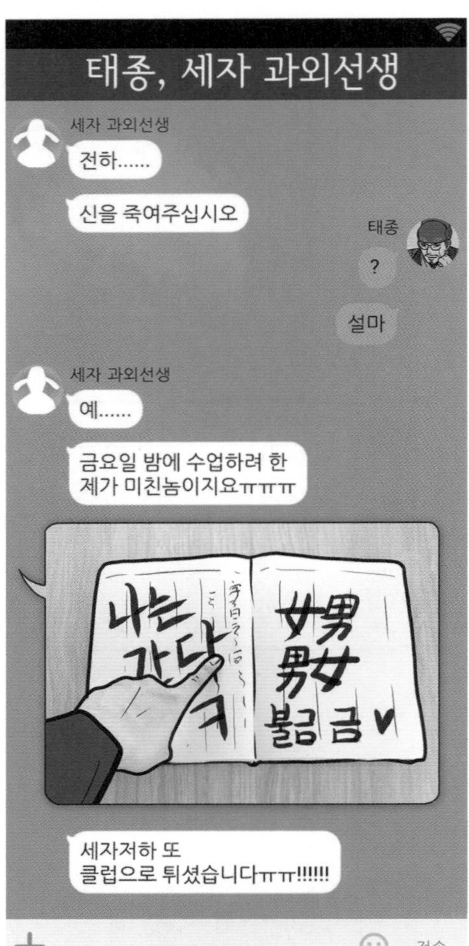

둘이요 자유인 양녕

내가 어찌 세운 조선인데,
내가 어찌 얻은 왕위인데!

이 자식을 그냥!

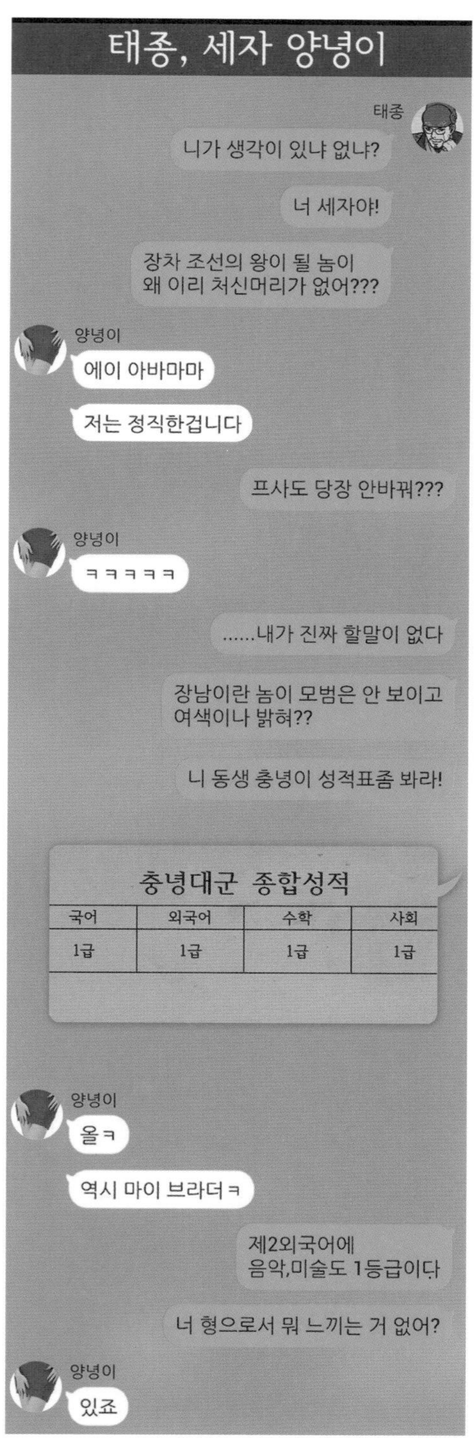
태종, 세자 양녕이
태종
니가 생각이 있냐 없냐?
너 세자야!
장차 조선의 왕이 될 놈이
왜 이리 처신머리가 없어???
양녕이
에이 아바마마
저는 정직한겁니다
프사도 당장 안바꿔???
양녕이
ㅋㅋㅋㅋㅋ
......내가 진짜 할말이 없다
장남이란 놈이 모범은 안 보이고
여색이나 밝혀??
니 동생 충녕이 성적표좀 봐라!
충녕대군 종합성적
국어 1급
외국어 1급
수학 1급
사회 1급
양녕이
올ㅋ
역시 마이 브라더ㅋ
제2외국어에
음악,미술도 1등급이다
너 형으로서 뭐 느끼는 거 없어?
양녕이
있죠

뭐?

양념이

체육은 못하는구나? ㅋ

전송

"충녕이 싸움도 약한데요. - 양"

"팍씨-_-
왕자가 주먹 세서 뭐하는데? - 태"

이후로도 양념이는
사고를 쳐댔다.

[속보]양녕대군 기생B와 밀회!

달래도 보고,
혼내도 봤다.

[독점]양녕,기생 어리와 간통!

다른 양반의 첩……네티즌"막장드라마"

하지만, 오히려 더 큰
빅똥을 선사하는 녀석을

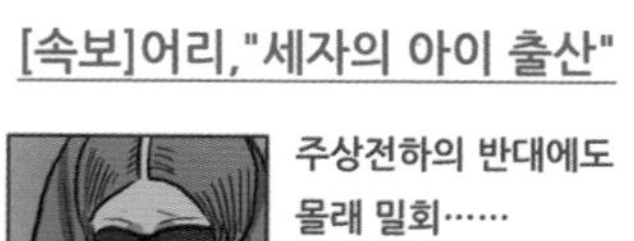
[속보]어리, "세자의 아이 출산"

주상전하의 반대에도
몰래 밀회……

양녕 "책임 지겠다"
왕실 "극형 처해야"

난 참지 못했다.

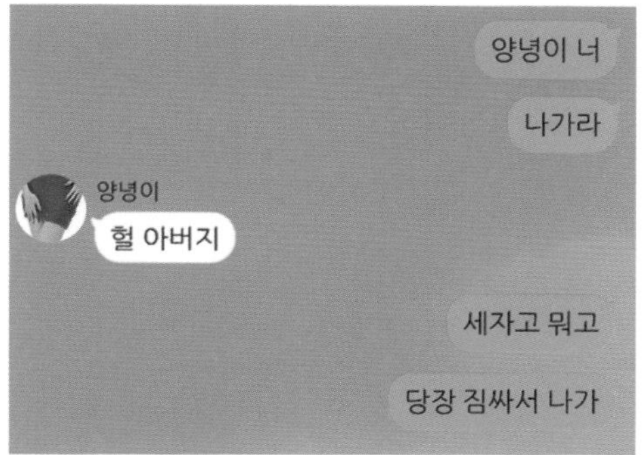

세자가 궐에서 쫓겨난
초유의 사태.

조정이 발칵 뒤집혔다.
내 마음도 무너졌다.

내 죄다.
내 죄야……

음?

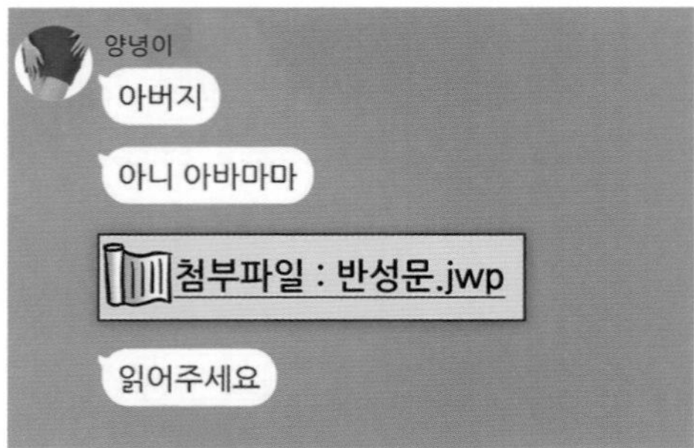

정말 잘못했습니다.
진심으로 반성합니다.

할아버지께서 건국하시고
아버지께서 이룩하신 나라,
제가 잘 물려받아야 했건만
게으름을 피우고 나쁜 친구들과
어울리고 말았습니다.

아바마마.
24년을 살았지만, 저는 이제 한 살입니다.
오늘, 다시 태어났기 때문입니다.

아버지와 아들은 한 몸이라고 합니다.
아바마마의 꿈이요, 희망이 되겠습니다.
사랑합니다.

1417년 세자 양녕 올림.

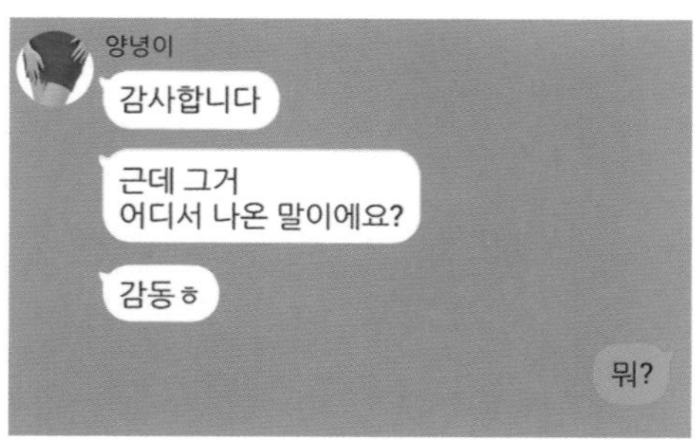

대★필

#NO_반성

그로부터 며칠 후.

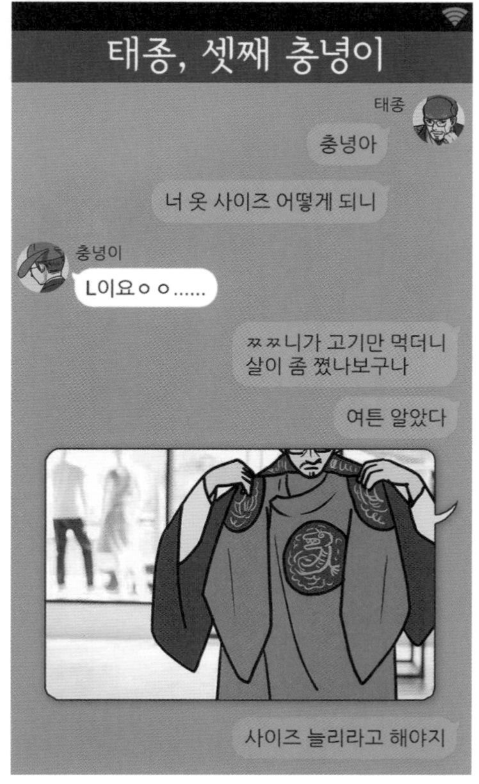

양녕대군, 폐세자되다.

공부만 잘하고 싸움은 약한 충녕대군,
새 세자가 되다.

몇 달 뒤 왕으로 즉위하니

이가 곧 세종대왕이다.

정사 正史

실록에 기록된 것

- 양녕, 병을 핑계로 자주 공부를 빼먹다.
- 태종, 매우 속상해하며 혼내기도 하고 달래기도 하다.
- 양녕, 사냥을 즐기거나 궁궐 담을 넘어 미행을 다니는 등 돌출행동을 하다.
- 충녕, 잔치나 술자리 등에서 문재를 뽐내다. 태종, 양녕에게 "너는 왜 동생만도 못하냐?"며 꾸중하다. 양녕, "충녕이는 용맹하지 못합니다"라며 대들다. 태종, 혼내다.
- 양녕, 여색에 빠지다. 이미 남의 첩이 된 기생들마저 건드리다.
- 기생 어리, 임신하다. 일대 스캔들에 태종 매우 분노하여 양녕을 쫓아 보내다.
- 태종, 양녕의 공부 스승 변계량에게 "양녕을 반성시킨 후 종묘에 반성문을 바치게 하라" 명하다.
- 변계량, 반성문 써서 보이자 태종 다시 양녕 궐로 부르다. 그러나 양녕, 반성의 기미 보이지 않다. 문장가의 대필은 흔했으나, 양녕이 병을 핑계로 또 공부를 피하는 등 스스로 눈 밖에 날 짓을 일삼은 것.
- 태종, 눈물 흘리며 양녕 폐세자하다. 셋째 충녕대군 세자로 삼다.

픽션

기록에 없는 것

- 양녕대군은 폐세자된 후 붙은 호칭이다.

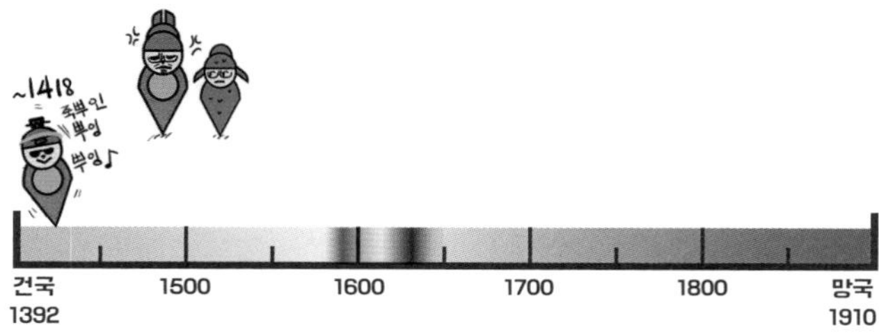

조선왕조실톡 14

아들, 공부하지 마

下 형과 아우

충녕대군 **답답하다**

태종 이방원 **아들 미안해**

하나요 성적표

얼마 전, 시험을 봤다.
오늘은 성적표가 나오는 날.

[충녕대군. 태종의 삼남. 19세]

솔직히 자신 있다.
준비도 진짜 많이 했고,
컨디션도 좋았으니까……

아!

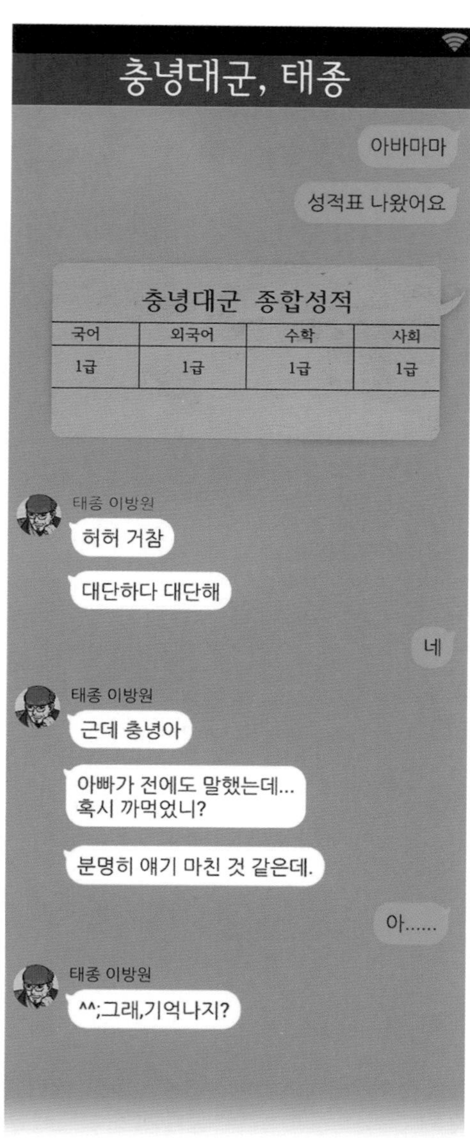
충녕대군, 태종
아바마마
성적표 나왔어요
충녕대군 종합성적
국어 외국어 수학 사회
1급 1급 1급 1급
태종 이방원
허허 거참
대단하다 대단해
네
태종 이방원
근데 충녕아
아빠가 전에도 말했는데...
혹시 까먹었니?
분명히 얘기 마친 것 같은데.
아......
태종 이방원
^^;그래,기억나지?

넌 공부 열심히 안해도 돼^^;

"공부하지 말라."

아마 부모님께
이런 말을 듣는 자식은

세상에 나뿐이지 않을까ㅎ

다음날, 아바마마는
큰 박스 한가득
딴짓감(?)을 보내오셨다.

채소 가꾸기 책, 일렉기타,
켜면 10시간 훅 간다는 게임,
성인용 잡지까지.

평소라면 말이 예쁘게
나갔을 것이다.
우린 좋은 사이니까.

하지만, 오늘은.

충녕대군,
온갖 취미활동을 섭렵하다.

특히 음악에 소질이 있어
형 양녕에게
악기도 가르치다.

이후 날라리 형을 대신해
왕위에 오르니,

조선, 직접 새로운
악보체계를 만들 줄 아는
임금을 갖게 되다.

#정간보
#시작한_김에_프로까지

정사 正史

실록에 기록된 것

- 충녕대군, 학문에 뛰어난 능력 보이다. 언어, 외국어, 수학 등 다방면에서 우수하다.
- 태종, 충녕에게 "너는 왕자로 태어나 장차 한가롭게 노닐기나 하면 된다" 하다. 이 이후 충녕, 음악, 서예, 그림, 꽃꽂이 등 다양한 취미활동 해보다. 무엇이든 수준급으로 해내다.
- 충녕, 음악에 능하다. 세자 양녕에게 악기 타는 법을 가르치다. 화목한 모습을 보고 태종 흐뭇해하다.
- 태종, 평소 신하들과 "(왕권 안정을 위해서는) 큰아들만 빼고 모두 죽여야 한단 말이냐?" 라며 자식들이 골육상쟁을 벌일까 걱정하다. 아이들 손을 잡고 눈물 흘리며 "너희는 형제끼리 꼭 사이좋게 지내라" 당부하다.
- 사이좋은 양녕과 충녕. 양녕은 어릴적, "충녕이랑은 아무리 작은 것도 같이 나눠 먹을래요" 하다.
- 충녕, 양녕에게 쓴소리를 자주 하다. 바둑을 두지 말라, 친척의 기생을 건드리지 말라 등 간언하다. 양녕, "가서 잠이나 자" 하며 귀찮아하다.
- 양녕, 충녕에게 새 옷을 자랑하다. 그러자 충녕, "마음을 먼저 닦은 후에 외모를 닦으라" 하다. 양녕 부끄러워하다.
- 양녕, 돌출행동으로 폐세자되다. 충녕, 새로이 세자가 되고 얼마 후 즉위하여 세종이 되다.

기록에 없는 것

- 일렉기타와 게임은 없었다.

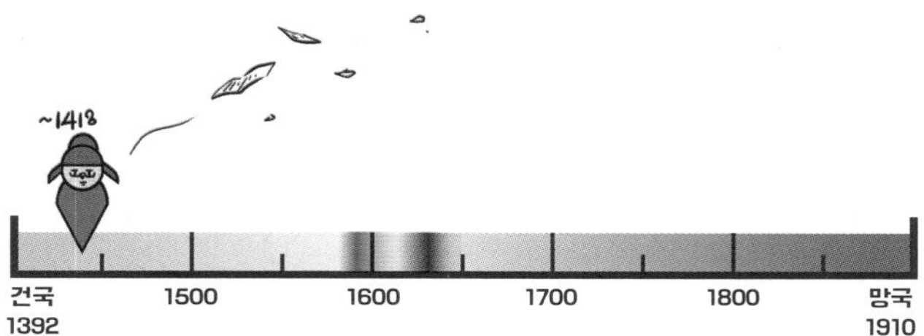

- 열두 번째 이야기 -

형만 한 아우 없다?

역사 이야기책을 보면 '왕위를 양보한 양녕대군'의 이야기를 쉽게 접할 수 있다. 원래는 태종의 맏아들인 양녕대군이 세자가 되었지만 셋째 충녕대군의 자질이 자신보다 훨씬 뛰어나다는 것을 알고 일부러 미친 척을 했다는 이야기다. 과연 사실일까?

태종은 후계 구도에 굉장한 공을 들였다. 본인이 세자였던 막냇동생을 제거하고 다른 형들을 제치고 왕이 되었다 보니, 자신의 자식 대부터는 반드시 적장자 계승의 원칙을 지키고 싶었을 것이다. 뿐만 아니라 형제끼리 죽고 죽이는 일이 자기 자식들에게는 벌어지지 않기를 강하게 바랐다. 셋째 충녕에게는 "넌 그냥 음악이나 듣고 하고 싶은 일하며 놀라"라고 말했을 정도였다. 언뜻 듣기에는 자식의 자유로운 취미생활을 권하는 아버지 같지만, 그 속뜻은 형을 위협하지 말고, 열심히 공부해서 높은 벼슬을 할 수 있는 것도 아니니 적당히 놀고먹으라는 의미였다. 그러나 그 말대로 살기에 충녕대군의 야심은 너무 컸다. 야심이라고 하면 좀 의외로 들리겠지만, 세종은 그가 평생 동안 증명한 대로 우리나라 역사상 희대의 능력치를 자랑하는 먼치킨이었다. 그 능력을 고스란히 썩히기에는 본인도 아까웠을 것이다.

충녕대군에게 행운이었던 점은 '원래 후계자' 양녕대군이 성실함과는 담을 쌓은 사고뭉치였다는 것이다. 원래 양녕대군은 집안 전통의 무인 기질을 타고났는지 공부하는 것을 좋아하지 않았고, 술을 좋아했으며 기생과 노는 것도 좋아했다. "아빠도 후궁을 두는데 왜 난 못해!"라며 개기는 배짱과 고집도 가지고 있었다.

양녕대군이 자신의 기득권을 망쳐가는 동안 충녕대군은 차근차근 자신의 능력을 갈고 닦았고 차츰 두각을 나타내게 되었다. 이걸 알게 된 태종은 일부러 공개적인 장소에서 충녕대군의 뛰어난 학식을 칭찬하기도 하고, 양녕대군에게 "넌 왜 동생보다 못하니?" 하고 퉁박도 놓았다. '이렇게 자극을 받으면 세자가 정신 차리

고 열심히 하겠지'라는 생각이었으리라.

이 전략은 아주 효과가 없진 않아서 양녕대군은 손 놓았던 책을 다시 잡아 보기도 했다. 하지만 상대는 역대급 먼치킨. 어찌 일반인이 따라갈 수 있었겠는가. 양녕대군은 결국 공부를 완전히 포기했다. 술에 취해 고모 경신공주에게 "충녕이는 보통 사람이 아닙니다"라고 털어놓을 만큼 실력 차이를 통감했던 모양이다. 아무리 그래도 세 살 아래 동생에 비해 못났다 비교당하는 것은 자존심 상하는 일인지라 양녕대군은 아빠 앞에서 이렇게 동생을 깎아내리기도 했다.

"걘 용감하지 않아요!"

이런 것밖에 깔 게 없다는 것도 참 측은하지만 어쩌겠는가. 태종은 "용맹함은 부족하지만 큰일을 결정할 때 충녕만 한 사람도 없지"라고 응답함으로써 역디스를 먹인다. 그래도, 이때만 해도 태종은 후계자를 바꿀 생각은 없었던 것 같다. 하지만 양녕대군의 말썽이 차츰 더 심해지고, 세자가 스캔들로 궁에서 쫓겨나는 대소동이 벌어지며 결국 세자를 바꾸고 만다. 충녕대군이 본격적으로 실력을 발휘하기 시작한 때부터 세자가 되기까지 걸린 시간은 대략 2년. 조선왕조 역사는 물론이거니와 세계사적으로도 드문 피 한 방울 없이 벌어진 후계자 교체였다. 양녕대군이 워낙 사고를 치긴 했지만, 역시 상대가 세종이라 가능한 일이었을 것이다.

이후로도 양녕대군은 온힘을 다해 말썽을 부렸다. 가출을 하고, 백성들을 괴롭히며 아무렇게나 놀아댔다. 아랫사람에게 억지로 술을 많이 먹여 죽게도 하고 심지어 자기 아들의 첩을 빼앗기도 했다. 덕분에 원래부터 말썽꾼이었던 양녕대군의 아들은 더욱 본격적으로 엇나가 스스로 목을 매어 자살하고 말았다. 사실 왕위에서 쫓겨난 세자는 역모에 연루되기 쉬웠기 때문에 후환을 없앤다는 명분으로 죽임당하기 일쑤였다. 그러나 양녕대군은 죽는 날까지 자기 욕심껏 사고를 치며 살았고, 세종은 형 양녕대군의 뒤치다꺼리를 하느라 평생 골머리를 앓아야 했다. 어쩌면 이것이 동생에게 한 방 먹은 양녕 나름의 복수였을지도 모른다.

15 백성과 고기를 사랑한 세종대왕

나는 빡쳤다.

이게 웬 장난질임?

(알 수 없음)
엄청 좋아하던 음식
하나 있었거든ㅎㅎ

전송

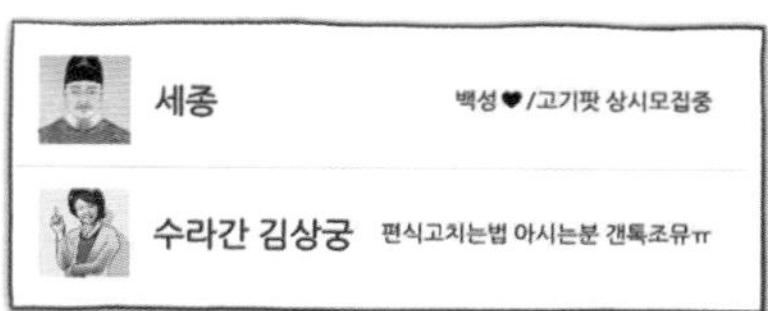

조선 초,
한 명의 수라간 상궁이
고민에 빠졌다.

하나요 ㄱ은 '고기'의 기역

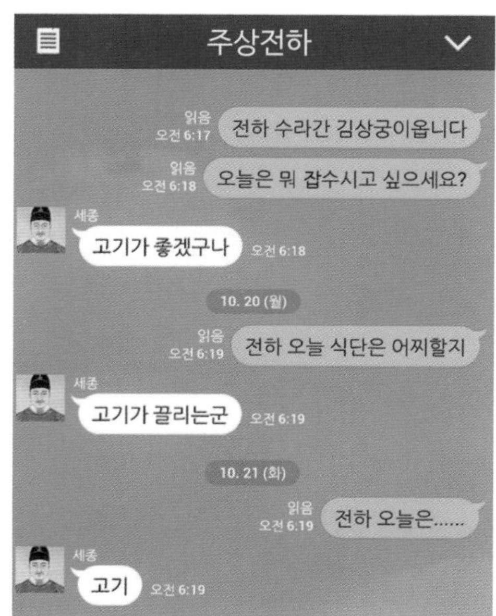

그러던 와중, 김상궁에게
어의가 기별을 보냈다.

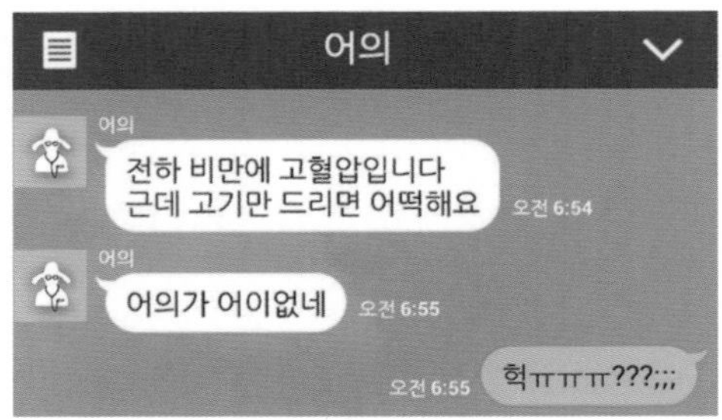

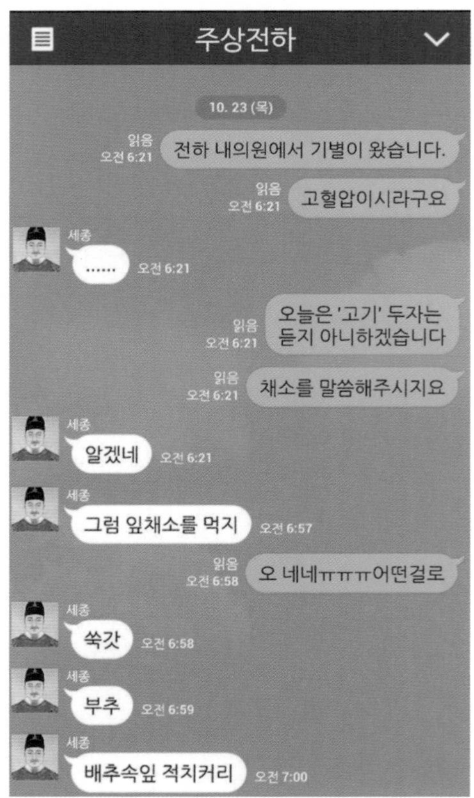

둘이요 뿌리깊은 고기사랑

태종

읽음 오전 7:12 상왕전하 수라간 김상궁입니다

읽음 오전 7:13 금상께서 고기를 너무 드시는데ㅠㅠ 말리고 싶습니다

읽음 오전 7:13 아버님 되시니 좋은 방법좀...

태종: 몇년 전에 내 형님...정종께서 돌아가셨을 때였어 오전 7:14

태↓태서)

태종: 금상의 큰아버지지 오전 7:15

태종: 그때 내가 펑펑 울었어 오전 7:15

읽음 오전 7:15 형님 잃은 슬픔에요?

태종: 아니 금상이 고기를 끊어서. 오전 7:15

태종
큰아버지 돌아가셨다고
그 좋아하는 고기를 끊다니 오전 7:16

태종
호랑이가 샐러드를 먹고말지 오전 7:20

읽음
오전 7:20 ....

태종
포기해 오전 7:20

태종
안돼 그거는 오전 7:21

태종
아빠니까 알아 오전 7:24

셋이요 정색

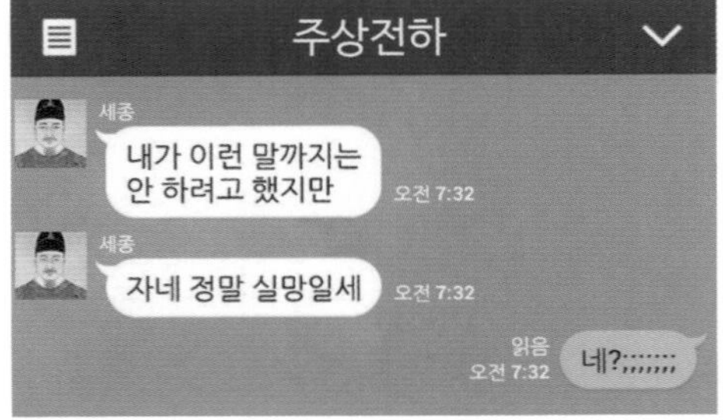

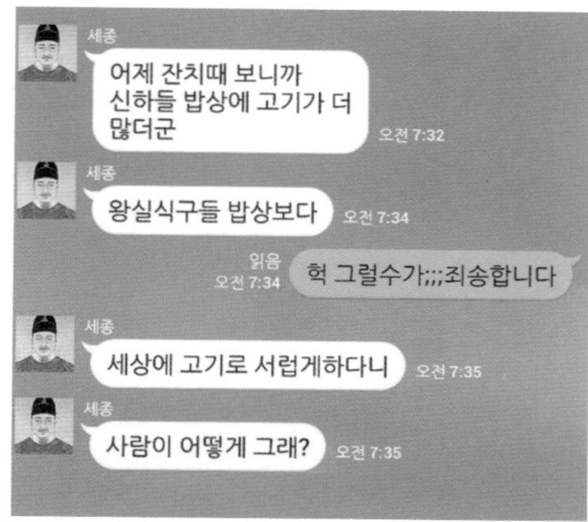

결국 관계자가 문초당했다.
"나를 능멸하는 게냐!"

전하의 목소리는 정말이지 지엄했다.

넷이요 훈련한 성과

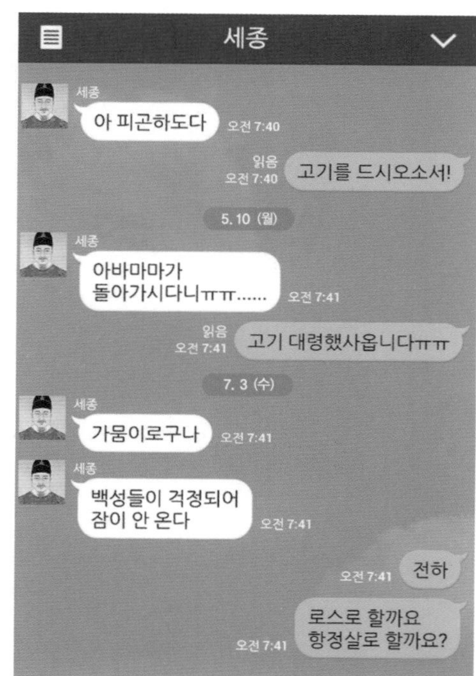

이제 대소신료들은 알아서
고기를 바친다.

성은이 망극하옵니다

세상에 이렇게나 많이

정사 正史

실록에 기록된 것

- 태종이 "세종은 고기 없이는 밥을 먹지 않으니 꼭 고기를 챙겨 먹이라" 명하다.
- 세종이 가뭄이 들어 근심하자 신료들이 고기를 드시라고 청하다.
- 궁중 잔칫상의 고기가 아랫사람들 것보다 부실하다며 담당자를 문초하다.
- 세종이 비만과 성인병에 시달리다.

기록과 다른 것

픽션

- 신료들은 세종에게 채식을 권하지 않았다. 하루만 고기를 안 먹어도 걱정했다.
- 수라간에서는 마트 불고기 소스를 올리지 않았을 것이다.

- 열세 번째 이야기 -

고기 만만세

요즘 "고기 먹으러 가자!"라고 하면 쇠고기나 돼지고기가 가장 먼저 떠오르겠지만 조선시대에는 좀 달랐다. 농업이 주요 산업이었던 조선에서는 소의 도살이 금지되었기 때문이다. 또한 중국 사람들은 "조선인은 돼지를 먹지 않는다"라는 말도 남겼다. 삼겹살 최대 소비국인 현재를 생각하면 다소 의아한 일이긴 한데, 소든 돼지든 안 먹었다기보다는 없어서 못 먹었던 게 아니었을까. 대신 꿩, 기러기, 닭, 물고기, 사냥한 노루, 사슴, 멧돼지들이 조선시대 주요 동물성 단백질 섭취원이 되었다. 그나마도 부족해서 백성들은 일 년에 한 번 고기 구경하기도 어려웠다. 하지만 임금은 전쟁 같은 특별한 상황이 아니면 먹고 싶은 것은 무엇이든 먹을 수 있었다. 이를테면 영조는 "송이버섯에 복어회, 어린 꿩이 있으면 밥을 잘 먹을 수 있다"고 말한 적이 있다. 여기서 말하는 송이란 순 자연산 송이버섯이며 복어회야 두말할 것 없고 꿩 역시 '꿩 대신 닭'이란 속담까지 있을 정도로 귀한 고기였으니 역시 임금님의 밥상은 호사스러웠다.

사료를 통해 조심스럽게 추측을 하자면 세종은 먹는 것을 굉장히 좋아했던 것 같다. 고기가 없으면 밥을 안 먹는다고 할 정도의 고기 편식도 그렇고 "백성들은 먹을 것으로 하늘을 삼는다"라는 희대의 명언을 남긴 것도 그렇다. 현대 의료 기술이 없던 조선시대에 7개월 미숙아로 태어난 세종이 건강하고 정열적으로(!) 살 수 있었던 것도 먹을 것에 대한 놀라운 집착 때문이었는지도 모른다.

세종의 위대함은 "나는 배고프다. 고로 먹는다"라는 단순 논리에서 벗어나 "나는 배고프다. 그러니 남도 배고플 수 있다"라는 생각을 한 데서 시작된다. 1415년(태종 15), 세종이 아직 충녕대군이었을 무렵의 일이다. 거지 한 사람이 나라에서 나눠주는 배식을 받지 못해서 충녕대군을 붙들고 하소연한 일이 있었다. 그러자 충녕은 아버지, 즉 태종에게 달려가 "저 사람이 배가 고프다고 합니다"라고 고했다.

이게 뭐 별일이냐고? 이것은 아주 놀라운 일이다. 세종은 왕가에 태어나 임금의 자리에까지 오른 사람이니 태어나 단 한 번도 가난하거나 힘들어 본 적이 없었다. 배고픈 백성들에게 "밥이 없으면 고기를 먹으면 되잖아?"라는 말을 해도 이상하지 않건만 그는 "저 사람이 배고프다니까 저 사람도 먹여야지"라는 생각을 했던 것이다. 어렸을 때 배고픔을 겪으며 자라고도 어른이 되어 형편이 좋아지면 남들 굶는 걸 모른 척하는 사람들이 세상에 얼마나 많은가. 뛰어난 공감 능력은 세종이 가진 성군의 큰 자질이었다.

세종은 신하들에게도 힘내라고 고기를 먹였으며 궁궐의 일꾼들에게도 틈만 나면 고기를 두루두루 돌렸다. 그것도 모자라 전옥서에서 키우다 남은 돼지 208마리를 민가에 팔게 하고 닭을 키우게 했다. 살림에 도움이 되는 것은 물론 백성들도 고기를 먹게 하려는 목적에서 시행한 정책이었다. 자신이 맛있다고 생각하는 음식을 널리 알리려는 영업력. 그가 현대에 태어났으면 외식업에 종사하거나 먹방을 찍었을지도 모른다.

이런 세종도 고기를 먹지 않을 때가 있었으니 바로 부모님이 세상을 떠났을 때, 자연재해로 백성들이 고통스러워할 때였다. 그러나 이처럼 왕이 고기를 안 먹겠다고 하면 신하들은 득달같이 달려들어 고기를 드시라 외치고, 심지어 밥상에 고기가 틀림없이 올라갔는지를 확인하고 나서야 물러났으니, 사람은 역시 주는 대로 받는 법이다. 세종도 억지로라도 고기 한두 점 정도는 입에 넣지 않았을까?

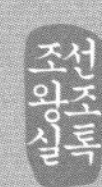

조선왕조실톡 16

황희 정승의 명예퇴직 도전기

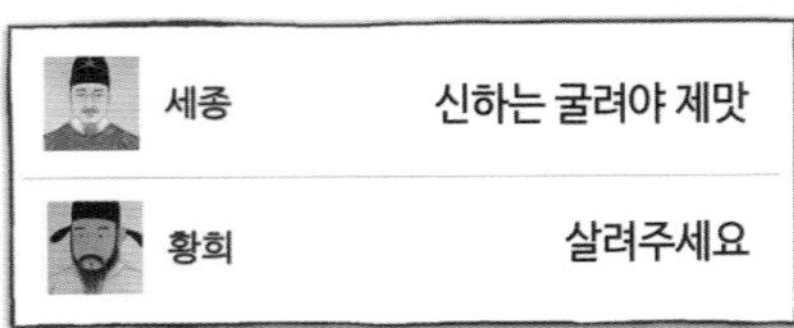

하나요 쉬고 싶다

이건 너무하다.
이건 심하다.

오늘도 나의 하루는, 전하에게 보내는
문자 하나로 시작한다.

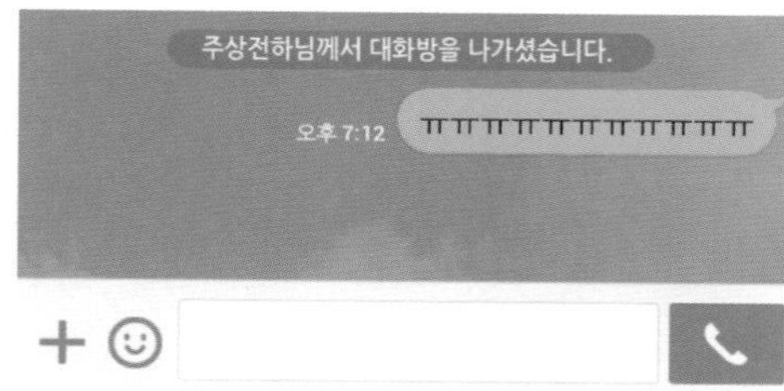

나는 황희,
세종대왕을 모시는 조선의 재상.
나이 칠순이 넘었는데

전하가 쉬게 해주시질 않는다.

성군 모시니 복받았다고?
얼마나 착하시고 좋냐고?

백성들한텐 그러실지 몰라도,
신료들한텐 이런 도깨비상사가 없다.

볼래?

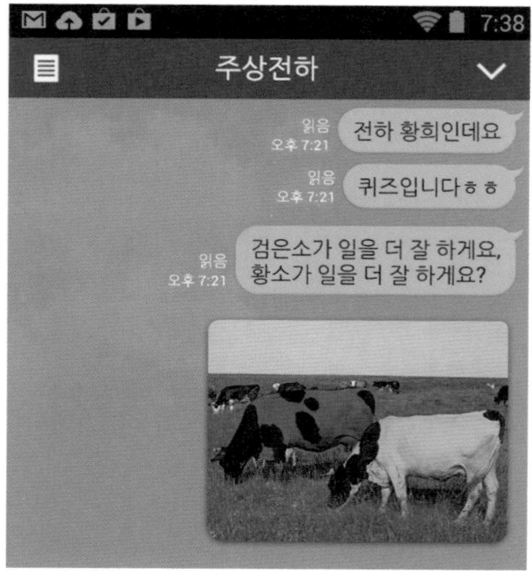

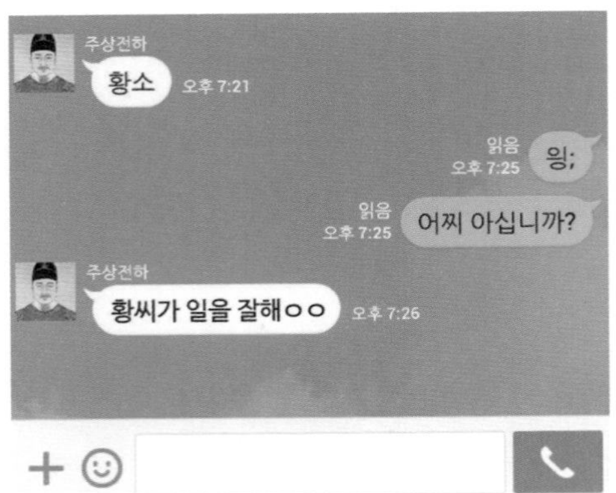

농담하는 거 보니 심심한가 보다며
야근거리를 주셨다.

괜한 짓을 했다.

“그대들을 굴려야 백성들이 편해ㅋ”

p.s

혹시나 소처럼 일하는 나를
가엾게 봐주실까 싶어
영화 <원앙소리>를 추천해드렸더니,

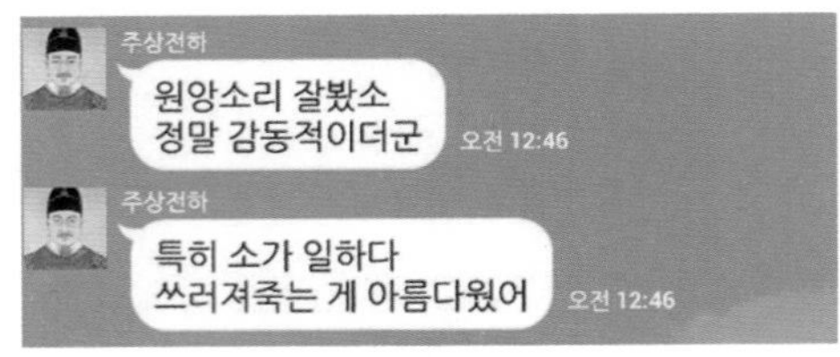

진짜 괜한 짓 했다.

어머님이 돌아가셔서 휴가를 받았다.
3년 무덤을 지키는 것이 자식의 도리.

그리고 조선은 예의 나라.

이번에야말로 퇴직하고 말리라!

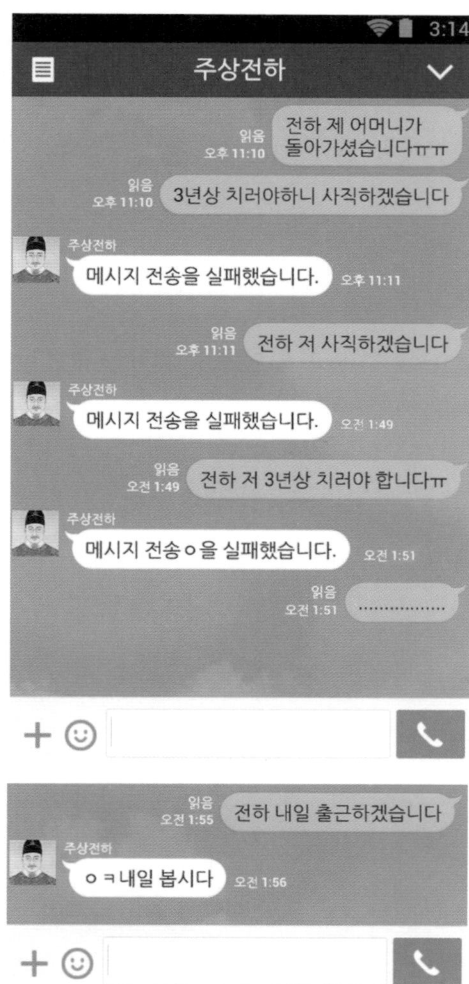

답은 정해져 있어 그대는 복직하라

귀가 안 들린다는 말에도,
치매가 온 것 같다는 말에도

세종대왕은 황희의 사직서를
받아들이지 않았다.

황희 정승이 퇴직할 수 있었던 것은
세종대왕이 훙(薨,사망)하기
겨우 넉 달 전이었다.

정사 正史

실록에 기록된 것

- 황희는 사직서를 20여 년간 제출했지만 대부분 거절당했다.
- 황희가 죄(성추문, 청탁, 친인척 비리)를 짓고 쫓겨나도 금방 다시 불러들였다.
- 황희가 모친상을 당했을 때 올렸던 사직서들은 죄다 반송됐다.
- 황희가 석 달 만에 모친상을 마치고 복직하자 세종은 힘내라고 고기를 먹였다.

- 황희가 늙어서 못 걷겠다고 하자 세종은 지팡이와 자신의 가마를 내려 출근시켰다.

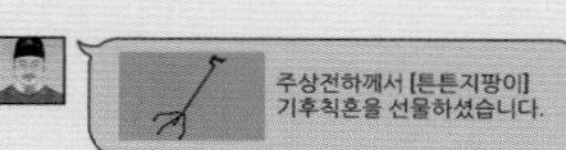

- 황희는 태조(1대), 정종(2대), 태종(3대), 세종(4대), 문종(5대)을 모두 겪어봤다.

픽션

기록과 다른 것

- 당시 〈원앙소리〉 블루레이 디스크는 없었다.

- 열네 번째 이야기 -

관리들의 수난시대

황희는 어머니가 돌아가셨다는 소식을 듣고도 고향에도 못 가고, 시묘살이도 못 하고 나랏일에 몰두해야 했다. 그러나 황희가 아니더라도 세종의 신하들은 나랏일에 죽도록 시달려야 했으니 그나마 세종이 죽기 4개월 전에 간신히 퇴직한 황희는 오히려 운이 좋은 편이었다. 세종은 왜 이렇게 황희를 놔주지 않았을까? 황희가 사직서를 올릴 때마다 세종은 매번 애처롭게 황희를 말렸다.

"당신 몸을 챙기는 건 좋은데, 나는 누구를 의지하란 말이냐?"

물론 이 답을 내렸을 즈음엔 세종도 나랏일을 맡은 지 10년이 넘어 나름 잔뼈가 굵었다. 그래도 황희에게 유독 그리 간곡했던 것을 보면 아버지처럼 의지할 대상이 필요했던 것이 아닐까? ……라고 훈훈한 해석을 해본다.

괴롭힘당한 사람은 황희만이 아니었다. 세종대를 대표하는 정승 중 한 사람인 맹사성, 송골매 재상 허조, 세종 후반기 정승이었던 하연은 모두 70대까지 일했으며, 나중에 북방을 개척한 호랑이 장군 김종서도 세종 말년엔 환갑이 넘었고 그의 부관이자 계유정난 때 살해당한 황보인은 김종서보다 고작 네 살 연하였다.

의정부 평균 연령은 훌쩍 올라가 의정부 사람들의 나이가 많다고 걱정하는 상소가 세종에게 올라올 정도였다. 40, 50대면 의정부에서는 젊은 편이었다. 그럼 조선의 젊은 피들은 다 어디로 가고 노인들만 가득하게 되었을까?

젊은이들은 집현전 및 산업 현장에서 '구르고' 있었다. 한글도 그렇지만 『세종실록지리지』나 금속활자, 『의방유취』 같은 각종 업적들이 어떻게 이룩된 것이겠는가? 다 젊고 똑똑하고 쌩쌩한 젊은이들을 굴리고 또 굴려서 만든 것이었다.

이렇게 아래나 위나 고생을 시키니 가정이 무너지고 사회가 무너질 것도 같지만, 세종이 워낙 혼자 열 사람 몫을 하는 천재 캐릭터였기에 조선은 과로의 왕국이 되어서도 잘 굴러갔다.

여기에도 예외는 있었다. 성보 이순지는 수학과 천문학의 천재로 한양의 북위를 계산해낸 사람이다. 당시 수학 교과서인 『상명산법』을 보면 모든 것이 한자로 쓰여 있다. 二九十八. 이것은 2×9=18을 표기한 것이다. 구구단까지는 그래도 좋다. 한자로 인수분해나 미적분을 한다고 생각하면 머리가 아파올 것이다. 그런데 그게 가능한 게 이순지라는 사람이었다.

하여 세종은 이순지를 이용해 간의, 혼천의 같은 천문 측정기구, 그리고 조선식 맞춤 달력 칠정산을 만들려는 야망을 품었다. 그런데 여기서 문제가 생긴다. 1436년(세종 18) 이순지의 어머니가 세상을 떠난 것이다.

세종은 늘 그러했듯이 "3년상까지 치를 것 없고 빨리 업무에 복귀하라"는 명령을 내렸지만 이순지는 "어머니와 약속했으니 반드시 3년상을 치르겠다"며 복귀를 거부했다. 세종은 이순지의 아버지인 이맹담에게까지 아들을 빨리 보내라고 재촉했다. 그래도 이순지는 복귀하지 않았다. 2년 뒤에 간의가 만들어지긴 하는데, 어째 이순지 이야긴 없고 몇 년 뒤에 보면 대타였던 김담이 이순지보다 먼저 거론된다. 이것은 이순지가 끝내 세종의 명에 불복하고 궁에 복귀하지 않았음을 의미한다.

이후 이순지에 대한 기록은 몇 년 동안 사라지지만 왕명에 불복했다는 이유로 특별한 처벌은 받지 않은 듯하다. 사실 법도뿐만이 아니라 인간적인 기준에서도 잘못한 것은 오히려 세종 쪽이었다. 세종은 이순지를 벌하기는커녕 명나라 사신 일행에 끼워줬으니, 이는 신식 문물을 배워 오라는 배려에서였을 것이다. 어쨌거나 복귀한 이후 이순지는 세종의 각종 프로젝트에 싹싹 긁어 넣어졌고, 덕분에 세종시대의 눈부신 천문학 업적이 만들어졌다. 조선왕조실톡

17

행복한 메리 구휼스마스!

구휼 救恤

재난을 입은 백성이나
가난한 백성들을 구하는 일.

하나요 세종

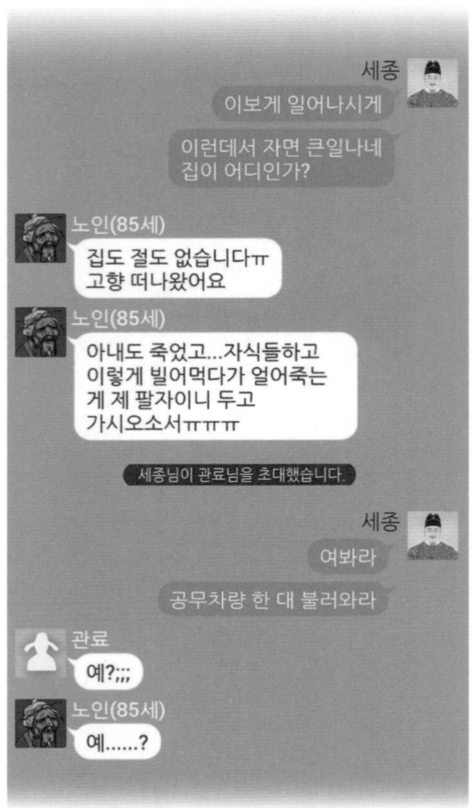

세종, 85세 걸인에게 겨울옷을 준 뒤
역마(馬)를 태워 고향에 보내다.
고을 수령에게 "평생 잘 보호하라" 명하다.

둘이요 성종

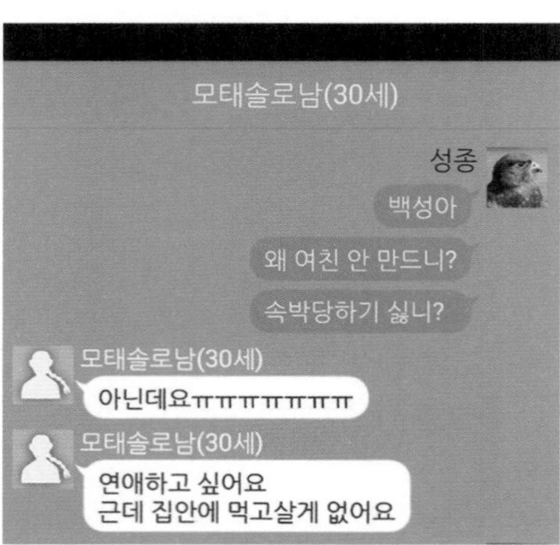

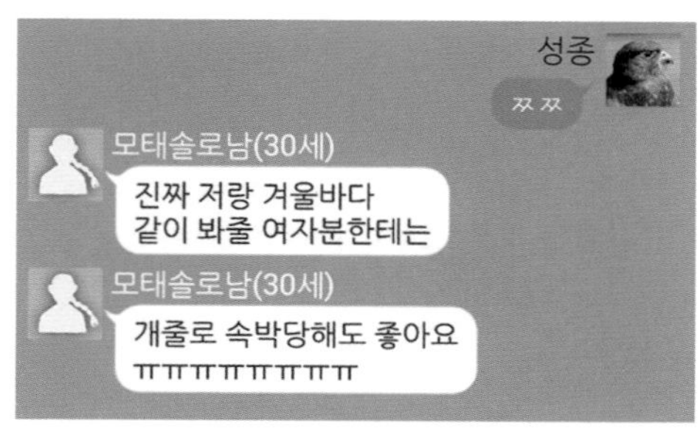
성종
ㅉㅉ
모태솔로남(30세)
진짜 저랑 겨울바다
같이 봐줄 여자분한테는
모태솔로남(30세)
개줄로 속박당해도 좋아요
ㅠㅠㅠㅠㅠㅠㅠㅠㅠ

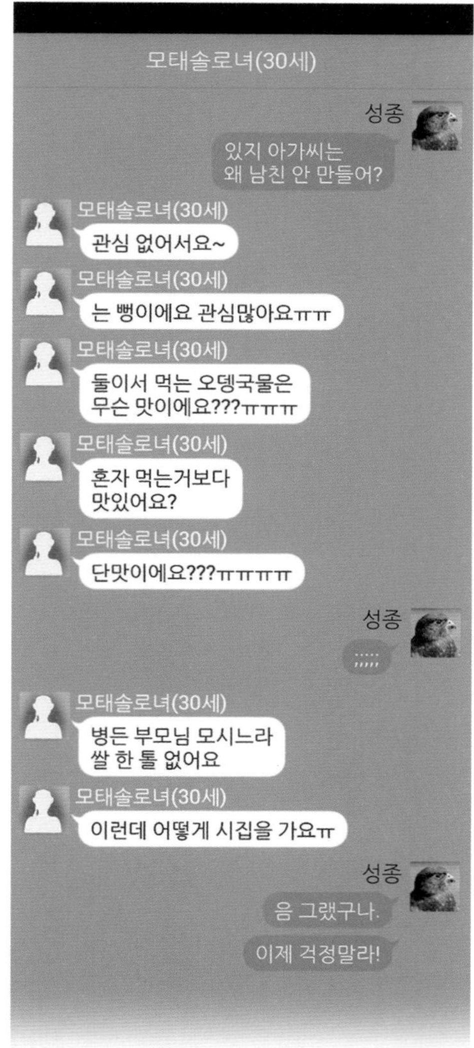
모태솔로녀(30세)
성종
있지 아가씨는
왜 남친 안 만들어?
모태솔로녀(30세)
관심 없어서요~
모태솔로녀(30세)
는 뻥이에요 관심많아요ㅠㅠ
모태솔로녀(30세)
둘이서 먹는 오뎅국물은
무슨 맛이에요???ㅠㅠㅠ
모태솔로녀(30세)
혼자 먹는거보다
맛있어요?
모태솔로녀(30세)
단맛이에요???ㅠㅠㅠㅠ
성종
;;;;;
모태솔로녀(30세)
병든 부모님 모시느라
쌀 한 톨 없어요
모태솔로녀(30세)
이런데 어떻게 시집을 가요ㅠ
성종
음 그랬구나.
이제 걱정말라!

성종, 30세가 되도록 결혼 못한
가난한 집안 자손들에게
혼수비용을 대주다.

이걸 아예 『경국대전』에
법으로 박아 넣어
다음 왕들도 함께 지키도록 하다.
(feat. 훈훈)

정사 正史

실록에 기록된 것

- 세종과 성종, 구휼왕들.
- 겨울과 봄, 장마철에 주로 구휼.
- 중종, 법전에 기록된 대로 30세 넘은 가난한 사람들에게 결혼비용 대주다.
- 성종과 성종대 관료들, 툭하면 세종 이야기를 하며 정책을 수립하다.

픽션

기록에 없는 것

- 더 많은 구휼을 하셨다.

- 열다섯 번째 이야기 -

인간은 밥만 먹고사는 존재가 아니다

실록 돋보기

구휼이라 하면 먹고사는 문제를 가장 중요시했을 것 같고, 그게 사실이긴 하지만 사람은 밥만 먹는다고 살 수 없는 법. 그 옛날 구휼 정책도 요즘의 복지 정책만큼이나 다양한 분야에서 세심하게 시행되었다. 밥이면 밥, 집이면 집, 그리고 결혼까지. 조선시대, 정부는 양반은 물론이거니와 백성들의 결혼마저 책임졌다.

결혼은 개인의 문제 아닌가? 왜 국가가 관여하는 거지? 하는 생각이 들기도 하겠지만 결혼하기 싫다는 사람을 억지로 맺어줬던 것은 아니다. 결혼하고 싶어도 결혼하지 못하던 사람들을 도왔을 뿐. 예나 지금이나 돈! 돈 때문에 결혼을 못하는 청년들을 위해서였다.

높은 결혼 비용이 사회문제가 되고 있는 요즘처럼 조선시대에도 그랬다. 다만 조금 달랐던 점은 그 시대에는 여자의 부담이 더 컸다는 것. 옛날에는 그냥 정화수 떠 놓고 결혼하지 않았냐고? 그런 부부도 있었겠지만 일반적으로 여자는 결혼할 때 예물을 준비해야 했고 이것을 혼수, 꾸밈비, 자장資粧이라고 했다. 게다가 조선 초중기까지만 하더라도 여자가 시집을 가기보단 남자가 처가에 들어와 사는 일이 훨씬 많았기 때문에 여자 쪽 집안에서 준비할 것이 더 많았다. 오성 이항복은 "부잣집은 모르겠지만 가난한 집은 아들을 낳아야 이득이다. 난 아들만 둘이 있고 다행히 딸은 없다"라는 시를 지을 정도였다. 그러다 보니 딸 많은 집에서는 돈이 없어 딸의 혼사를 맺어주지 못하는 일도 많았던 모양이다.

또 옛날의 결혼은 남녀가 눈이 맞아 연애를 하다가 결정하기보다는 어른들끼리 혼담이 오가 결정되는 경우가 훨씬 많았으니, 질병이나 이런저런 사정으로 집안 어른들이 모두 일찍 세상을 떠나서 결혼을 주선해줄 사람이 없어 결혼을 못하기도 했다.

조선 정부는 그런 솔로들을 내버려두지 않았다. 예나 지금이나 국가 부강의 원천이 바로 백성! 젊은 남녀들이 결혼하여 가정을 꾸리고 아이들을 많이 낳아 인구를 불리는 것이 몹시 중요한 일이었다. 영조 때 자기 일처럼 어려운 백성들을 도와 지금까지도 암행어사로 유명세를 떨치는 박문수는 "백성들이 결혼을 제때에 하게 하는 것은 왕이 가장 우선해야 할 의무입니다!"라고 말할 정도였다.

게다가 힘들고 어려운 사람들을 돕는 것은 유학의 오랜 원칙이기도 했으니 그 옛날 맹자는 환과고독鰥寡孤獨을 돌보아야 한다고 말했다. 여기서 환은 솔로남, 과는 솔로녀를 말하고, 고는 자식 없는 노인, 독은 고아를 가리킨다. 솔로남은 광부曠夫 : 공허한 남자, 솔로녀는 원녀怨女 : 한탄하는 여자라고까지 불렸는데, 나라에서 더 중요하게 여긴 것은 원녀였다. 여자가 결혼하지 못하면 그 원한이 하늘에 미친다고 여긴 것이다. 이것은 경제적 사정 때문에 결혼을 못하는 여자가 남자보다 훨씬 많았기에 더욱 그랬을 것이다.

중종 때는 갑자기 가뭄이 들자 "이것은 결혼하지 못한 원녀의 원한이 화기를 손상시킨 탓"이라고 여겨 전국의 가난한 여자들에게 혼수비를 지원해 주기도 했으며 지원금만 꿀꺽 삼키고 딸을 결혼시키지 않는 가장을 처벌하기도 했다. 혼수비 지원도 신분에 따라 차등을 뒀으니 가난한 양반 처녀에게는 쌀 열 섬과 콩 열 섬을, 평민에게는 그 절반을 지급했다. 불평등하다곤 해도 옛날 옛적 어느 고을에 살던 가난한 갑순이에게는 무척 고마운 일이었을 것이다. 『조선왕조실록』에는 그저 광부, 원녀라고만 밋밋하게 적힌 글자에 얼마나 많은 사람들의 가슴 아픈 사연이 숨어 있을까? 조선왕조실록

18

이름을 부르지 말라!

하나요 왕의 이름

1418년 9월 9일.

오늘 새 임금님이
즉위하세요.

실시간 급상승 검색어

순위	검색어	변동
1	새 임금님 이름	↑ 93
2	왕 이름	↑ 117
3	전하 이름	NEW
4	전하 성함	↑ 828
5	성함	↑ 768
6	이름이름이름	↑ 69
7	이름 뭔가요?	↑ 153
8	즉위식	↑ 564
9	태종 은퇴	↑ 498
10	이름	↑ 51

저와 친구들은 애타게,
발표를 기다리는 중입니다.

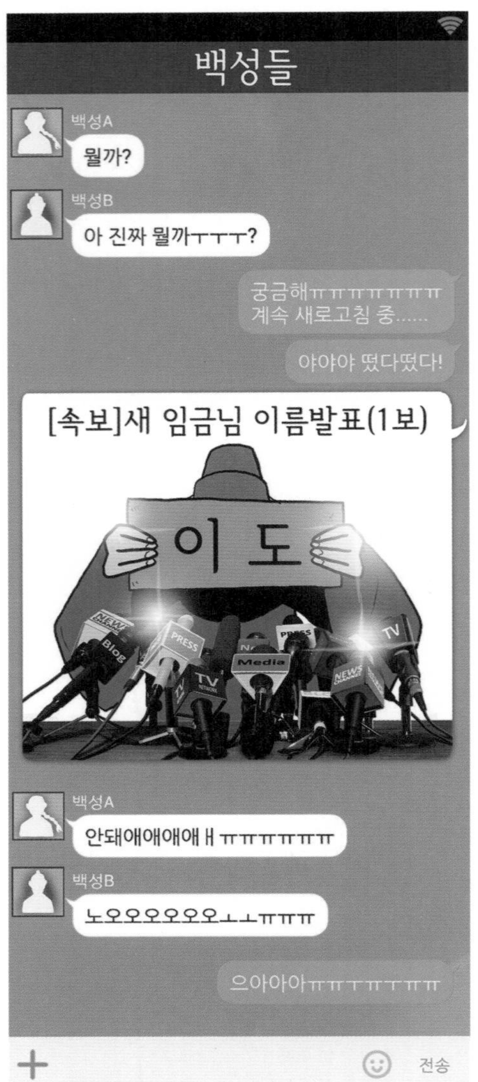

아, 망했어요!

둘이요 피휘

태종, 세종, 문종……
이건 이름이 아니에요.
왕에게는 본명이 따로 있어요.

태종 이 방원 李芳遠　　　문종 이 향 李珦

그런데 그 본명은, 감히
입에 담아서도, 글로 써서도 안 돼요.

절대로!

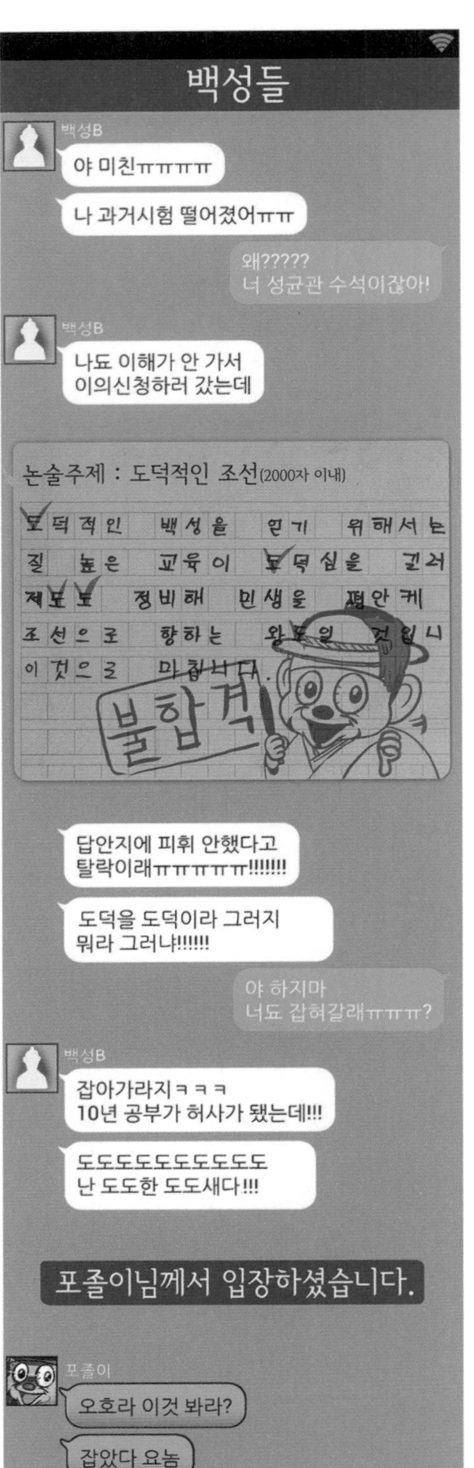

백성들
백성B
야 미친ㅠㅠㅠㅠ
나 과거시험 떨어졌어ㅠㅠ
왜?????
너 성균관 수석이잖아!
백성B
나됴 이해가 안 가서
이의신청하러 갔는데
논술주제 : 도덕적인 조선(2000자 이내)
도덕적인 백성을 얻기 위해서는
질 높은 교육이 도덕심을 길러
제도도 정비해 민생을 평안케
조선으로 향하는 왕도일 것입니
이것으로 마칩니다.
불합격
답안지에 피휘 안했다고
탈락이래ㅠㅠㅠㅠㅠ!!!!!!!
도덕을 도덕이라 그러지
뭐라 그러냐!!!!!!
야 하지마
너됴 잡혀갈래ㅠㅠㅠ?
백성B
잡아가라지ㅋㅋㅋ
10년 공부가 허사가 됐는데!!!
도도도도도도도도도도도
난 도도한 도도새다!!!
포졸이님께서 입장하셨습니다.
포졸이
오호라 이것 봐라?
잡았다 요놈

익숙했던
역 이름도 바뀌고,

부모님께 받은
귀한 이름도 바뀌고!

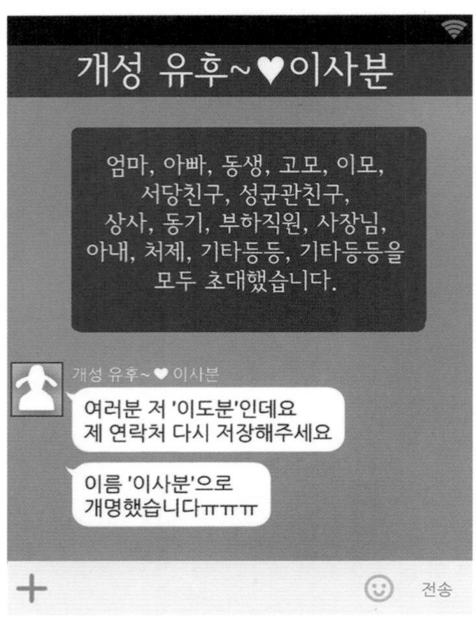

피휘(避諱) 때문에
못살겠어요ㅠㅠ!

결국 임금님들,
백성들을 위해서

작정해도 못 쓰겠다^^

이상한 글자로만
이름 짓기로 했다나요^ㅂ^!

정사 正史

실록에 기록된 것

- 피휘 : 왕의 이름자를 피하는 것.
  책에 쓸 때는 빨간 종이를 덮어 가렸다.

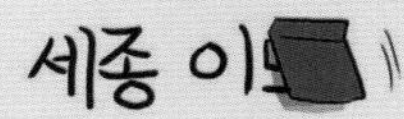

- 피휘를 하지 않으면 불경죄로 곤장을 맞기됴 했다.
- 본명이 '이 도'인 세종이 즉위하자, –개성 유후 이도분, '이사분'으로 개명하다. –충청도 '이도역'을 '이인역'으로 고치다.
- 시험 답안지를 쓸 때 피휘하지 않을 경우, 낙방됴 피할 수 없었다. 심지어 이름에 금지된 글자가 있어 낙방한 과거응시자됴 있었다.
- 조선의 왕들, 한자에 부수를 더하거나 빼는 등 보기 드문 글자를 만들어 이름짓다.
- 그러나 왕마다 피휘를 대하는 자세가 달랐다. 영조, 경상도 대구(大丘)가 공자의 본명과 소리가 같아 나쁘다는 상소에 "별 신기한 소리를 다한다"며 핀잔 주다.

픽션

기록에 없는 것

- 한글이 아닌 한자가 주 단속 대상이었기 때문에 '도토리묵'까지 잡지는 않았을 것이다.

- 열여섯 번째 이야기 -

내 이름 내 마음대로 쓰겠다

지금까지도 우리나라 사람들은 어른의 이름을 부르는 것을 조심스러워 하고, "존함은 O자 O자 되신다"라는 식으로 한 글자씩 끊어 부르곤 한다. 하물며 임금의 이름이라면 더욱 조심스러웠다. 임금의 이름에 쓰이는 한자 사용을 피하는 '피휘'는 중국에서 조선으로 넘어온 제도인데, 꽤 불편한 일이었고 이로 인해 많은 소동이 벌어지기도 했다.

조선 태조의 이름은 이미 잘 알려진 대로 성계成桂이다. 참 흔한 한자로 이루어진 이름이다. 특히 이룰 성成 자는 여기저기 자주 쓰이는 인기 한자이다. 만약 이 이름 글자로 그대로 피휘를 했다면 성공成功을 성공이라 할 수 없고 성적표成績表를 성적표라 할 수 없고 찬성贊成을 찬성이라 할 수 없었을 것이다.

다행히 이성계는 왕이 되고 나서 자신의 이름을 아침 단旦 자로 바꾸었다. 그러나 이 한자도 그렇게까지 희귀한 한자는 아니었다. 이 덕분에 곤란해진 것은 먼 옛 중국의 성인인 주공 단周公旦. 태조와 동명이인이 되어 버린 탓에 주공 단은 실록에서는 이름이 불리는 대신 주공이라고만 불린다.

하지만 태조의 피휘는 그렇게까지 엄격하게 지켜진 것 같진 않다. 중종 때 시독관(임금에게 경서를 강의하는 일을 하던 정오품 관직) 김굉은 임금에게 송나라 역사를 이야기하다가 왕단王旦이란 정승의 사례를 든다. 이 정도는 잠깐 말이 헛나가 실수한 것이라고도 할 수도 있지만, 숙종 때 김민택이 지은 피리 합주곡의 제목은 명단풍明旦風이다. 이런 예들은 엄연히 피휘를 어긴 것이지만 처벌 받았다는 기록은 없다. 현실적으로 수백 년 된 나라의 역대 왕 이름을 모두 외우기도 어려운 일이었다.

처음 조선이 들어섰을 때 피휘는 그리 엄격하게 지켜야 할 규칙이 아니었다. 태조의 바꾼 이름이 간단했던 것도 그 때문이다. 실제로 피휘 제도가 공고해져 사람

들이 개명까지 해야 했던 것은 그의 손자 대인 세종 시기의 일이었다. 건국 직후의 혼란이 안정되고 나라의 체계, 유교 국가의 기틀과 제도가 정리되면서 피휘도 중요해졌던 것이다. 나중에는 별의별 일에 피휘를 들먹이며 시끄러워지기도 했다. 그나마 명나라나 청나라처럼 글자 하나 잘못 썼다고 사람의 목을 댕강댕강 베어 버리지는 않았지만 말이다.

그러나 피휘 규칙을 무시할 수밖에 없게 만드는 인물이 있다. 바로 태종 이방원李芳遠. 꽃다울 방 자에 멀 원 자를 쓴 이름인데, 방芳 자는 형제들의 이름에 모두 붙는 돌림자라 치더라도 문제는 길 가다가 발에 채일 만큼 흔한 글자인 원遠 자였다. 게다가 아버지 이성계가 왕이 되고 나서 이름을 바꾸었던 것과 달리 태종은 "내가 왜 이름을 바꿔?"라는 배짱으로 평생 한 이름을 썼고, 피휘가 현실적으로 불가능해졌다. 그의 이름은 일상생활에서 너무나 자주 쓰이는 한자라 대체할 수가 없었기 때문이다.

결국은 포기. 『조선왕조실록』에서는 원 자를 마음껏 쓰고 있다. 나중에 임금 이름이며 중국 황제 이름으로 피휘 논란이 불거졌을 때조차도 누구 하나 태종의 이름 관련 피휘 문제를 언급한 적은 없었다. 건드렸다간 언어 생활에 크나큰 지각변동이 일어날 만큼 어마어마한 폭탄인 걸 뻔히 알았기 때문일 것이다. 참 제멋대로이지만 그렇기에 매력적인 인물이 태종 이방원이다. 조선왕조실록

19

세종대왕은 측우기를 발명하지 않았다

강녕? 세종일세.

얼마 전에 서점을 갔더랬어.

그런데 아동코너에서
민망한 것을 보았지 뭔가?

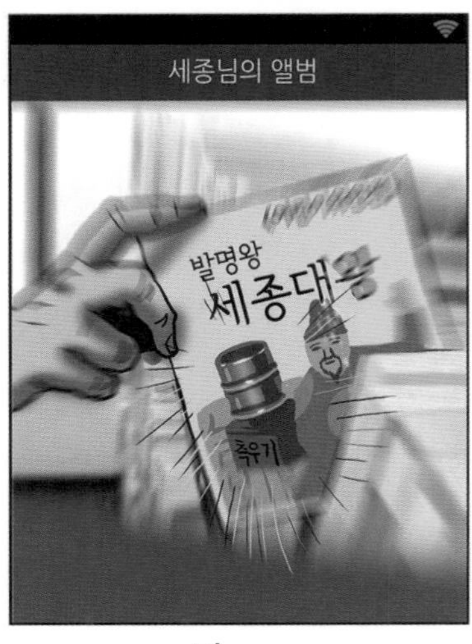

허……
내 오늘이야말로
이 오해를 풀어야겠네.

측우기를 발명한 건
과인이 아니야!

내 큰아들은
영재였어.

이름은 '이향'이라고 하는데,
걔가 여덟 살 때의 일이야.

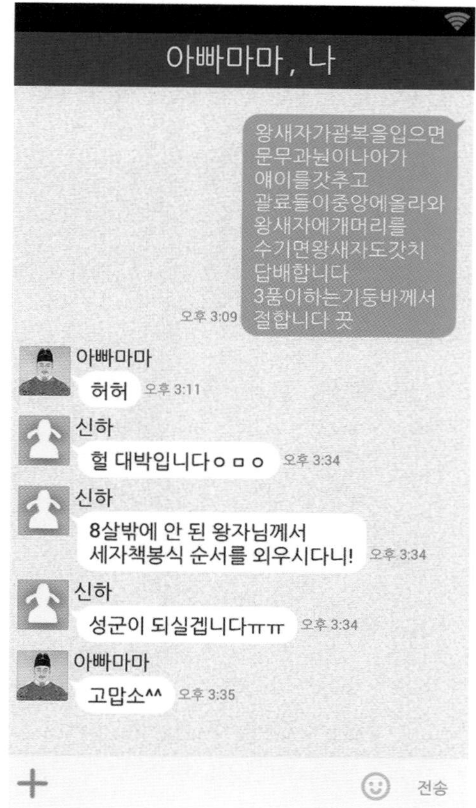

어른들도 헛갈린다는
복잡한 예식을
실수없이 치러낸 요 똑쟁이가 바로,

문종
(文宗, 1414~1452)

내 뒤를 이은 성군이자
측우기를 발명한 왕자일세!

문종이는 신기하게
어릴 때부터

날씨에 관심이 많았어.

그러더니 커서는 일기예보를
하더라니까?

맞네.
세자는 나의 날씨앱이었어.

세자는
훌륭한 어른으로 자랐어.
그런데 스물일곱 되던 해였나?

애가 갑자기
이상한 짓을 하는 거야.

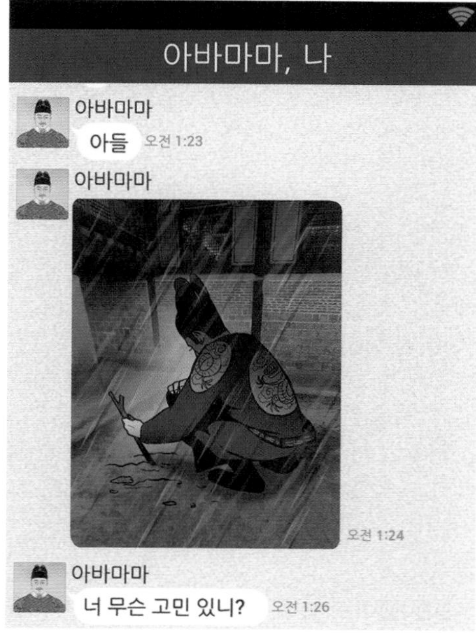

보았지? 이리하야
측우기가 세상에 나타났다네.

(feat.)

 **장영실** {(슈퍼공돌이)}

아빠는 오직,

거들었을 뿐^^!

실록에 기록된 것 정사 正史

- 문종, 8세에 복잡한 세자책봉식을 실수 없이 해내다. 신하들 감동해 눈물 흘리다.
- 문종, 세종을 닮아 학문을 즐기다. 천문에 큰 관심을 갖다.
- 세종, 외출할 일이 생기면 문종에게 그날의 날씨를 묻다. 문종, 잘 맞히다.
- 문종, 세자 시절 강수량을 재려고 젖은 땅을 파다. 그러나 정확히 알 수가 없어 구리 그릇을 만들어 고인 물의 양을 재다.
- 측우기, 홍수 및 가뭄 예측에 사용되다.

기록에 없는 것 픽션

- 서버를 돌리지는 않았지만 자격루는 전자기기 버금가는 정교한 기계장치였다.

- 열일곱 번째 이야기 -

장영실과 현자의 돌

장영실 {(슈퍼공돌이)}

세종과 문종의 아이디어가 아무리 훌륭해도 장영실이 없었다면 모든 것은 아이디어에서 끝났을지 모른다. 세종과 문종이 천재 기획자였다면 장영실은 천재 개발자였다고나 할까?

장영실은 유명한 것에 비해 알려진 사실이 그리 많지 않다. 가장 큰 이유는 그의 신분 때문이다. 장영실은 동래 지역의 관노였으며 그의 아버지는 중국인, 어머니는 기생이었다 한다. 그것 말고는 무엇 하나 확실한 것이 없지만 그의 신분이 몹시 낮았다는 것은 분명하다.

그가 잊혀진 또 하나의 이유는 그의 뒤를 이은 후계자가 없었던 탓이다. 철두철미한 세종의 성격으로 보건대 장영실의 대타를 구해보지 않았을 리 없지만 아마도 장영실이 워낙 '넘사벽'이라 대신할 사람을 못 키운 것이 아닌가 추측된다.

세종은 조선 각지에서 철이나 옥 등 희귀한 원료가 발견될 때마다 장영실을 파견해 채취해 오게 했다. 임금이 장영실을 보낼 때마다 "그가 원하는 대로 다 해주라"는 무한 권한을 내려주었으니 얼마나 그 실력을 믿었는지 짐작이 간다. 이뿐만이랴, 1433년(세종 15)에 세종은 천민 출신인 장영실에게 상호군의 관직을 내려준다. 그런데 여기까지 오기에도 머나먼 과정이 있었다.

그보다 앞선 1423년(세종 5), 세종은 장영실에게 상의원尙衣院 별좌別坐 자리를 주려고 했다. 상의원은 왕실 사람들의 옷을 짓는 곳이었다. 웬 옷? 싶겠지만 상의원에서는 옷 말고도 왕실 관련된 물품들을 여럿 공급하는 부서였으니 이것저것 만들어야 할 장영실이 자리를 잡기에는 가장 적당한 곳이었다.

하지만 꼬장꼬장해 별명이 송골매였던 재상 허조는 "기생의 자식이라 안 된다!"고 강경하게 반대했다. 잠시 물러섰던 세종은 조말생과 영의정 유정현의 찬성을 얻어 장영실의 신분을 양인으로 승격시키고, 벼슬을 내려주는 것을 감행한다. 장영실의 신분세탁을 해준 것도 모자라 벼슬까지 준 것은 대단히 혁신적인 인사였다. 이것도 모자랐는지 10년 뒤 세종은 장영실에게 더 좋은 벼슬을 주기 위해 황희와 맹사성을 불러 '영업'을 했다.

"장영실은 매우 똑똑한 사람이다. 손재주도 좋아서 좋은 것을 많이 만들었다. 뭐 대부분 내 아이디어이긴 했지만. 장영실이 만든 물시계가 메이드 인 차이나보다도 우수한 것 같다. 그래서 말인데, 벼슬을 하나 더 주면 어떨까?"

장영실에게 어떻게든 좀 더 나은 대우를 해주고 싶은 세종의 마음이 눈에 잡힐 듯이 보이는 장면 아닌가? 허조보다는 융통성이 있었던 황희와 맹사성은 장영실의 공헌을 인정하고 임금의 의견에 찬성했고 장영실은 상호군의 벼슬을 더 얻었다.

하지만 장영실도 끝내 성공하지 못한 제작이 있다. 1437년(세종 19) 김새를 비롯한 중국인들이 조선에 와 몇 가지 기술을 전수해줬다고 하는데, 그중 하나가 '돌로 금과 은을 만들어내는 비법'이었다. 세종은 장영실을 시켜 그 기술을 배우게 하고, 김새의 말에 따라 전국 방방곡곡의 돌을 모아 왔지만 모두 "진짜 돌이 아니다"라는 말만 듣고 기술 전수에 실패했다고 한다.

그들은 현자의 돌을 찾았던 것일까? 어쨌거나 그 사기꾼들은 조선에서 후한 대접을 받다 중국으로 돌아갔으며, 돌로 황금을 만들어내는 법은 이후 다시 시도되지 않았다. 조선왕조실톡

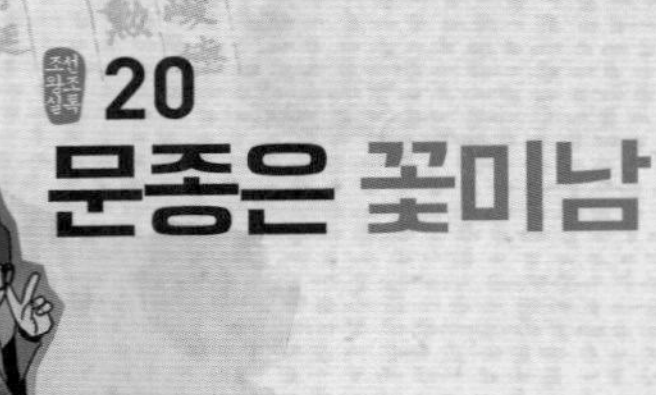

조선왕조실록 20

문종은 꽃미남

세종의 큰아들로,

병약하고 소심했다는
이미지가 박힌 왕

문종

그러나 『실록』 말하기를,
문종은
왜소하고
소심하긴커녕

**♥훈내♥가
진동을 했다는데……**

문종,
귀여운 외모와
예의바른 몸가짐으로

중국 사신들의
애정을 독차지하다.

마치 관우처럼
잘생기고 멋졌다는
문종은,

어릴 땐 이처럼
태평관(사신 숙소)**의 아이돌이었다.**

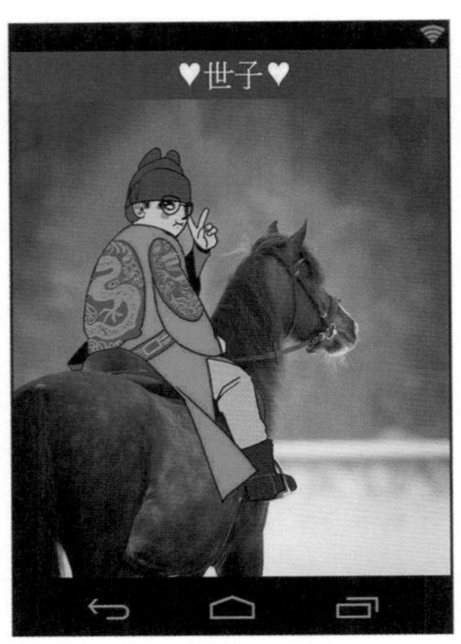

둘이요 반전 있는 남자

문종,

잘생긴 것은 물론
아버지 세종을 닮아
백성을 아끼고 학문을 사랑하다.

그러나 그에게도
의외의 구석이 있었으니……

꼬장숙주-3-)

세상 모든 무기들은
왜 그다지도 아름다울까??ㅎㅇ
아 너무좋아///// 오전 9:42

화약에 불붙이면 막
쿠과ㅏ 과광 하면서 터지는데
심장 터질것 같아 오전 9:47

사랑에 빠진 느낌?막이래ㅋ 오전 9:47

꼬장숙주-3-)

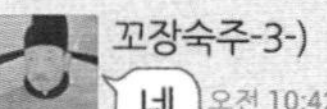

오전 10:42

오전 10:46

으아아ㅇ아ㅏ아///////// 오전 10:46

아 진짜 아름답다 너무 예뻐 오전 10:46

불땡기면 저 로켓달린 화살들
슈쓔ㅠ슉하고 날아가겠지? 오전 10:48

그리곤 날아와 꽂히겠지?? 오전 10:49

내 심장에ㅋ 오전 10:49

꼬장숙주-3-)

그러네요 오전 10:49

그래서 말인데 평소에도
화차 갖다 쓰는 게 어떰??
전쟁때 말고도 오전 10:51

시장볼때 되게 편하겠는데ㅇㅇ
쇼핑카트같이 생겼잖아 오전 10:53

그렇다.

문종은 **밀덕**이었다.

밀리터리광

그러나 밀덕 임금의
무기덕심, 군사덕심 덕분에
국방력은 강화됐고,

조선은 힘겹게 넓힌 국경선을
안전히 지킬 수 있었다.

그러나 문종 인생의 파란은
국경선 밖이 아니라
궁궐 안에서도 찾아왔으니……

투비 컨티뉴

정사 正史

실록에 기록된 것

- 문종 세자 시절, 중국 사신들이 문종 손잡고 차도 마시고, 안아서 말에도 태우다.
- 외모가 옥처럼 곱고 예의 바르다며, "조선은 산수가 좋아 저런 아름다운 인물이 난다" 칭찬하다.
- 문종, 군사 부문에 지대한 관심을 갖다. 무기, 진법 개발 등 여러 분야에 조예 깊었다.
- 문종, 화차를 일상에서 짐 옮기는 데라도 쓰며 사용법을 늘 익혀두자고 하다.
- 신숙주, "전하께서 너무 무(武)에만 치우치시는 듯" 하며 쓴소리하다.
- 문종대에 4군6진 국경선 완성하다.

기록에 없는 것

픽션

- 날염 티셔츠는 없었을 것이다.

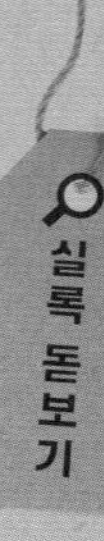

- 열여덟 번째 이야기 -

밀덕이 밀덕을 만든다

방에 틀어박혀 책만 읽었을 것이라는 이미지와 달리 세종은 곧잘 군사들을 이끌고 강무, 즉 군사 훈련을 나가곤 했다. 그러던 1425년(세종 7), 세종은 어린 세자를 데리고 동교東郊의 살곶이 냇가로 강무를 갔다.

이날의 강무는 화려했다. 평범한 군사 동원 훈련이 아니라 대포를 쏘는 시험이 곁들여졌기 때문이다. 갑옷을 입힌 허수아비 300개를 세워둔 뒤 150보 떨어진 곳에서 대포를 쏘고 활도 쏘았다. 어떤 무기가 얼마나 더 위력적인지 알아보기 위한 무기 테스트였다. 도성 곳곳에 대포를 미리 설치해놨다가 쏘게 해 거리에 따라 얼마나 발포 소리가 큰지도 확인했다.

그러다 보니 실험은 꽤나 길어져서 결국 세종과 세자는 그곳에서 밥까지 먹어야 했다. 고기를 사랑하는 세종은 이 일에 참여한 말단 신하에게까지 먹을 것(주로 고기)을 푸짐하게 돌리며 잔치를 벌였다. 어린 문종에게는 즐거운 하루였을 것이다.

이때 문종의 나이 열세 살. 아마도 이게 계기였을 것이다. 문종이 밀덕이 된 것은…….

세종은 자상한 아버지였으며 큰아들이자 후계자인 문종에게는 많은 기대를 걸면서 또 정성을 기울였다. 조선 왕조가 시작한 이래 제대로 된 임금아빠-세자아들 계승이 없었던 고로 더욱 그러했을 것이다. 다행히 문종은 아버지를 빼다 박은 모범생이었고 힘든 커리큘럼에도 비뚤어지는 일 없이 잘 따라갔다.

하지만 세종은 세자가 공부만 아는 사람이 되길 바라지 않는다며 곧잘 세자를 데리고 강무를 나갔다. 신하들은 아직 스무 살도 안 된 아이를 왜 험한 곳에 데려가냐, 지금은 딴 데 한눈팔지 않고 공부에만 힘쓸 때라고 반대했다. 그러나 세종은 세자가 책 바깥, 궁 바깥일을 알아야 한다고 생각했고, 무엇보다 나날이 살이 찌는 세자의 건강이 걱정된다며 운동을 시킬 작정으로 세자를 틈틈이 강무에 데려갔다. 어릴 적 세종도 책만 보다가 병이 나서 아빠 태종에게 책을 몽땅 압수당했으니 개구리가 올챙이적 생각 못한다고 할 수도 있겠다. 아무튼 이런 아버지의 교육 방침 덕에 훗날의 밀덕은 쑥쑥 자라나게 되었다.

'밀덕' 하면 전쟁광이나 피와 살육을 즐기는 사람이라는 어마어마한 오해와 편견이 있다. 그러나 실제의 밀덕은 크고 아름다우며 훌륭한 무기 및 전술 그 자체를 사랑하는 이들일 뿐이다. 훗날 왕이 된 문종은 궁궐 안에 병사들을 데려다가 진법을 연습하는가 하면, 화차를 460대 넘게 대량 생산해 전국에 고루고루 배치하며 먼 훗날을 대비하게끔 했다. 심지어 화차를 이동하는 데 필요한 인력까지도 견적을 내두었으니, 실용성을 충분히 고려한 것이다.

문종의 이런 노력은 그의 죽음과 함께 영영 잊혀지는 듯했지만, 수백 년 뒤 그 화차가 제대로 쓰이는 날이 오게 되니 바로 임진왜란 때다. 변이중이 한 번에 100발을 쏠 수 있게 화차를 개량해냈고, 이렇게 만들어진 화차는 권율이 잘 가져가서 4,000명의 병사로 2만 5,000명의 일본군을 물리쳤던 행주대첩에서 대활약하게 된다. 저승에서 문종이 이 광경을 보았더라면 "그래, 바로 그거야!"라며 박수를 치지 않았을까?

문종 외에도 우리나라 역사 속 대표적인 밀덕을 꼽는다면 역시 서애 유성룡과 정조가 있겠다. 유성룡은 그의 저작 『징비록』에 조총과 대포, 비격진천뢰 같은 각종 무기들과 그 성능을 줄줄이 적고 특히 성 쌓는 법을 무척 즐겁게 적었던 사람이었다. 그로부터 수백 년 뒤에 태어난 정조는 유성룡이 남긴 밀덕 저작물들을 보고 몹시 기뻐하며 수원 화성을 지었고 당시 무술들을 총 정리한 책 『무예도보통지』를 만들었다. 문종과 변이중, 유성룡, 정조가 한자리에 모인다면 참 즐거웠을 텐데, 아마 지금은 한데 모여 밀리터리 동호회라도 만들지 않았을까? 조선왕조실톡

21 흑마술을 쓴 세자빈

上 결혼은 미친짓이야 (feat. 문종)

세종의 큰아들로

문화, 정치, 군사 분야에 걸쳐
빛나는 업적을 세운

[문종]

하지만 커리어와 사생활은
별개라고했던가.

문종,

불행한 결혼생활로

**그랜드슬램을
달성하고 말았으니……**

문종의 결혼 이야기가 나온 건,

그가 아직
13세밖에 되지 않았을 때였다.

이런 건 어른들 일이니
어린 문종은 얌전히 기다렸을 것이다.

평소처럼 공부하고,
부모님 모시고,
사신 접대하고,

소년 문종이
처음 색시를 만난 것은

그로부터 반년이 지난
14세 되던 해였다.

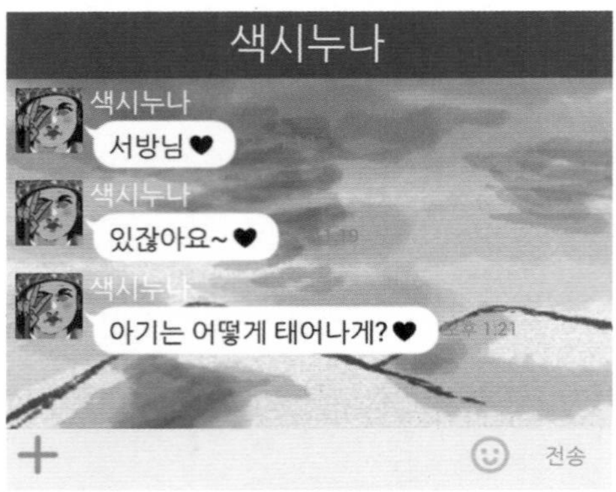

18세,
소년 문종보다 네 살이 많아
순수하지만 사랑에는 눈뜬 이 소녀가

문종의 첫 번째 아내
휘빈 김씨다.

둘이요 사랑받지 못한 소녀의 발버둥

누나라서 부담스러웠는지,
결혼생활을 알기에는
너무 어렸는지

어린 문종은 아내에게
별 관심이 없었다.

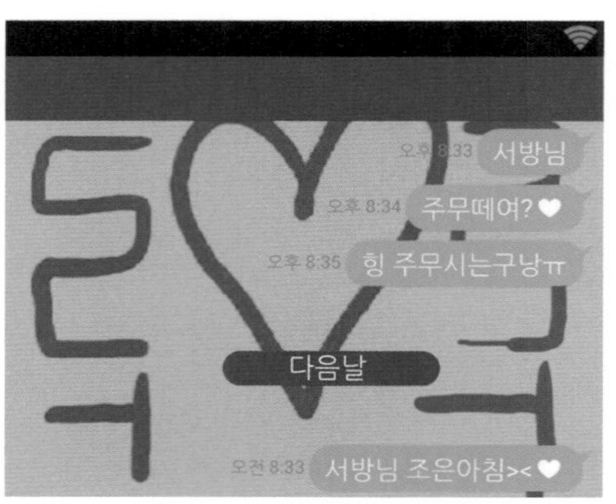

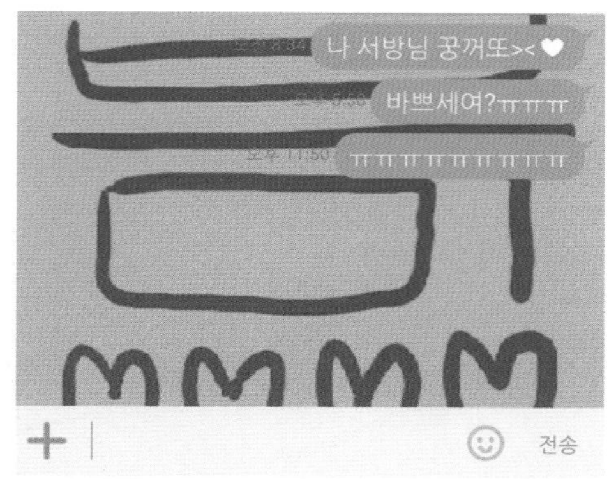
오전 8:34 나 서방님 꿍꺼또><♥
오후 5:58 바쁘세여?ㅠㅠㅠ
오후 11:50 ㅠㅠㅠㅠㅠㅠㅠㅠㅠ
전송

시녀, 휘빈★김냥
오후 1:59 야
오후 1:59 이거 효과없자나ㅠㅠㅠ
바탕화면에 부적깔면
서방님이 나한테 정신
오후 2:00 못차린다며ㅠㅠㅠ
시녀
이상하다 직빵이랬눈뎀 오후 2:01
시녀
칼은 베개밑에
두고 주무셨어요? 오후 2:01
오후 2:01 웅ㅠㅠㅠㅠㅠ
시녀
그럼요 더 쎈거
가르쳐드릴게요 오후 2:02
시녀
이거는 진짜 대박ㅇㅇ..... 오후 2:02
오후 2:03 헐 응응 가르쳐조
오후 2:03 몬데몬데?????
시녀
걸리면 우리 둘다 사망이에요...

1429년(세종 11), 어느 날.

수많은 흑마술을 쓴 죄로
시녀는 처형당하고,
휘빈 김씨는 집으로 쫓겨갔다.

이때 문종의 나이 열여섯,
세종은 즉시
다음 며느리를 뽑았는데,

그 때는 그런 일이 벌어질 줄은…
누구도 알지 못했다.

(나레이션풍)

정사 正史

실록에 기록된 것

- 세종, 세자는 15세에야 결혼시키겠다고 하다.
- 세자(문종), 14세에 네 살 연상의 김씨와 결혼하다.
- 휘빈 김씨, 세자의 사랑을 받지 못하다. 시녀의 말을 듣고 해괴한 주술을 쓰다.
- 세자와 친한 궁녀들의 신발을 훔쳐다 잘라서 남편에게 먹이려 하고, 뱀들끼리 교접할 때 나오는 액을 가지려 하다.
- 세종, 휘빈 김씨를 내쫓다.

픽션

기록에 없는 것

- 휘빈 김씨, 첫 만남에 문종에게 "아이가 어떻게 생기는지 아느냐?"라고 묻지는 않았다. 하지만 아내로서, 세자빈으로서 늘 위기의식을 느꼈던 듯.
- 야사에 따르면 휘빈 김씨는 몸집이 크고 박색이었다고 하는데…… 에휴……

- 열아홉 번째 이야기 -

사랑이 미움으로 변할 때

지금은 그저 미신으로 통하지만 마법의 힘이 정말로 있다고 믿었던 옛사람들에게 저주를 받는다는 것은 몹시 심각한 일이었다. 그랬기에 혼령을 불러내거나, 부적을 쓰거나, 저주를 거는 일 등은 실제로 (당연히) 피해가 발생하지 않더라도 살인 모의로 여겨 사형에 처했다. 그럼에도 저주 풍습은 사라지지 않았고 길고 긴 역사를 자랑했다.

조선시대의 저주라고 하면 가장 먼저 떠오르는 사람은 신당에서 인현왕후를 저주해서 죽였다던 장희빈일 것이다. 그녀는 정치적인 이유로 누명을 쓴 감이 있긴 하지만 말이다.

또 하나는 '작서의 변灼鼠之變'이다. 1527년(중종 22), 세자(훗날 인종)의 생일날 동궁전의 나무에 매달아둔 죽은 쥐가 발견된 사건이다. 그냥 쥐도 아니고 꼬리를 자르고 팔, 다리, 귀, 입을 불에 지진 끔찍한 형상이었다. 사건을 보고받은 중종이 "그냥 봐도 징그러운 쥐를 가지고 어떻게 그렇게까지!" 하고 소름 끼쳐 할 만큼. 여기에 자른 준치 머리와 세자의 생년월일을 적어둔 나뭇조각도 함께 걸려 있었으니 그냥 넘어갈 수 없는 상황. 나라의 후계자인 세자를 저주한 사건에 나라는 발칵 뒤집혔고, 범인을 색출하기 위한 수사가 시작되었다. 결국 중종의 큰아들 복성군을 낳았던 경빈 박씨가 범인으로 몰려 아들과 함께 처형당했지만 나중에야 누명을 뒤집어쓴 것이 밝혀졌다.

저주는 왕궁에서만 벌어지는 것은 아니었다. 1517년(중종 17), 허지라는 사람이 있었는데 그의 아내 유씨柳氏는 심한 의부증을 앓고 있었다. 유씨는 남편에게 크게 집착했는데 그 방식이 특이했으니, 남편을 때리고 욕했으며 또 저주했다. 볏짚을 가져다가 사람 모양의 인형을 만든 뒤 팔다리와 몸통을 자르고 "이게 내 남편이다! 남편이 죽었다!" 하고 외치며 하인들에게 축하를 하도록 강요하기도 하고, 때로는 곡을 하게 하기도 했다. 나라에서 남편에게 명령을 내리면 그 사실을 일부러 숨겨서 남편이 벌을 받게 하기도 하고, 남편이 지방 근무 발령이 나자 남자로 변장해 쫓아가 훼방을 놓을 정도로 행동력이 남달랐다.

이런 유씨는 분명 정상은 아니었지만, 이렇게 된 원인을 짐작할 수 있는 단서는 남아 있다. 어느 날 옆집 수탉이 암탉을 쫓다가 자기 집으로 들어오자 유씨는 "너희 집에도 암탉이 있는데 남의 집 암탉을 쫓아다니니 딱 우리 남편 짝이구나!"라고 말하고는 수탉의 날개를 뽑고 온몸을 썰어버렸다는 것이다.

아무래도 유씨는 남편이 바람을 피워 마음고생을 심하게 했던 듯하다. 그러나 조선시대는 여필종부의 나라. 부인은 남편에게 순종해야 했다. 질투심 강한 유씨를 처벌해야 한다는 의견이 나왔지만 간음이나 도적질 같은 중죄가 아니다 보니 이것만으로 처벌은 어려웠다. 게다가 유씨는 사대부의 여인이다 보니 함부로 체포할 수도 없어 수사는 더욱 조심스러웠다.

하지만 이웃사람들의 증언을 통해 유씨가 남편을 저주했음이 사실로 밝혀졌고, 그러자 유씨를 당장 처형해야 한다는 주장이 꽤 강력하게 나왔다. 하지만 중종은 "뭐 그럴 거까지야"라는 쿨한 입장을 고집했다. 저주를 했다 한들 정말 죽이려 했다기보다는 질투 때문에 벌인 일이니 그리 심각하게 생각할 필요가 없다고 여긴 것이다. 그리하여 결국 유씨는 의금부로 잡혀와 심문을 받았고 벌금형에 처해졌다.

과연 유씨는 남편을 저주할 만큼 사랑했던 것일까? 또 유씨의 일에 이토록 너그러웠던 중종은 몇 년 뒤 '작서의 변'에서 자신이 사랑했던 후궁과 아들을 잔인하게 처형하고 마니, 그 옛날에도 지금도 가장 헤아리기 어려운 것은 사람의 마음인 듯하다.

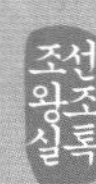

조선왕조실록 22

엽기적인 그녀

中 결혼은 미친짓이야 (feat. 문종)

하나요 얼굴만 보고 뽑아라

아들의 첫 결혼생활이
파탄나는 것을 본 세종대왕.

두 번째 며느리는
실수없이
고르기 위해,

조선 제일의 성군은
단 하나의 룰을 정했다.

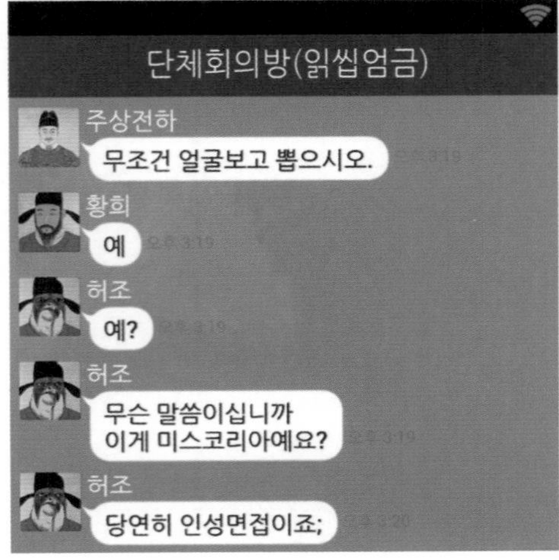

힘든 간택 끝에,
예쁘고 청순한 16세 소녀
순빈 봉씨가 세자빈이 되었다.

어린 문종도
동갑내기 아내에게 반했다.

그러나 순빈,
인형 같은 얼굴 뒤에

대단한 본모습을
숨기고 있었으니…

둘이요 비글세자빈

봉씨, 『열녀전』 창밖으로 던지다.

봉씨, 간식 숨겨놓고 몰래 먹다.

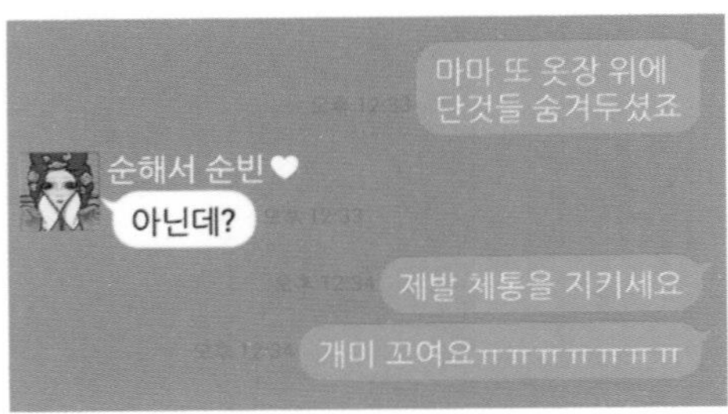

봉씨, 술을 늘 퍼마시다.

이런 결혼생활이 이어지길 7년.
문종은 결국 질리고 말았다.

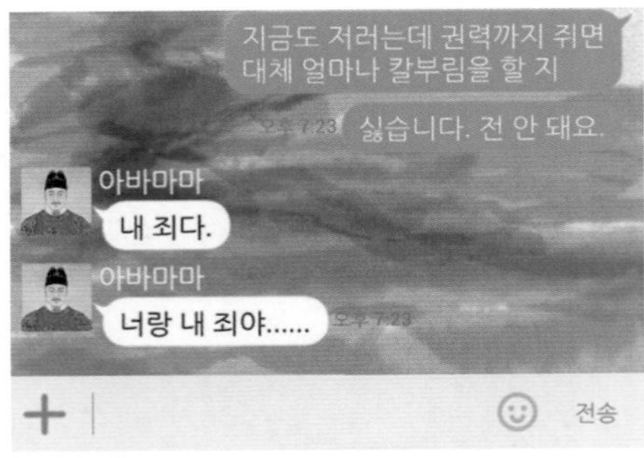

세자 나이 곧 스물.

후사를 위해 세종대왕은
결국 측실 셋을 아들에게 붙였다.

봉씨는 큰 충격에 빠졌다.

(下편에서 계속……)

정사 正史

실록에 기록된 것

- 세종, 잠깐 보아서는 인물의 덕을 알 수 없다며 용모가 빼어난 규수를 고르라고 명하다.
- 재상 허조, 반대하다.

허조(1369~1439) : 쓴소리 전문가. 매서워서 별명이 '송골매'

- 봉씨, 세종이 익히라고 명한 『열녀전』 집어 던지다. 봉씨, 시렁에 맛있는 것 숨겨두고 몰래 먹다. 봉씨, 술을 늘 곁에 두고 큰 그릇으로 마시다. 술이 떨어지자 친정에서 가져오다. 봉씨, 문종을 위한 사랑노래 지어 종들에게 부르게 하다. 봉씨, 문종과 친한 궁녀들 질투해 몸소 구타하다.
- 문종, 아버지 세종에게 토로하다. "제가 봉씨 총애했다가 투기가 더욱 심해져 사나워지면, 칼도 마다 않고 휘두를 것입니다. 한나라의 여후처럼."
- 세종, 문종을 위해 측실 세 명 들이다.

픽션

기록에 없는 것

- 미스코리아는 없었다. 미스 조선?

- 스무 번째 이야기 -

사랑과 전쟁 조선편

태종과 원경왕후 민씨는 민씨가 두 살 많은 연상연하 커플이었다. 15세 때 처음 신랑과 신부가 된 이 둘은 그야말로 전쟁 같은 사랑을 했다. 둘은 부부이자 부모였고 정치적 동료이자 원수였다.

잘 알려졌다시피 조선이 건국되자 그전까지 불철주야 뛰어다녔던 정안군 이방원은 찬밥 신세가 되고 만다. 세자 자리는 막냇동생에게 넘어갔고, 정도전은 사병들을 다 빼앗겠다고 엄포를 놓았다. 이방원의 정치적 입지는 극도로 불안해져 여차하면 언젠가의 정몽주처럼 제거당할 수도 있는 상황이 되었다. 불안 속에서 이방원에게 위로가 되었던 것은 갓 태어난 아들 막동莫同. 언제 죽을지 모르는 불안한 상황이라 다른 자식들은 모두 다른 집으로 보냈지만 막동이만은 이방원과 민씨가 돌아가며 안아 키우고 업어 키우며 깊은 시름을 달랬다. 힘들긴 해도 이때가 두 사람이 가장 화목했던 시기였을 것이다.

이후 왕자의 난이 벌어진다. 이때 민씨는 무기를 몰래 숨기는가 하면, 궁궐에 들어간 남편을 제때 불러내기 위해 아프다고 뻥을 날리고(1차), 전투가 벌어지던 중 다친 군마가 집으로 돌아오자 싸움에서 졌다고 생각해 맨몸으로 싸움터에 나가 죽으려고 했다(2차). 남편을 사랑하는 것 이상으로 성정도 불같았다는 말이겠다. 왕자의 난은 이방원의 승리로 끝나고, 부부는 마침내 왕과 왕비의 자리까지 거머쥐게 되었다. 그런데 왕위에 오른 태종은 후궁을 대대적으로 들이려 했다. 그러자 원경왕후는 태종의 옷자락을 붙들며 통곡을 한다.

"지난날의 뜻을 잊었습니까? 내가 당신과 함께 힘든 시기를 지나 나라를 차지했는데 이제 와 날 잊을 수 있습니까?"

원경왕후는 울고불며 단식투쟁을 벌인다. 그러자 태종은 왕후의 측근을 다 잘

라버리겠다거나 심지어 폐해버리겠다고 길길이 날뛰기도 했다. 결국 형이자 상왕인 정종까지 나서서 "나는 아들 하나 없어도 젊을 때 정으로 사는데 너는 왜 그러냐"라고 한마디 할 정도였다. 동생 눈치를 보고 살던 정종이 이렇게 말할 정도였다면 태종이 어지간히 고집을 부렸던 듯하다.

이 두 사람 사이에 쐐기를 박은 것은 여자 문제가 아니라 태종의 처가에 대한 태도였다. 태종은 세자 양녕을 쥐고 흔들려 했다는 이유로 처남들을 자살하도록 몰아가 왕후의 친정을 풍비박산 내고 만다. 자신을 밀어내고 막냇동생을 세자 자리에 앉혔던 계모 강씨에 대한 트라우마 때문일까? 태종은 지나칠 정도로 외척에 예민했다.

원경왕후는 이 일을 어떻게 생각했을까? 태종의 말로는 동생들의 음모를 알고 왕후도 이를 갈면서 부모님이 돌아가시기 전까지만 살려달라 청했다는데, 태종의 말을 곧이곧대로 믿을 수는 없다.

그래도 둘은 부부. 자식에 대한 사랑은 두 사람이 한마음 같았다. 넷째아들 성녕대군이 어린 나이에 죽었을 때 태종은 "대비가 밥을 잘 안 먹고 슬퍼하더라"라는 말로 부인의 슬픔을 걱정하기도 하고, 세종이 즉위한 뒤에도 "대비가 양녕을 보고 싶어한다"는 핑계로 폐세자한 양녕을 도성 가까운 곳에 데려오게도 했다. 양녕이 가출했을 때는 "나랑 네 엄마는 네가 죽었나 살았나 걱정이 되어서 울었다"라고 말한 적도 있다. "내가 운 건 네가 걱정돼서가 아니라 나라의 수치라서 그런다"라고 덧붙이긴 했지만 누가 봐도 진심이 아니다.

1420년(세종 2) 7월 10일, 병을 앓던 원경왕후 민씨는 세상을 떠나고 만다. 슬픔에 젖어 며칠째 식사를 거른 아들 막동, 즉 세종에게 태종은 손수 미음을 가져다주었다고 한다. 치열한 평생을 함께한 아내의 죽음은 태종에게 어떤 감정을 불러일으켰을까? 그런 태종도 고작 2년 뒤 왕후의 뒤를 따르게 된다. 누구보다도 의지했던 아군이었지만 그 이상으로 서로를 증오했을 두 사람은 이제 헌릉獻陵에 나란히 누웠으니, 조선에서 가장 치열했던 사랑과 전쟁도 막을 내렸다.

조선왕조실록 23

아내에게 여자친구가 생겼다

下 결혼은 미친짓이야 (feat. 문종)

하나요 봉씨의 집착

"제 이름은 소쌍입니다.
세자빈마마를 모시는 궁녀인데

요즘…… 너무 힘들어요."

마마…… 무서워요ㅠ

"그러나 제가 말릴 겨를도 없이,
세자빈마마와 저의 관계는
끝나고 말았습니다.

주상전하께서…… 아셨어요."

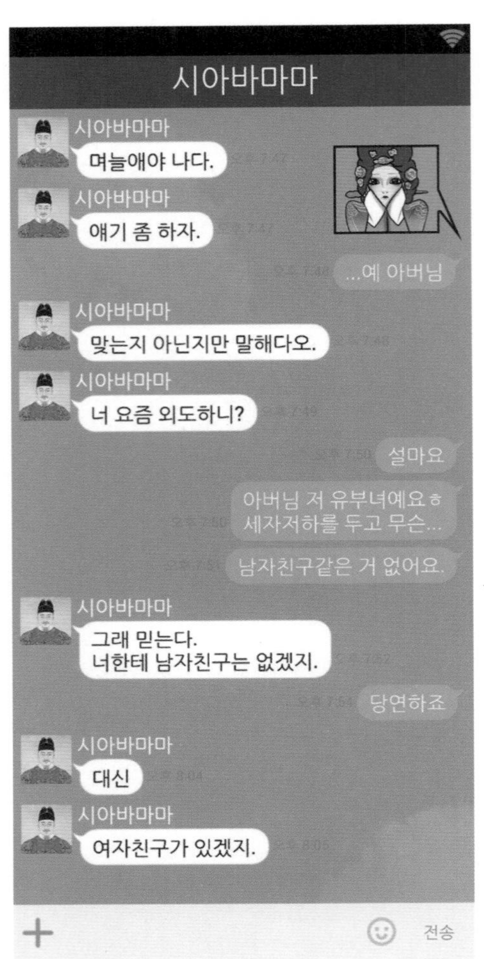

"결국 세자빈마마는
궐에서 쫓겨나셨고,
스캔들은 비극으로 끝났습니다."

"그 뒤의 소식은……
듣지 못했어요."

"아, 세자저하께서는 그 뒤로
어떻게 지내시냐구요?
새 세자빈을 들이셨어요.
권씨 성을 가진 마마님이세요.

세자저하, 그 마마님과는
참 금슬이 좋았는데……"

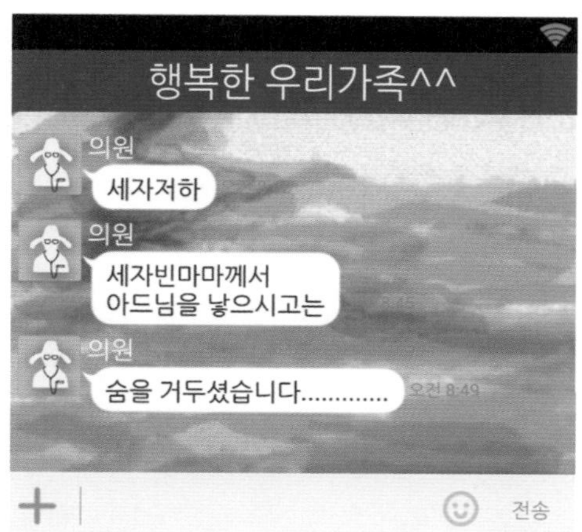

"이때 세자저하 나이
겨우 스물여덟.

세 아내와 헤어진 충격이었는지,
이후 왕위에 올라
39세에 돌아가실 때까지

**여생을 새 중전마마 없이
사셨답니다."**

제작지원  歌飛杯來

정사 正史

실록에 기록된 것

- 봉씨, 소쌍에게 집착하다. 잠시만 외출해도 매우 화를 내며 "나는 너를 몹시 사랑하는데, 너는 나를 그만큼 사랑하지 않는 모양이구나" 하다.
- 소쌍, "세자빈마마께서 나를 다른 사람과 달리 너무 사랑하시니 무섭다" 호소하다.
- 세종, 직접 며느리 봉씨에게 사실을 묻다. 봉씨, 발뺌했으나 증거가 많아 실토하다. 스물세 살 봉씨, 폐세자빈 당하다.
- 세 번째 세자빈인 현덕빈 권씨, 아들을 낳다. 문종의 단 하나뿐인 아들이었다.
- 세종, 너무나 기뻐하며 축복하는 글을 읽는데 그때 큰 촛대가 쓰러지다. 모두 불길해하다.
- 현덕빈 권씨, 아이를 낳고 다음날 사망하다.
- 문종, 왕비를 들이지 않고 여생을 살다.

뒷이야기

문종에게는
사이가 정말 좋은
세 살 어린 남동생이 있었는데.

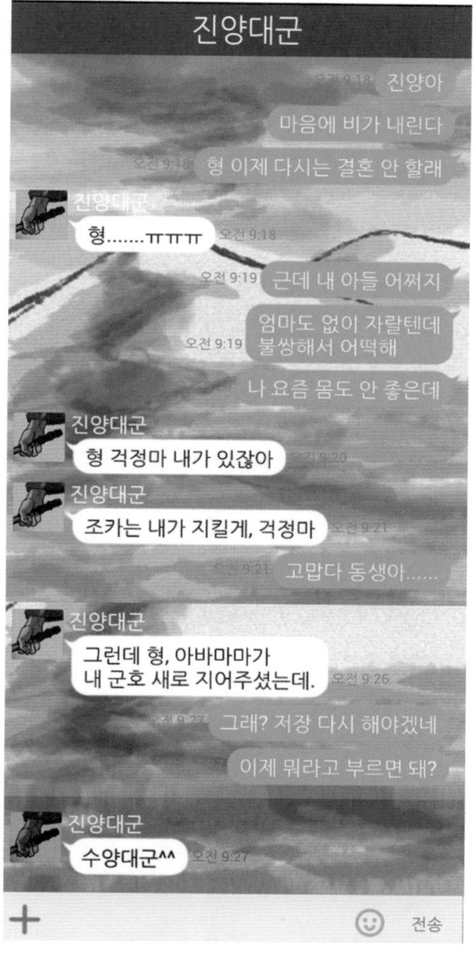

이 수양대군, 형 문종이 죽자
열두 살 조카 단종을 왕위에서 쫓아내고
7대 왕 세조(世祖)가 되다.

- 스물한 번째 이야기 -

환관을 사랑(?)했던 왕

역사 속에서 동성애는 늘 있어왔지만 좋은 대우는 받지 못했다. 여성끼리의 동성애는 보통 여염집 부인이나 궁녀들 사이에 있었고, 이걸 '함께 앉아 밥을 먹는다'라는 뜻의 대식對食으로 돌려서 표현했다. 그러나 "여자들이 그런다더라"라는 소문만 무성했으며 실제로 자세한 기록이 남아 있는 사례는 순빈 봉씨의 예 정도이다.

엄격한 유교 사회였던 조선시대, 왕이 동성애자였다는 기록은 전혀 없다. 그러나 "혹시?"라는 추측을 할 만한 왕으로는 명종이 있다. 야사에서는 문정왕후가 이복아들인 인종을 구박하고 독살했으며 친아들 명종을 왕으로 세운 뒤, 명종을 탈탈 쥐고 흔들며 툭하면 종아리까지 칠 정도로 재위 기간 내내 아들을 들들 볶았다고 유명하다. 여기에는 어느 정도 과장이 섞였을 수 있겠지만, 『명종실록』을 보면 확실히 그 시대는 뭔가 캄캄한 구름이 드리워진 듯 어둡고 멕아리가 없었다. 정열적이고 활동적인 왕의 시대는 임금과 신하들이 하루가 멀다 하고 토론을 벌이고 조정이 복닥거렸지만 명종의 시대에는 태양과 별에 대한 기록이 더 많다. 사람보다도 하늘의 징조에 더 관심이 많던 시대라는 뜻이다.

설령 문정왕후가 후대 사람들 생각만큼 극성 엄마가 아니었더라도 이복형인 인종의 이른 죽음은 명종에게 짙은 그림자를 드리웠던 것 같다. 외척 윤씨들이 나라를 주물럭거렸고, 명종은 이들을 물리치지 못했다. 그래서인지 변변한 후궁도 없이 부인인 인순왕후 사이에서 외아들 순회세자를 두었을 뿐인데, 그나마도 일찍 죽어버렸다. 그렇게 문정왕후의 울타리 안에서 살아왔던 명종은 어머니 문정왕후가 세상을 떠나자 그 뒤를 따라가듯 1년 뒤 숨을 거두었으며, 명종 이후의 왕위는 방계인 선조에게 넘어가게 된다.

이랬던 명종이 생애에 걸쳐 마음을 붙인 유일한 상대는 바로 환관이었다. 대부분의 환관들에게는 무척 엄격하고 까다로운 왕이었지만, 눈치 빠르고 비위 잘 맞춰준 몇몇 이들은 무척 총애했다. 첫 번째 타자는 손빈. 집도 주고 말도 주고 재산

도 주며 어화둥둥했지만 손빈이 사소한 일로 왕을 속였던 일이 들통나자 명종의 마음은 갑자기 손바닥 뒤집듯 바뀌어 그에게 엄한 처벌을 내리고 다시는 돌아보지 않았다고 한다.

그다음 타자는 정번. 노래를 무척 잘하는 환관이었다고 한다. 명종은 손빈처럼, 아니 그 이상으로 정번을 아끼고 사랑해서 온갖 특혜를 내려준다. 정번이 지방에 사는 부모님을 뵙기 위해 내려가자 명종은 좋은 말을 하사해주는 한편, "보고 싶으니 빨리 올라오라"며 닦달하는 편지를 보낼 만큼 집착을 보였다. 정번이 돌아오자 명종은 궁궐 후원에서 단 둘이 함께 노닐며 정번을 그의 자字인 '창지'로 부르며 춤을 추고 놀았다고 한다. 자는 조선시대 성인에게는 관례를 받을 때 가지는 이름이며 좀 더 어른이 된 뒤 호를 붙인다. 자는 어린 시절 친구끼리 사석에서나 부르는 이름이었으니 나라의 임금이 일개 환관과 격의 없이 놀았음을 뜻한다.

임금도 사람이니 친구처럼 지내는 상대가 있을 수도 있지만, 하필 상대가 환관이다 보니 다른 이들 눈에는 기꺼워 보이지 않았던 듯하다. 신하들은 정번의 꼬투리를 잡아 이것저것 비판을 했고 명종은 정번이 한 모든 일은 자신이 시킨 일이라며 눈물겹게 옹호했다. 보통 임금이라면 후궁을 두고 벌어졌을 갈등을 명종은 환관들을 두고 겪었던 셈이다.

이렇듯 명종의 넘치는 사랑을 받아온 정번은 명종이 갑작스레 세상을 뜬 뒤 왕을 잘 모시지 못했다는 이유로 내쳐지게 된다. 명종의 어머니 문정왕후는 아들을 왕으로 만들기 위해 악녀로 기록될 정도로 많은 애를 썼지만 아들이 과연 그 결과를 기뻐했는지는 알 수 없는 일이다. 조선왕조실톡

24 문종과 돌림병

하나요 돌림병 재난본부

1451년(문종 1),

경기도와 황해도 전역에
돌림병이 발생했다.

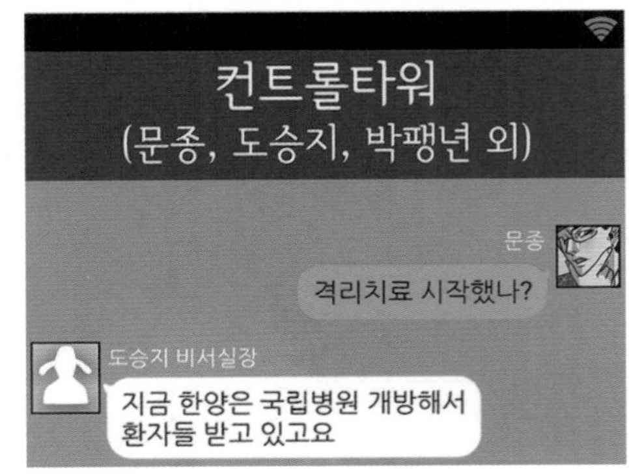

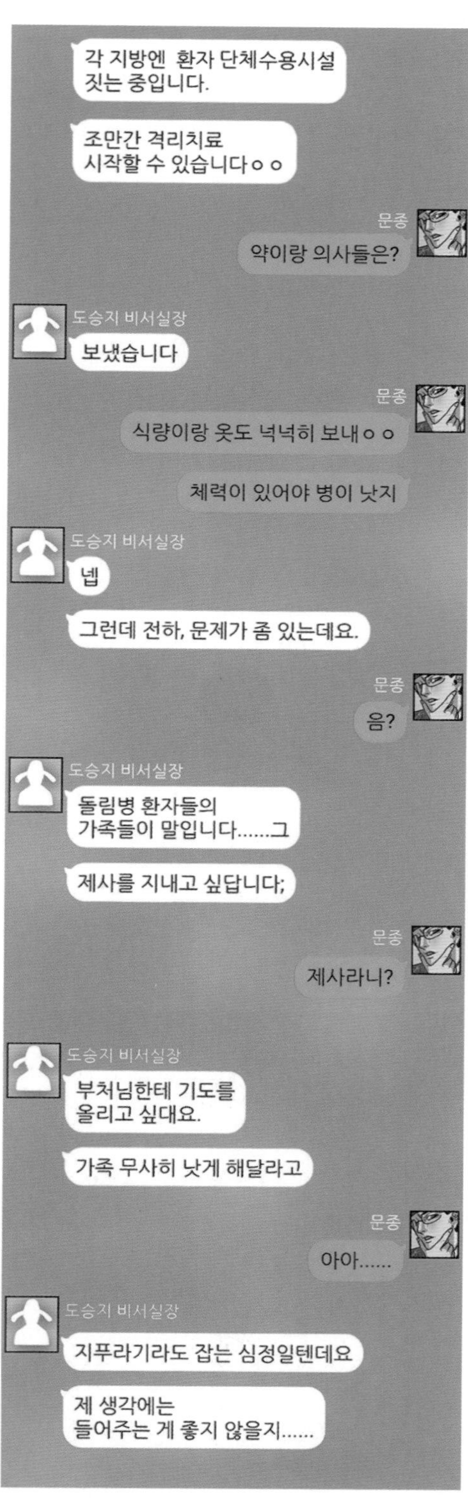

각 지방엔 환자 단체수용시설
짓는 중입니다.
조만간 격리치료
시작할 수 있습니다ㅇㅇ
문종
약이랑 의사들은?
도승지 비서실장
보냈습니다
문종
식량이랑 옷도 넉넉히 보내ㅇㅇ
체력이 있어야 병이 낫지
도승지 비서실장
넵
그런데 전하, 문제가 좀 있는데요.
문종
음?
도승지 비서실장
돌림병 환자들의
가족들이 말입니다……그
제사를 지내고 싶답니다;
문종
제사라니?
도승지 비서실장
부처님한테 기도를
올리고 싶대요.
가족 무사히 낫게 해달라고
문종
아아……
도승지 비서실장
지푸라기라도 잡는 심정일텐데요
제 생각에는
들어주는 게 좋지 않을지……

그러나, 두 손 들어
반대하는 사람이 있었으니.

35세의 열혈 사헌부 집의
박팽년이었다.

1417~1456
[세종이 아낀, 집현전 출신 인재]
단종 폐위에 반대하다 죽은 사육신 중 한 명.

거기다 백성들 병이
하늘때문에 생겼습니까?
못 먹고 못 입어 생겼지??
도승지 비서실장
하지만 워낙들 간절해서......;
박팽년
백 번 양보해서, 제사
지낸다고 합시다. 돈은요?
공짜로 지낸답니까?
제물이다 향이다
죄 비싼 것들 아닙니까!
그럴 예산 있으면 약 한 첩,
쌀 한 되 더 사겠습니다-_-
안돼요!

도승지 비서실장
ㅠㅠ하긴 그렇죠......
조정이 나서서 제사는 좀......
알겠습니다
안된다고 백성들에게 못박지요
문종
......
전송

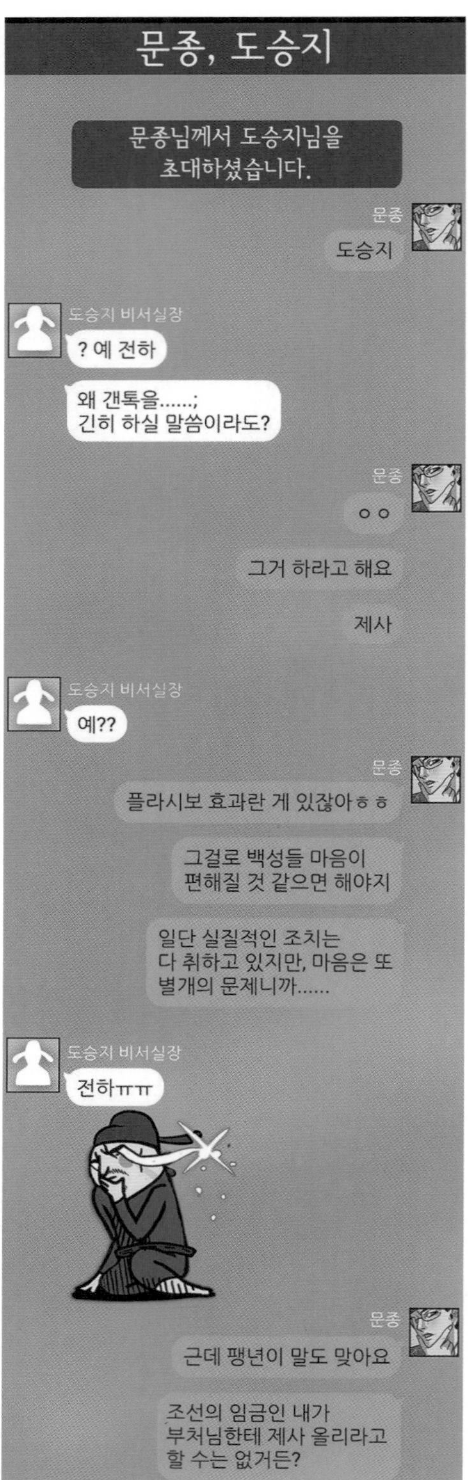
문종, 도승지
문종님께서 도승지님을
초대하셨습니다.
문종
도승지
도승지 비서실장
? 예 전하
왜 갠톡을......;
긴히 하실 말씀이라도?
문종
ㅇㅇ
그거 하라고 해요
제사
도승지 비서실장
예??
문종
플라시보 효과란 게 있잖아ㅎㅎ
그걸로 백성들 마음이
편해질 것 같으면 해야지
일단 실질적인 조치는
다 취하고 있지만, 마음은 또
별개의 문제니까......
도승지 비서실장
전하ㅠㅠ
문종
근데 팽년이 말도 맞아요
조선의 임금인 내가
부처님한테 제사 올리라고
할 수는 없거든?

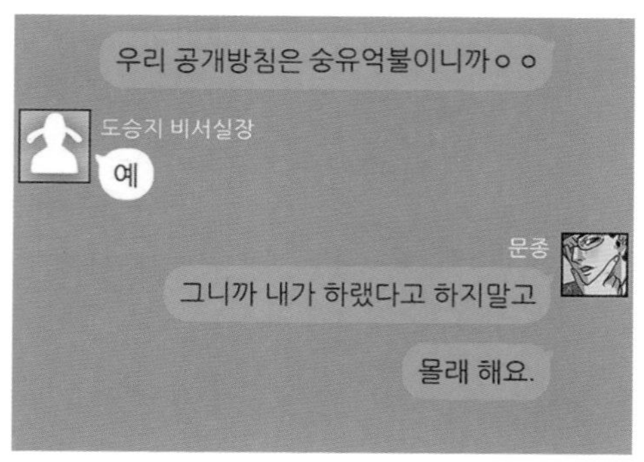

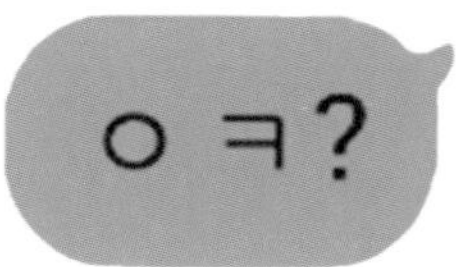

하지만 결국 들킨 문종.
관리들의 질타가 쏟아졌지만,

"백성들을 위한 일이라면
한 점 부끄러움 없다"
맞서다.

※플라시보 효과 : 위약 효과.
진품으로 믿고, 가짜 약을 먹은 환자의 병세가
나아지는 현상.

정사 正史

실록에 기록된 것

- 문종 1년, 경기도 및 황해도에 돌림병이 돌다.
- 활민원(빈민구휼 및 치료기관) 보수하여 전염병 치료 거점기관으로 만들다.
- 지방의 백성들이 집에서 죽어나가자, 흙집을 여러 채 지어 단체 치료 시설로 쓰다.
- 환자들이 수륙재(영혼을 달래는 불교행사)를 원하다.
- 문종, "불법이 사람들의 이목 속에 깊이 들어가 있으니, 수륙재를 하면 마음을 편히 먹게 되어 치유에도 도움이 될 것이다. 이걸 비밀리에 의정부 안건으로 올려라" 몰래 적어 도승지에게 건네다. 김종서, 황보인 등 대신들, 수긍하다.

기록에 없는 것

픽션

- '플라시보 효과'라는 말은 20세기에서야 나왔다.

+

위의 돌림병 대책들(치료, 구휼, 제사)은
세종이 일찍이 실시했던 것이다.

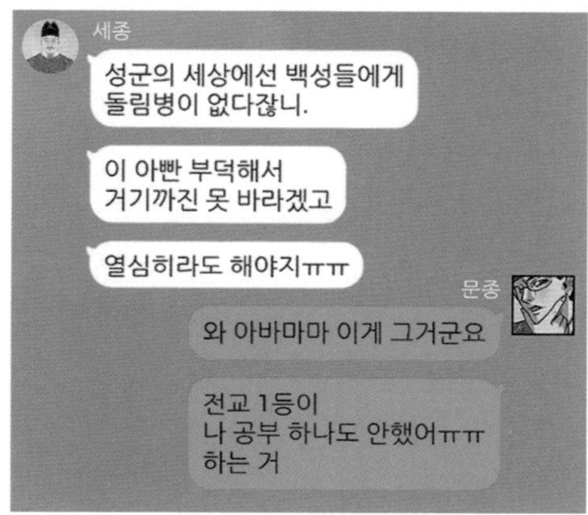

※세종 25년,
'성군(聖君)의 세상에는 백성에게 질역이 없다' 하였으되
내가 박덕으로 어찌 감히 이것을 바라겠는가.

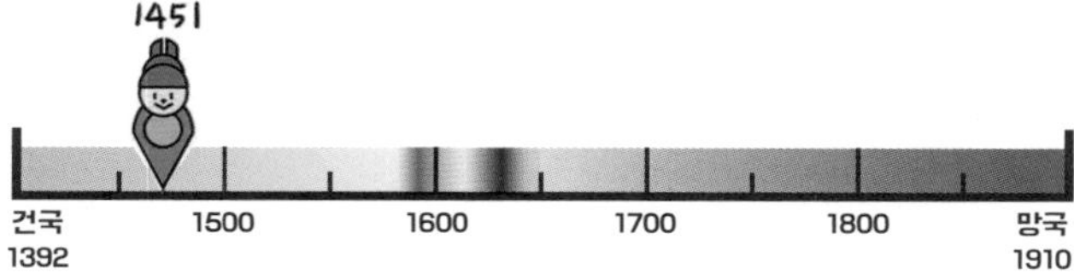

- 스물두 번째 이야기 -

여전히 힘을 간직했던 불교

흔히 조선은 유교의 나라, 고려는 불교의 나라라 한다. 고려 후기 불교는 정치와 함께 타락하여 많은 문제가 발생했다. 하지만 그 문제란 지나치게 비대한 부를 축적하고 정치 세력화되었기 때문에 발생한 것일 뿐 종교의 원천적인 기능, 즉 사람의 마음을 위로하고 정신적 의지가 되어준다는 부분에서 불교는 계속 막강한 위력을 유지했다. 아무리 평화로운 시기라도 인간에게는 죽음과 질병에 대한 원초적인 두려움이 있을 수밖에 없다. 그러나 유교는 사람들의 마음을 위로하기에는 많은 부족함이 있었다. 본인의 덕성을 닦고 조상의 제사를 잘 챙기면, 그 다음에는 무엇이 있단 말인가? 그래서 사람들은 유교의 시대를 살면서도 정신적으로는 여전히 불교에 많이 기댔다.

흔히 궁중 및 양반가의 여성들이 절에 드나드는 경우가 많았기에 불교를 여자의 종교라고 하기도 했지만 실제로는 남성들도 불교에 많은 것을 의지했으며 여기에는 왕도 신하도 없었다. 태조 이성계 본인부터가 무학대사와 친밀했고, 고려 말 내로라하는 성리학자이면서도 불교를 믿었던 목은 이색을 끌어들였다. 신하들이 "불교는 나쁘다!"라고 항의하면 "그래서 네가 목은 이색보다 훌륭하단 말이냐?"라는 비교로 유학자들의 자존심을 짓뭉개고는 했다.

세종 초기 영의정이었던 유정현은 살아서는 백성들을 쥐어짜 부정 축재를 하더니, 죽어서 갈 지옥은 두려웠는지 죽은 뒤 초호화판 천도제를 실시해 세종이 몸소 비난하기도 했다. 그러나 사실 죽은 뒤 불교식 장례를 치르지 않는 사람이 오히려 드물었다.

하지만 태종은 좀 달랐다. 그는 무척 현실적이었고 패기만만했으며 내세의 벌 같은 것을 두려워하는 사람이 아니었다. 그래서 절들을 차례차례 폐쇄하고 절의 재산을 국고로 돌렸다. 그러나 정작 궁궐 안에 내원당이라는 절을 세웠으니, 일찍 돌아가신 어머니 신의왕후 한씨를 위해서였다.

이성계의 첫 번째 부인 신의왕후 한씨는 6남 2녀를 낳고 조선 건국 1년 전에 세상을 떠났다. 아버지가 개경에서 새 아내(신덕왕후 강씨)와 떵떵거리며 지내는 동안 시골에서 자식들을 돌보며 고생만 하다가 좋은 날을 누려보지도 못하고 세상을 떠난 어머니에게 태종은 애틋할 수밖에 없었고, 어머니를 조금이라도 잘 모시기 위해 궁궐 안에 절을 세운 것이다.

그의 아들인 세종마저도 아들 둘을 연달아 잃고 사랑하던 아내 소헌왕후를 잃은 뒤 불교에 마음을 기대고자 내불당을 세우려 했다. 당연히 막강한 반대에 부딪혔고, 집현전과 성균관의 젊은이들이 하던 일을 때려치우고 집으로 돌아가 버리기까지 했다. 세종은 자신이 아껴 키우던 집현전의 학사들마저 자신을 버렸다는 데 눈물까지 보이면서 "이놈의 자식들을 다 감옥에 처박아버리겠다"며 슬퍼했지만 혼비백산한 신하들이 뜯어말려 극단적인 일은 없었다.

이처럼 한 시대를 풍미한 강철 같은 임금들조차 늙고 약해졌을 때면 어김없이 불교를 찾았으니, 역시 유교만으로 마음의 빈 곳을 채우기엔 부족했던 것일까. 물론 시간이 흐르며 이런 일도 차츰 사라졌지만 여전히 백성들은 불교를 찾았고 이것은 곧 불교의 힘이 되었다. 명종 시기에는 대리청정을 했던 문정왕후의 주도 하에 불교를 국가적으로 진흥했고, 승려의 국가 등록 및 과거시험인 도첩제도, 선과禪科를 실시하여 불교가 한시적으로나 국가적으로 인정받기도 했다.

또한 불교는 그저 종교의 역할만을 하지 않았다. 이제는 승려를 낮춰 부르는 말이 된 '땡추'는 원래 승려들의 조직인 당취黨聚라는 이름이 바뀐 것이다. 이들은 조선 왕조의 공권력이 미처 지배하지 못하는 분야에 스며든 보이지 않는 힘이었다. 임진왜란 때 휴정, 사명대사가 이끄는 승병이 조직적으로 일어날 수 있었던 이유가 무엇이었을까? 분명 조선의 국교는 유교였지만, 불교는 여전히 정신적으로 사회적으로 강력한 힘을 간직하고 있었다. 조선왕조실톡

25 닭살 돋는 형제

하나요 우애

보통 형제들은
싸우며 크지 않나? 이렇게.

헌데 우리 애들은 안 그래.

화목한 우리 집
형혀러형형형♥
하......
너 진짜 너무한다.
넌 왜 그렇게 똑똑한데?
오후 8:04
동도로동동동♥생
하ㅋ형 지금 남말해?
형은 뭘 믿고 그렇게 유능한데?
오후 8:04
형혀러형형형♥
나야 똑똑한 동생이 신선한 바람처럼 늘 아이디어를 주니까 그렇지!
오후 8:07
동도로동동동♥생
나도 위대하신 형님이 언제나 앞에서 이끌어주고 보듬어주시니까 그렇지!
오후 8:09
형혀러형형형♥
아우야!
오후 8:09
동도로동동동♥생
형!
오후 8:09
형혀러형형형♥
크으
오후 8:09
탕
탕
동도로동동동♥생
크으
오후 8:09
빵야
빵야
^^
오후 8:10
전송

둘이요 쿵해져

화목한 우리 집
형혀러형형형♥
헐;;;;;;
야 괜찮아???
오후 4:22
형혀러형형형♥
우리 동생 부러진 우산에 맞아서
이마 까졌다며!!!
아팠져?ㅠㅠ
오후 4:23
동도로동동동♥생
아팠쪄ㅠㅠ
오후 4:23
형혀러형형형♥
피났져??ㅠㅠㅠ
오후 4:24
동도로동동동♥생
피났쪄ㅠㅠㅠ
오후 4:24
형혀러형형형♥
호오ㅠㅠ
오후 4:25
쎄~
아프디마
쎄~
동도로동동동♥생
이제 안 아프다^ㅂ^
오후 4:29
형혀러형형형♥
아프지 마라 동생아
오후 4:32
동도로동동동♥생
고마워 형님
오후 4:34
동도로동동동♥생
크으
오후 4:34
빵야
빵야
형혀러형형형♥
크으
오후 4:39

그런데 딱 한 번,

아이들이 서로 언성을 높인 적이 있다.

함께 새로운 군사작전을
연구하던 때였는데.

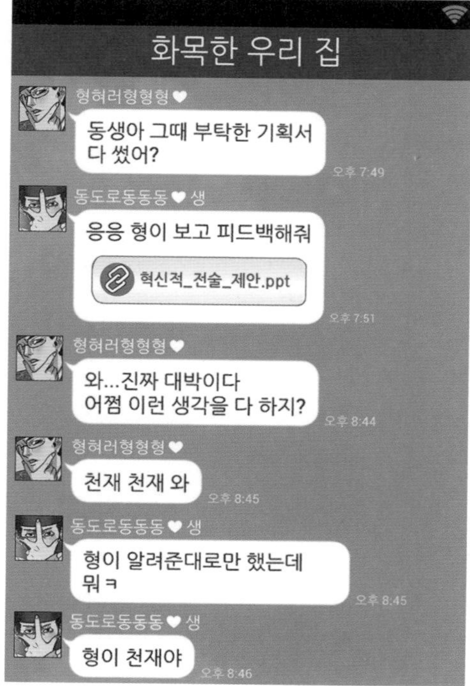

형허러형형형
그래?ㅎ
오후 8:46
나…제갈공명끕?ㅋㅋㅋ
오후 8:46
동도로동동동 생
헐
형 장난해?
와 제갈공명이래ㅋ
오후 8:47
형허러형형형
야 민망하게;장난이잖아;
오후 8:47
동도로동동동 생
장난칠게 따로있지
형 진짜 실망이다.
오후 8:49
동도로동동동 생
제.갈.공.명?
어떻게 제.갈.공.명 따위랑
형을 비교해?
걔가 끕이 돼?
오후 8:50
형허러형형형
아우야
오후 8:50
동도로동동동 생
웃기지 말라 그래.
형 앞에서는…
제갈공명도 대갈공명이야.
오후 8:50
형허러형형형
아우야!
오후 8:55

동도로동동동♥생
형님!
오후 8:56
형혀러형형형♥
크으
오후 8:57
탕
탕
동도로동동동♥생
크으
오후 9:00
빵야
빵야
형혀러형형형♥
크으으
오후 9:02
탕
탕
동도로동동동♥생
크으으
오후 9:02
빵야
빵야

•
•
•

[형혀러형형형♥]

5대 왕 문종.

세종대왕의 첫째아들이자,
단종의 아버지. 39세에 사망하다.

[동도로동동동♥생]

7대 왕 세조. 수양대군.

세종대왕의 둘째(문종과 세 살 터울)이자,
문종의 친동생(엄마 같음).

형 문종이 죽은 뒤, 어린 조카
단종의 왕위를 빼앗고 사약을 내리다.

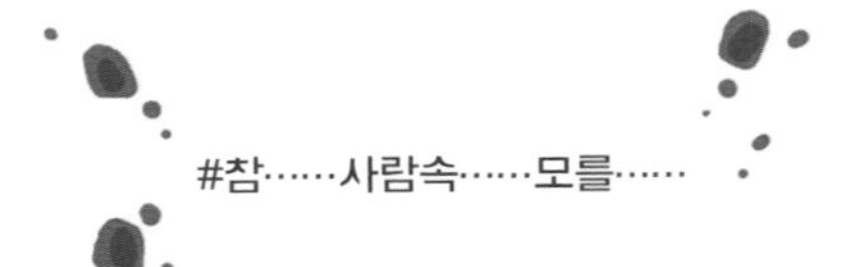

나도 형 있는데.

정사 正史

실록에 기록된 것

- 문종, 똑똑하고 글도 잘 쓴다며 동생 수양대군을 칭찬하다.
- 부러진 우산에 맞아 수양대군이 이마를 다치자 문종, 엄청나게 놀라며 약과 의사를 보내다.
- 문종, 수양대군에게 새로운 진법(陳法)을 연구하게 하다. 문종이 칭찬하자 수양대군, 모두 형님 덕분이라고 대답하다.
- 문종이 "내가 제갈공명보단 조금 달린다(!)"고 말하자, 수양대군, "걔는 재주도 부족한데 어찌 주상전하와 비교를 할 수 있겠습니까?" 하다.
- 수양대군, 문종이 죽자 단종의 왕위 빼앗다.

픽션

기록에 없는 것

- 문종&수양 형제가 제갈공명 운운하며 즐거웁게(?) 대화하던 때에, 아버지인 세종대왕은 이미 돌아가신 상태였다.

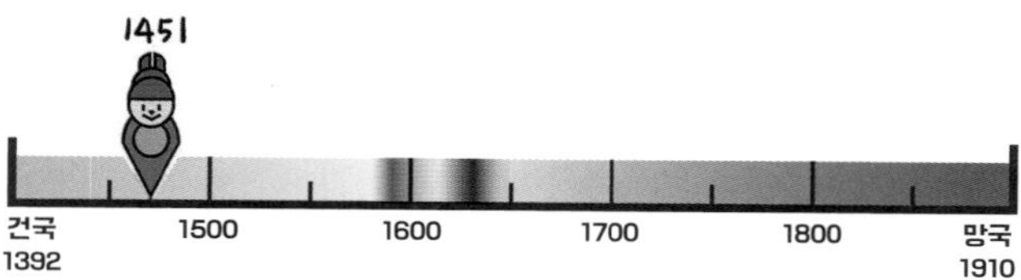

- 스물세 번째 이야기 -

세종대왕의 아이들

세종대왕은 생전에 모두 22명의 자녀를 두었다. 이것은 어디까지나 친자식의 숫자이며, 피가 이어지지 않은 자식을 합치면 셀 수 없이 많다. 세종 치세는 조선 초기. 고려 후기의 혼란기에 참 많은 사람들이 죽었고, 새로운 왕조를 거부하며 떠나간 사람들도 있었다. 그래도 나라는 꾸려 나가야 했기에 세종은 다음 시대를 책임질 인재를 키우는 일에 힘을 쏟았다.

세종은 젊고 유능한 사람들을 뽑아 휴가를 넉넉히 주고 공부도 열심히 시켰으니 이것이 집현전이다. 그리고 집현전 학사들에게는 일부러 높은 벼슬을 주지 않았다. 복잡한 정쟁에 휘말려 에너지 낭비하지 말고 공부에 집중하라는 배려에서였다. 그 덕분에 늙은 정승들이 퇴직하지 못하고 혹사당하기는 했지만 말이다.

이런 인재 육성 정책 아래 젊은이들은 무럭무럭 자라났다. 집현전 학사들과 세종의 친자식인 문종, 수양대군, 안평대군 등등은 서로 동년배였으며 같이 일하고 같이 놀았다. 성삼문은 한밤중에 숙직하다가 놀러온 세자를 맞이해 혼비백산하기도 했고, 왕자들과 집현전의 콜라보레이션으로 시행한 프로젝트들도 꽤 많다. 때로는 같이 놀러가 시를 짓기도 했다. 비록 낳아준 부모는 다를지라도 이들은 모두 세종 시대에 어린 시절을 보내며 자란 '세종의 아이들'이었다. 세종은 자신이 죽은 뒤에도 그들이 힘을 합쳐 나라를 보살피리라 믿어 의심치 않았을 것이다.

하지만 세상일이란 그렇게 돌아가지 않았다. 세종이 세상을 뜨자 세종의 아들들은 본격적으로 정계에 진출했고, 그러다 문종이 세상을 떠난 뒤 차츰 수양대군이 야욕을 드러내며 마침내 단종을 왕위에서 밀어낸다. 그러자 집현전 출신이었던 성삼문, 박팽년, 하위지, 이개, 유성원, 유응부 등 일명 '사육신'이 반발했다. 그들은 자신들의 아버지였던 세종의 부탁을 감히 저버릴 수 없었던 것이다. 그러나 공부만 열심히 한 이 학자 출신 신인 정치가들은 정치적 술수에 무척 서툴렀다. 단종을 복위시키려는 계획은 실패로 돌아가 모두 붙잡혀 잔인하게 고문당하고 갈기갈기 찢겨 죽고 만다.

사육신死六臣. 여섯 명의 신하가 죽었다는 뜻이다. 이렇게 말하니 여섯 명만 처벌받은 것 같지만 그렇지 않다. 그들의 아버지, 형제, 친척들은 남자라면 한두 살 먹은 어린아이라도 모조리 처형당했고, 아내와 딸들은 노비가 되어 다른 공신들의 집에 물건처럼 넘겨졌다. 이뿐만 아니다. 사육신들에게 동정적이었다는 이유만으로도 많은 사람들이 처형당했으니, 송골매 재상 허조의 아들 허후가 대표적인 케이스였다.

이렇게 얽혀 들어가 죽은 사람이 대충 계산해도 800명. 덕분에 20년 훨씬 넘는 동안 세종이 공을 들여 키운 인재풀은 완전히 결딴이 나버렸다. 이러니 나라 안에 쓸 만한 사람이 남아날 리 없었다. 이들만이 아니라 수양대군은 자신의 친동생인 안평대군과 금성대군, 단종과 친했던 이복동생들도 모두 처형했고 그들의 자식인 조카들도 모두 죽음으로 몰아넣었다. 처음부터 조선은 무력 쿠데타로 만들어진 나라였다. 세종은 예식과 규범을 만들고 학문을 발전시켜 나라꼴을 만드는 데 평생을 바쳤다. 그랬던 조선이 세조 치하에서 다시 '조폭의 시대'로 돌아가 버리고 만다. 법도 예절도 상식도 없이, 왕이나 공신 내키는 대로 굴러가는 나라가 된 것이다.

『세조실록』만 봐도 그 당시 분위기를 느낄 수 있다. 인재가 없다 보니 20대 영의정이 나오고, 툭하면 술판을 벌이고 저들끼리 죽이네 마네 싸운다. 세조 때 정리된 법전이 있다고는 하나 이미 세종 때부터 하고 있던 것을 마무리 지은 것뿐이다. 세종이 인재를 키우는 데는 20년이 넘는 세월, 여러 사람의 노력, 정책과 예산이 들어갔으나 세조가 그들의 씨를 말리는 것은 순식간이었다. '형제들'을 마구 죽이고 아버지 세종이 장장 20년 넘게 가꿔온 인재의 밭을 결딴내며 얻은 왕위란 세조에게 어떤 가치가 있었던 것일까?

26 단종 애사

하나요 유언

1452년 6월 1일.
나의 사랑하는 형님
문종대왕이 돌아가셨다.

슬픔에 눈물이 앞을 가린다.

이 착한 동생이……
유언을 따라야겠지ㅎ?

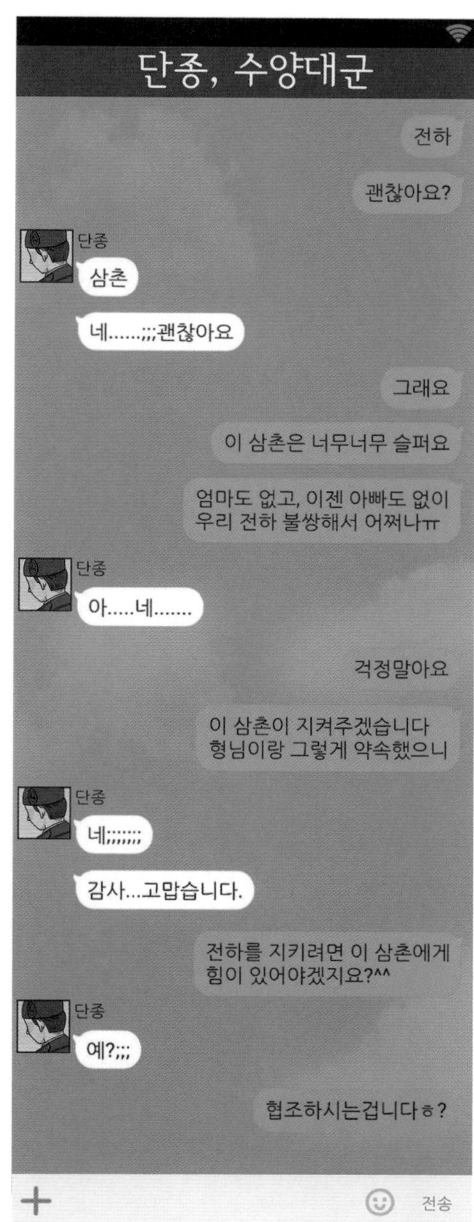

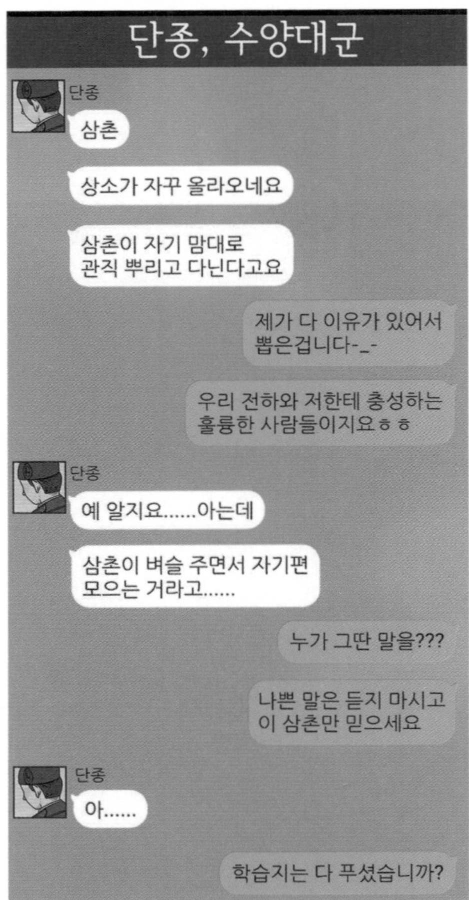
단종, 수양대군
단종
삼촌
상소가 자꾸 올라오네요
삼촌이 자기 맘대로
관직 뿌리고 다닌다고요
제가 다 이유가 있어서
뽑은겁니다-_-
우리 전하와 저한테 충성하는
훌륭한 사람들이지요ㅎㅎ
단종
예 알지요......아는데
삼촌이 벼슬 주면서 자기편
모으는 거라고......
누가 그딴 말을???
나쁜 말은 듣지 마시고
이 삼촌만 믿으세요
단종
아......
학습지는 다 푸셨습니까?

단종
삼촌;;;;;;;;;;;;;;;;;
ㅇㅓ젯밤에 김종서 장군을
습격했다면서요??;;;;;;;;;;;;;;;;
예
단종
ㅇㅑ바마마께서 남겨주신
제 보호자입니다ㅠㅠㅠ!
할바마마께서도 아끼셨던
김종서를 대체 왜;;;;;
전하 보호자는 접니다-_-

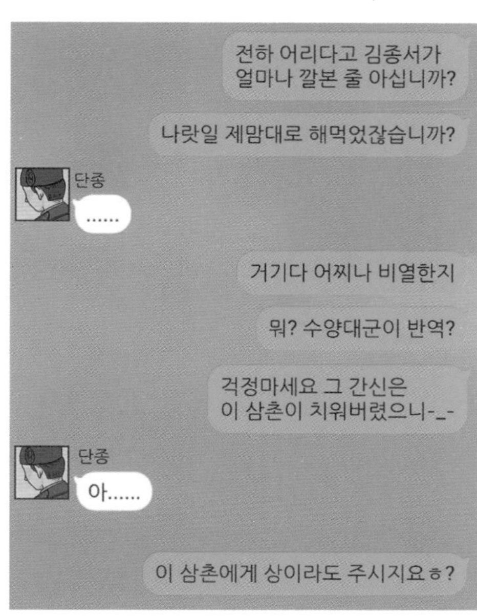
전하 어리다고 김종서가
얼마나 깔본 줄 아십니까?
나랏일 제맘대로 해먹었잖습니까?
단종
......
거기다 어찌나 비열한지
뭐? 수양대군이 반역?
걱정마세요 그 간신은
이 삼촌이 치워버렸으니-_-
단종
아......
이 삼촌에게 상이라도 주시지요ㅎ?

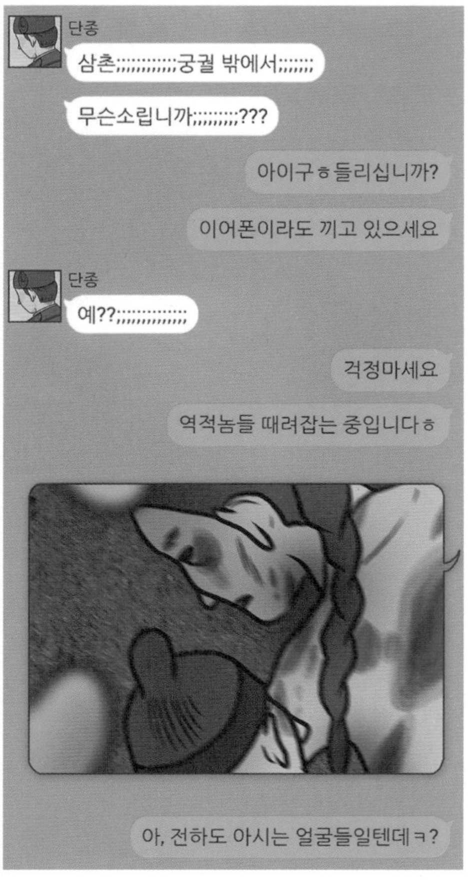
단종
삼촌;;;;;;;;;;;;;궁궐 밖에서;;;;;;;
무슨소립니까;;;;;;;;;???
아이구ㅎ들리십니까?
이어폰이라도 끼고 있으세요
단종
예??;;;;;;;;;;;;;;;
걱정마세요
역적놈들 때려잡는 중입니다ㅎ
아, 전하도 아시는 얼굴들일텐데ㅋ?

셋이요 포기하다

역모죄, 뇌물수수죄……
궁궐에선 비명이
그칠 날이 없었다.

'신기하게도',
잡혀온 건 다들 조카를 아끼는
사람들뿐이었다.

그것을, 눈치챘는지……ㅎ

이제,
이 수양대군의
세상이다!

정사 正史

실록에 기록된 것

- 문종, 김종서에게 단종을 지키라는 유지를 남기다.
- 단종, 12세 나이에 즉위.
- 수양대군, 마음대로 관직을 높인다며 탄핵당하다. 수양, 충심에서 그랬을 뿐이라 하다.
- 수양대군, 평소 자신을 견제하던 김종서 일파를 숙청하다(계유정난). 자신의 친동생 안평대군도 사사하다.
- 수양대군, 영의정이 되다. 언론, 병부 고위관직도 함께 받아 권력 휘두르다.
- 세종 및 문종의 비호를 받아 단종과도 인연이 깊었던 종친 및 궁인들, 무더기로 반역죄를 쓰다. 단종, "내가 어리고 궁궐 밖의 일에 어두운 탓에 간사한 무리들이 반란을 도모하길 그치지 않으니, 삼촌에게 왕위 넘긴다"며 선위하다. 세조, 즉위하다.
- 사육신이 세조 암살 및 단종 복위 시도하나 실패. 단종, 노산군이 되다.
- 노산군, 사약을 받자 스스로 목을 매 자결하다.

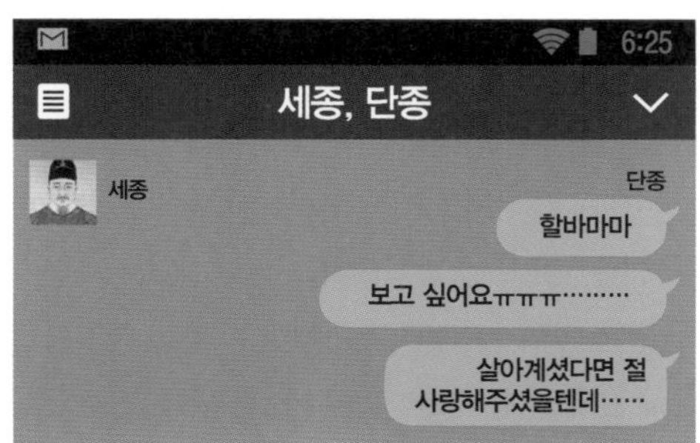

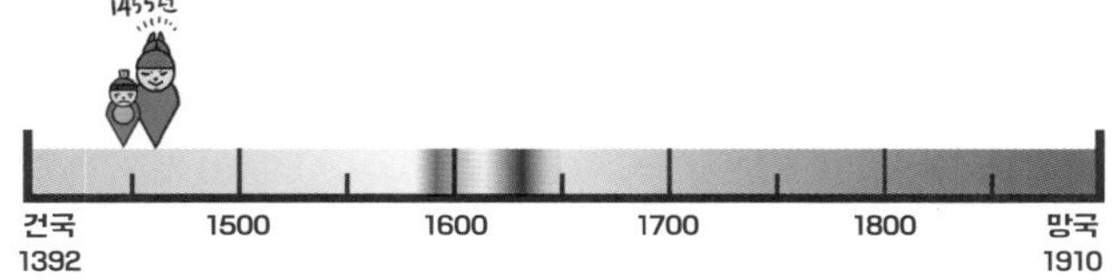

- 스물네 번째 이야기 -

소년왕의 귀환

1455년 6월, 단종은 정치적 압력을 못 이겨 수양대군에게 왕위를 넘기고 상왕으로 물러났다. 세조는 선심 쓰듯이 단종에게 공의온문상태왕恭懿溫文上太王이라는 거창한 이름을 달아 주고 같이 사냥을 다니거나 잔치를 벌였다. 하지만 바로 다음 해 사육신의 모의가 있었고, 세조의 후계자이던 의경세자도 갑자기 죽는 바람에 이런 생활도 곧 끝이 났다.

1457년(세조 3), 단종은 노산군魯山君으로 감봉되었다. 이것은 굉장히 치욕적인 조치였는데, 단종은 태어나서 단 한 번도 군호를 받은 적이 없었다. 태어난 순간부터 세자의 하나뿐인 아들로 원자였으며, 아버지 문종이 즉위한 이후로는 세자가 되었고 그대로 왕으로 즉위했다. 그런데 대군도 아니라 그냥 군호를 받은 것이다. 단종은 왕위에 물러나기 전 할아버지 세종이 자주 머물던 자미당紫薇堂 창가의 난간을 보며 “할아버지가 살아 계셨으면 나에 대한 사랑이 어찌 적었겠느냐”며 슬퍼했다. 게다가 성삼문의 모의를 알았고, 그에게 칼까지 내려 줬던 단종은 이미 자신의 운명을 알고 있었기에 “이것이 나의 죄이다”라며 영월로 떠났다.

처음 대우는 그리 나쁘진 않았다. 세조는 노산군이 되어 영월로 귀양을 간 단종에게 이것저것 필요한 물품과 얼음도 가져다주게 했고, 수박이나 참외 같은 과일, 옷과 술도 충분히 공급하라고 명령했다. 그러나 동시에 단종의 어머니 즉, 현덕왕후를 폐서인한 뒤 무덤을 파헤쳤고, 단종에게 반찬을 가져간 노비나 과일을 들고 간 유생들을 잡아 고문했다. 그러면서 차츰 여론을 조성했으니, 단종이 한 번 역모에 연루된 데다가 언제 또 후환이 생길지 모르니 죽여버리자는 것이었다. 정인지, 신숙주를 비롯한 신하들뿐 아니라 양녕대군과 효령대군 같은 종실들도 목소리를 높였다. 세종과 문종이 그 꼴을 봤다면 뒷목을 잡고 넘어갔을 테지만, 그들도 좋아서 단종을 죽이라고 한 것은 아닐 것이다. 정치란 이토록 가혹하고도 잔인한 것이다. 때가 무르익은 1457년 10월 21일, 세조는 단종의 장인인 송현수와 자신의 여섯째 동생인 금성대군을 처형했다. 그리고 『세조실록』은 이 소식을 들은 단종이 스스로 목을 매어 자살했다고 기록했다. 영월에 오게 된 지 4개월 째, 단종의 나이 17세였다. 그리고 "예로써 장사 지냈다"라고 적었지만, 그랬다면 중종 때 단종의 무덤을 찾지 못해 애먹는 일은 없었으리라.

『선조실록』에는 좀 더 솔직하게 노산군이 사약을 받았다고 기록했으며, 야사는 더욱 처참한 사실을 전한다. 금부도사가 차마 사약을 올리지 못하자 하인이 단종의 목을 졸라 죽였다는 것이다. 그 다음 이야기는 더더욱 끔찍하다. 시체는 강물에 던져졌고, 억울하게 죽은 어린 왕의 시체는 떠내려가지도 않은 채 그 자리에서 돌며 가냘프고 고운 열 손가락이 물 위에 둥둥 떠 있었다고 한다.

이 시신을 거둬들인 사람이 영월의 호장戶長이었던 엄흥도였다. 모두가 세조의 눈치를 보고 있을 때, 그는 용감하게도 단종의 묘소를 마련한 뒤 벼슬을 버리고 시골로 숨어 버렸다. 이 묘를 노묘魯墓라고 한다. 몹시 작고 초라했으며 다른 무덤들 틈에 끼어 있었지만 주변 고을 사람들은 이 작고 쓸쓸한 무덤을 임금의 무덤이라 불렀고 늘 안타깝게 여겼다고 한다.

이후로도 영월의 백성들은 단종을 가엾이 여기며 간신들을 욕하고, 어린 왕의 혼백이 태백산의 산신이 되었다고 여겨 태백 산신제를 지내 왔다. 하지만 여전히 공식적으로는 단종의 억울함에 대해 말할 수 없었으니, 그를 쫓아내고 죽음으로 몰아넣었던 세조의 후손들이 왕이 되었기 때문이다.

하지만 중종이 즉위하고 의리와 절개를 중시하던 사림파들이 단종의 복권을 이야기하기 시작했다. 이후 의리와 명분에 목숨을 걸었던 송시열도 힘을 써 결국 노산군은 숙종 때 노산대군으로 봉해졌다가 마침내 단종이라는 왕호를 받고 종묘에도 모셔지게 된다. 1698년(숙종 24) 12월 27일. 슬프고 애처로운, 그래서 더욱 백성들의 사랑을 받았던 소년왕이 마침내 사랑하던 할아버지와 아버지의 곁으로 돌아간 날이었다. 조선왕조실톡

3부

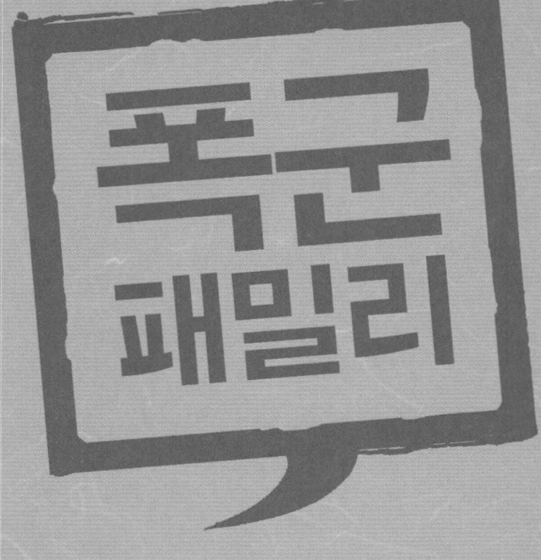

세조 1455~1468년 재위

예종 1468~1469년 재위

성종 1469~1494년 재위

연산군 1494~1506년 재위

폭군
패밀리

27 그 소년의 큰 옷

다들 나를 테러리스트라 부른다.
다들 나를 잔혹한 찬탈자라 부른다.

하지만 나도 한때는
순진한 어린아이였다.

그저 아빠의 관심을 끌려 애쓰는,
철없는 어린아이.

하나요 XXL

"작은아들(16세) 녀석이
요즘 좀 이상하다."

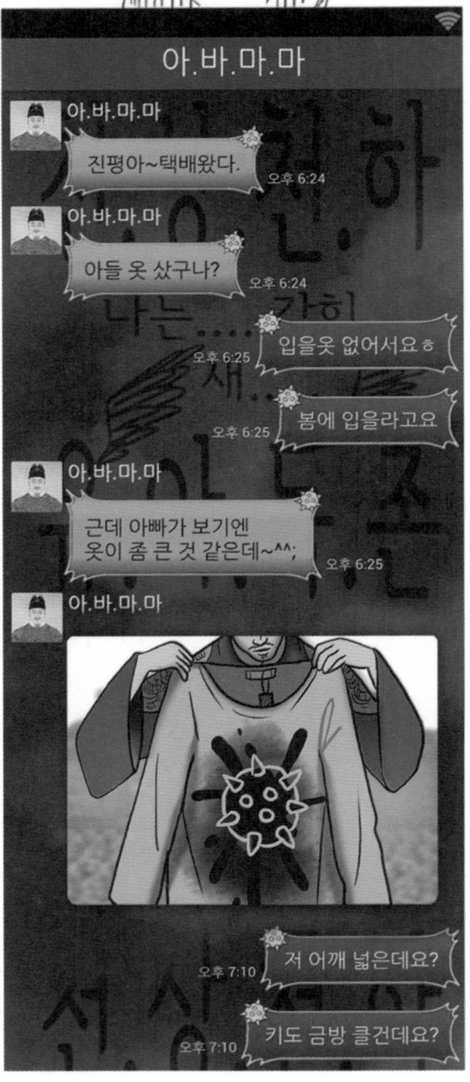

"얘가 왜 자꾸 큰 옷을 사댈까?"

"작은애는 한사코
제 몸보다 훨씬 큰 옷만 고집했다.

소매도 밑단도 늘 헐렁헐렁.
나와 궁인들은
진평이가 그저 우스울 따름이었다."

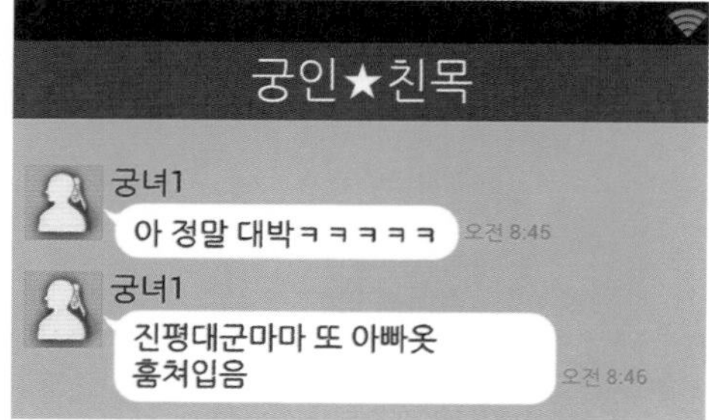

IU_Suji_1417님
기.대.해.나.의.힘.을.
#옷스타그램 #XXL #패션 #봉인해제
#중3스타일링 #로얄패밀리
♥+1좋아요 Moon_jong님
Moon_jong : 동생아 멋지다^^
궁녀2
귀요미♥♥♥♥♥♥
배경해야지
오전 8:48
궁녀2
볼 때마다 팔 동동
접어드리고 싶엌ㅋㅋㅋㅋ
오전 8:49
궁녀3
긍데 왕자마마 왜 큰옷만
입으시는거얌?ㅇㅅㅇ
오전 8:50
궁녀1
몰라ㅋ
오전 8:50
궁녀3
훙...ㅇㅅㅇ
오전 9:10
궁녀3
쫌 툭이하신 듯ㅇㅅㅇ)=3
오전 9:10
궁녀2
사춘기 거하게
겪으시는거지모
오전 9:10
궁녀2
별거 아닐거야ㅋㅋㅋㅋㅋ
오전 9:10
전송

"그러나 얼마 후, 나는
진평이가 큰 옷을 입는 이유를 알게 됐다.

내게 뽐내기 위해서였다."

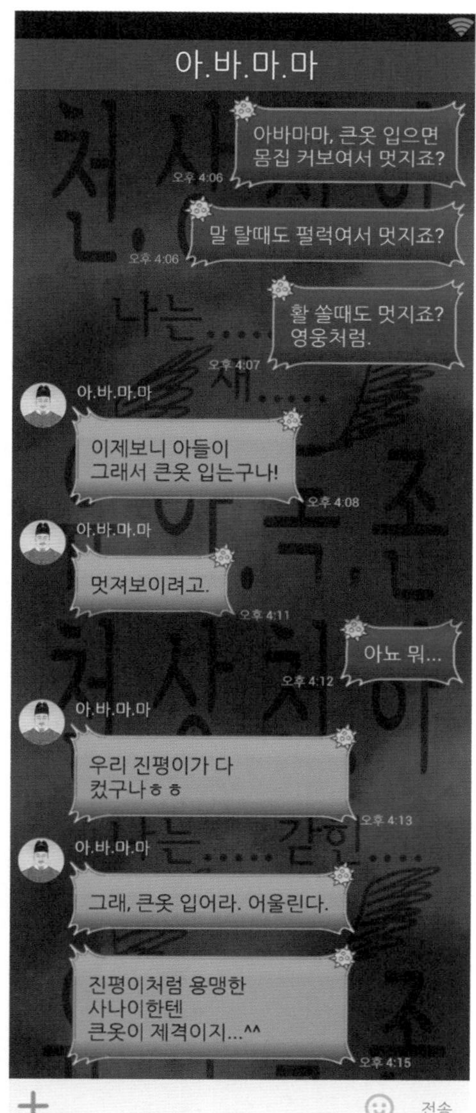

"그때 아비로서, 아이를
혼냈어야 했는지도 모른다."

그 순진한 허영심이
장차 욕망으로 자랄 줄 알았더라면.

그랬더라면……

진평대군은 바로

[수양대군]

1417~1468

호칭 변화 : 진평 → 함평 → 진양 → 수양대군.

다재다능하고
늘 자신만만한 왕자였던 수양대군.

형 문종이 일찍 죽고
겨우 열두 살의 조카 단종이 왕위에 오르자,
쿠데타 <계유정난>을 일으키다.

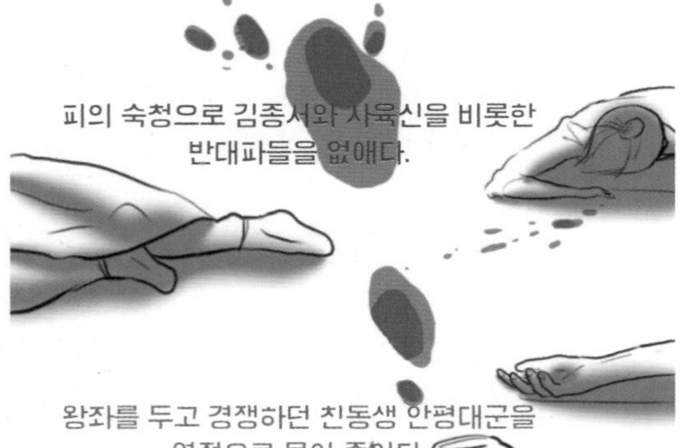

피의 숙청으로 김종서와 사육신을 비롯한
반대파들을 없애다.

왕좌를 두고 경쟁하던 친동생 안평대군을
역적으로 몰아 죽이다.

단종을 옥좌에서 몰아내고
7대 왕 세조로 등극하다.

정사 正史

실록에 기록된 것

- 16세 수양(진평)대군, 항상 품이 큰 옷을 입고 다니다. 궁인들, 그것을 보며 웃다.
- 수양대군, 공부도 잘하고 활도 잘 쏘고 악기 연주도 잘하다. 그리고 그걸 늘 세종과 형 문종에게 어필하다.
- 세종과 문종, 그런 수양을 늘 우쭈쭈 칭찬해주다.
- 다만 세종, 수양대군에게 충고조로 "너처럼 용감하고 날랜 사람은 (급한 성질을 고치기 위해) 넉넉한 옷을 입는 것이 옳다" 하다.
- 수양대군, 계유정난 일으키다.

기록에 없는 것

- 시호는 죽은 뒤에야 붙여지므로 수양대군의 형 문종의 아이디는 Moon_jong이 아니었을 것이다.
- 수양대군의 아이디가 "I.U_Suji_1417"인 이유는?

수양대군의 본명은 '이유(李瑈)'였다. 덧붙여 자(성년 이름)는 '수지(粹之)'였다. 워후!

- 스물다섯 번째 이야기 -

허세왕 세조

세조는 잘 알려진 대로 정난, 즉 어지러운 것을 바로잡는다는 명분의 쿠데타로 왕이 된 사람이다. 건국 초기의 혼란기를 거쳐 평화로운 안정기에 들어선 세종과 문종 치세 이후 벌어진 쿠데타였기에 이는 말 그대로 '뜬금포'였다. 그래서였는지 세조의 쿠데타는 훨씬 잔인했다. 친형제인 안평대군, 금성대군은 물론 세종의 후궁이자 자신의 양어머니인 혜빈 양씨와 이복동생들, 반대하는 신하들까지도 모두 죽여버렸다.

그러다 보니 세조의 정난에는 정당성이 없어 무리수를 많이 둘 수밖에 없었다. 그걸 뒷받침하는 기록이 『세조실록』이다. 일반적인 왕이라면 간단한 소개로 끝날 일을 『세조실록』에서는 세조가 얼마나 뛰어나고 훌륭하며 왕이 되어 마땅한 인물인지를, 어느 공산 국가의 우상화 작업 저리 가라 할 정도로 구구절절 장황하게 설명하고 있다.

지나친 칭찬은 우스꽝스러워지듯 『세조실록』에 묘사된 세조는 아무리 봐도 허세로 가득한 인물이다. 남들이 옷을 세 겹씩 입는 추운 날씨에 옷을 한 겹만 입고는 소매까지 걷고 다니기도 하고, 일부러 힘없는 말을 타고 다니다가 말이 견디지 못해 쓰러지면 멋지게 뛰어내려 착지한다. 활솜씨가 무척 뛰어났다는 표현이 몇 번이나 이어지는데 이것은 신궁이라 불릴 정도로 활솜씨가 뛰어났던 증조할아버지 태조를 연상시키려는 전략으로 보인다. 건국왕인 태조를 이만큼 닮았으니 왕이 되어 마땅하다는 말을 돌려 하는 것이다.

게다가 세조가 오랫동안 음악을 배워 온 안평대군보다도 훨씬 가야금 연주를 잘해서 듣는 사람이 모두 감탄했다는 문장에서는 예술가였던 동생에 대한 묘한 열등감이 느껴져 웃음이 나온다. 피리를 불자 홀연히 학이 날아들어 춤을 췄다는 부분에서는 어이가 없어진다. 친형제마저 도륙했던 세조에게 '우애가 돈독했다'는 칭찬을 하는 부분은 질 나쁜 농담으로 느껴질 지경이다.

이런 우상화 작업만으로는 부족했는지 세조는 상서로운 징조에 무척 집착했다. 그의 시대에는 궁궐에 상서로운 기운이 나타나 신하들이 한데 모여 하례하는 일이 잦았다. 1464년(세조 10)에는 원각사에서 노란색 구름이 일어나고 향기가 피어났으며 상서로운 기운이 치솟았다는 보고가 올라왔다. 야사에서는 천녀들이 하늘을 붕붕 날아다녔다고까지 되어 있다. 이 일로 기분이 좋았는지 세조는 원각사 건물을 크게 증축하고 자주 찾아가곤 했다.

신기한 기상 현상은 가끔 벌어지고는 했다. 세종시대에는 노란 비가 내려 사람들이 술렁였던 적이 있었다. 그때 세종은 철저하게 조사하여 그저 송홧가루가 비에 섞여 내린 것일 뿐이라는 걸 밝혀낼 정도로 과학적이었다. 반면 세조는 집의 솥이 저절로 울부짖었다거나 점쟁이가 왕이 될 것을 예언했다는 등 각양각색의 '징조'를 『세조실록』에 모두 싣고 있다. 왜 그랬을까? 수양대군 시절 활을 쏜 뒤 지었다는 시에서 세조의 심리를 엿볼 수 있다.

"굳고 강한 활시위 늦출 줄 모르고 / 신묘神妙한 공功은 굳센 힘에 있도다. / 어김 없는 화살 빗긴 햇살 띄우니 / 마냥 한가한 영웅英雄의 뜻일진저."

세조는 난세의 영웅이 되고 싶은 사람이었으나 이미 나라는 안정되어 문치의 시대가 열리고 있었다. 영웅이 되고 싶은 욕망을 채우기 위해서는 스스로 세상을 뒤엎는 수밖에 없었다. 건국 초기나 임진왜란 때 태어났더라면 그의 욕망은 채워질 수 있었을까? 평화로운 시대에도 영웅이 될 수 있는 방법은 얼마든지 있다. 타인을 해쳐 가면서까지 자신의 영웅 심리를 만족시키고자 했던 세조는 전쟁 영웅의 자질은 있었을지 모르나 '미숙한 인간'이라는 평을 피해 가기는 힘들 듯하다.

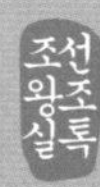

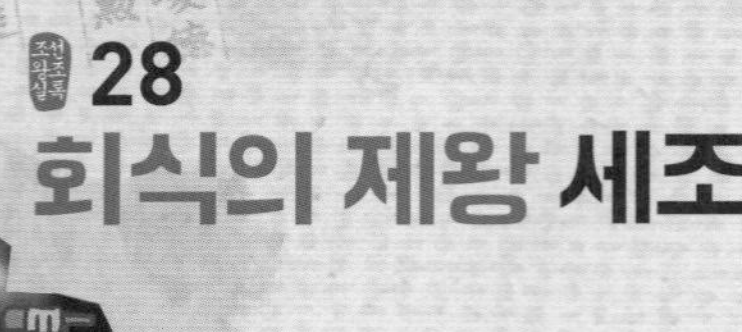

조선왕조실록 28

회식의 제왕 세조

즉위 초, 세조가
우리 관료들을 집합시켰다.

조카를 몰아내고
피로써 왕위에 오른 그,

과연 신하들에게는
어떤 공포정치를 펼칠 것인가!

!?

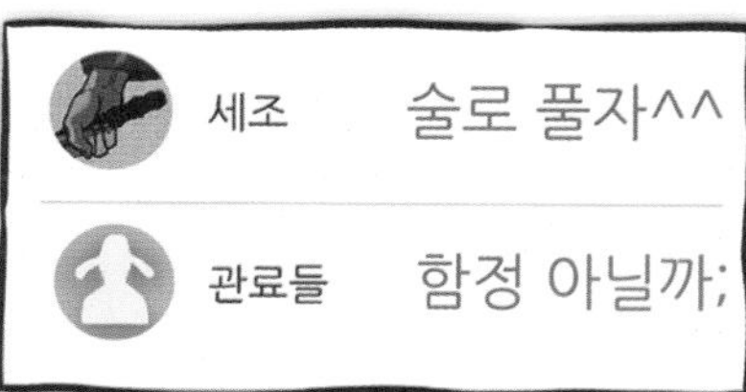

하나요 회식 리더십

우리는 한껏 긴장해
노래방에 모였다.

솔직히, 너무 의외라……

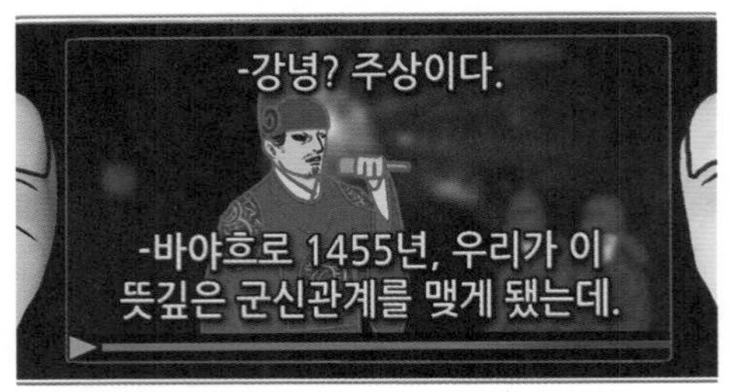
-강녕? 주상이다.
-바야흐로 1455년, 우리가 이 뜻깊은 군신관계를 맺게 됐는데.

-술 한 잔에 슬픔을!
술 한 잔에 기쁨을!
나누는 자리 되길 빌면서

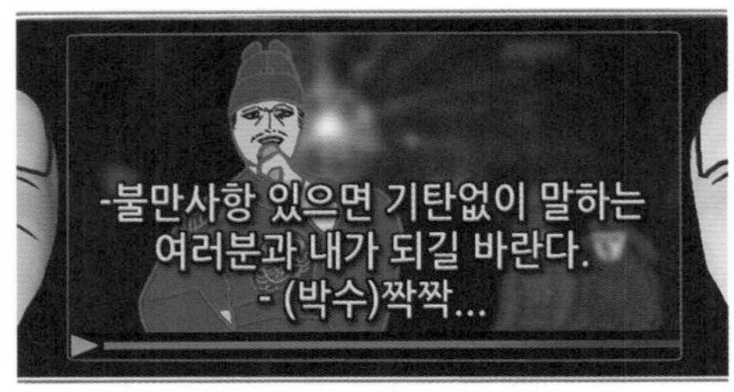
-불만사항 있으면 기탄없이 말하는
여러분과 내가 되길 바란다.
- (박수)짝짝...

-뭐해?

-0917 말달리자!!!!
-와아ㅏ아ㅏ아악

- 야, 너 왜 나 전하라고 부르냐?
- 넴;?

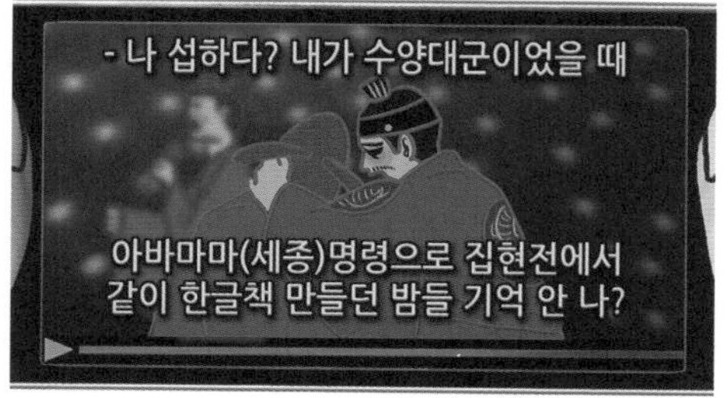
- 나 섭하다? 내가 수양대군이었을 때
아바마마(세종)명령으로 집현전에서
같이 한글책 만들던 밤들 기억 안 나?

- 그때도 너 나 전하라고 불렀냐?
- …아뇨
- 그럼?

- 친구야…
- 바로 그거얌마~

- 전하라고 부르지 마~
너 나 완전 핵주먹인 거 알지?
내가 서러워서 너 한 대 때렸다간 임마

- 슈바이처랑 허준이 동시에 달라붙어도
너 못살아나~ㅇㅋ?

- 예
- 뻥이야 사랑해♥

- 잠만

-웅 여봉~♥
아냐아냐 500 두 개밖에 안 마셨엉~♥
먼저자용~♥뽀뽀~웅~♥

- 중전이야

셋이요

야자타임

- 자 지금부터 야자타임!
계급장 떼고 나에게
무슨 말이든 던지라!

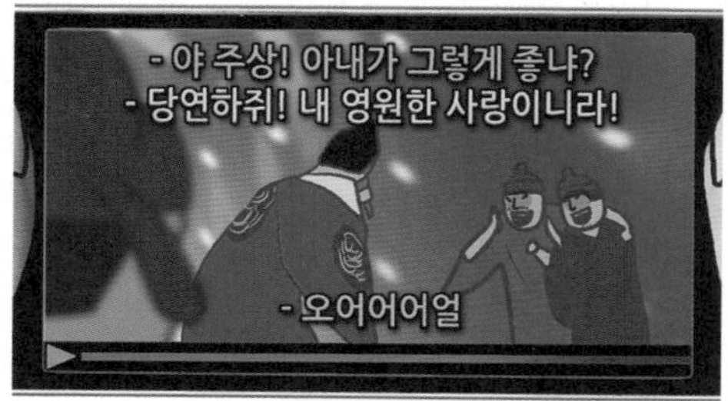
- 야 주상! 아내가 그렇게 좋냐?
- 당연하쥐! 내 영원한 사랑이니라!
- 오어어어얼

- 주상! 당신 요즘 살쪘어~?
- 유전이얌마! 아바마마 몸무게
생각 안 나냐?(폭소)

- 흫ㅎ헤헤! 주상!
- 오 영의정 정창손! 커몬!

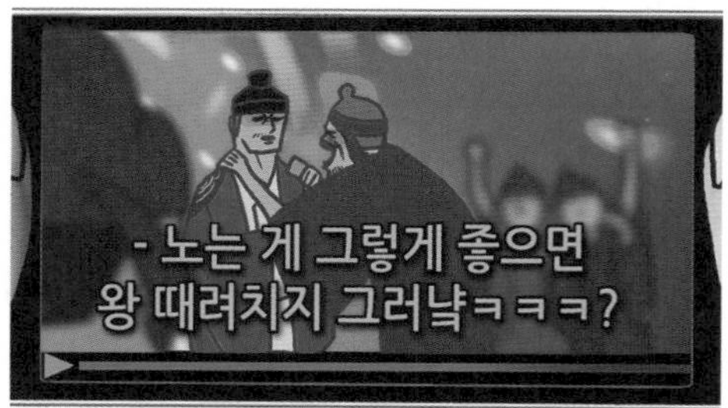
- 노는 게 그렇게 좋으면
왕 때려치지 그러냨ㅋㅋㅋ?

- 당장 이 자를 하옥하라!1!!1!!
- 엌

- ;;;;;;;;;;;전하!아니옵니다!
소신 술이 약하여
허언을 하였사옵니다;;;;;;!11!!!

즤 l 어언하아아아아;;;!!!!

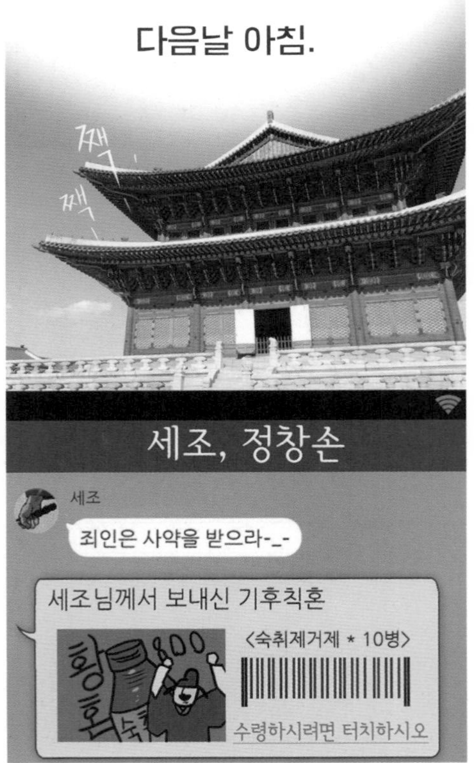
다음날 아침.
짹
짹
세조, 정창손
세조
죄인은 사약을 받으라-_-
세조님께서 보내신 기후칙혼
황혼
숙
〈숙취제거제 * 10병〉
수령하시려면 터치하시오

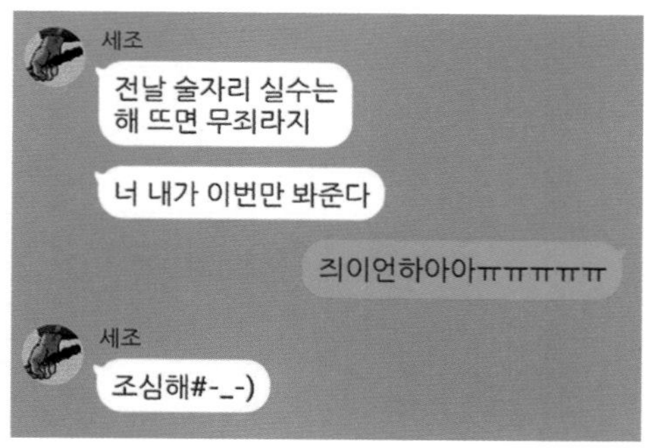

실록에 기록된 것 정사 正史

- 세조, 하도 연회를 자주 열어 신하들이 화내다.
- 세조, 연회석에서 춤추고 노래하다.
- 세조, 어지간한 술자리 실수는 웃고 넘기다.
- 세조의 술주정 목록. "전하라고 부르지 말라 나 왕자였을 때 우리 같이 일하지 않았나", "나는 널 이렇게 사랑하는데 너는 나 별로 안 좋아하나 보다", "나 대신 쟤 좀 때려봐라", "내 주먹은 핵주먹이라, 맞으면 명의 여러 명이 달라붙어도 살지 못할 것이다."
- 정인지, 정창손 등이 '상왕전하'라 부르며 능멸하자, 그 죄로 파직시키고 감옥에 가두다. 며칠 후 복직시키다.

기록에 없는 것 픽션

- 〈말달리자〉는 아직 없었다.

1462년 즈음

건국 1392 | 1500 | 1600 | 1700 | 1800 | 망국 1910

- 스물여섯 번째 이야기 -

불신의 세조

한명회와 신숙주는 수양대군이 계유정난을 일으킬 때 그의 왼팔, 오른팔로 활약했다. 둘은 물심양면으로 수양대군을 도와 그를 왕으로 만들었고, 그 대가로 막대한 권력과 부를 얻었다. 세조가 된 수양대군은 신숙주를 일러 자신의 위징(당나라 태종의 명신하)이라 했고, 한명회에게는 자신의 장량(한나라 고조의 책사)이라고 했다. 그 말대로 신숙주는 『국조보감』, 『국조오례의』 등 많은 책들을 교정, 편찬하고 일본과의 외교와 여진족과의 다툼에도 힘을 기울이는 등 나라의 앞날에도 많은 공을 들였다. 한명회는 사육신들의 모의를 간파해 내거나 자신의 두 딸을 각각 예종비, 성종비로 만드는 등 정치적 수완을 발휘했다.

그래서 이 세 사람은 그만큼 믿고 신뢰하는 사이였을까? 그건 또 아니었다.

1467년(세조 13) 5월, 함경도에서 이시애의 난이 벌어졌다. 원래 이시애는 세조에게 죽임당한 김종서의 부하였고, 원래부터 차별을 받아왔던 함경도 사람들은 불만이 많았다. 이들이 단종을 폐위시킨 역적들을 몰아내겠다며 반란을 일으킨 것이다. 처음엔 기세가 대단했고, 때맞춰 이시애는 신숙주, 한명회와 손을 잡았다는 유언비어를 퍼뜨렸다. 이걸 들은 세조는 길게 생각할 것도 없이 신숙주를 의금부 감옥에 가뒀으니 이게 19일이었다. 신숙주뿐만 아니라 그의 네 아들도 모두 옥에 갇혔고, 한명회는 병을 앓고 있었기에 가두지는 않았지만 종친을 시켜 군사들로 감시하게 했으며 대신 한명회의 아들과 사위를 가뒀다.

그 뒤로도 세조는 신숙주를 묶어둔 차꼬가 헐겁지는 않은지를 계속 확인했고, 차꼬가 살짝 헐겁다는 것을 발견하고는 담당 의금부 관리들 10여 명을 곤장까지 때려가며 국문했다. 신숙주 일파의 편의를 봐준 것은 훗날을 생각한 탓이 아니냐고 의심했던 것이다. 관리들은 물을 넘기지 못할 만큼 차꼬가 꽉 죄어 고생하는 것이 불쌍해서 그랬다고 변명했지만, 세조는 죽을죄라며 길길이 뛰고 책임자를

거열형에 처했다. 뿐만 아니었다. 왜 한명회를 가두자거나 죄가 있다고 말하지 않느냐며 신하들에게 화를 펄펄 냈다.

상황이 바뀐 것은 22일, 신면의 죽음이 전해지면서였다. 신면은 신숙주의 둘째 아들이자 함길도 관찰사였는데, 그 역시 체포되어 도성으로 압송당할 예정이었지만 그보다 먼저 이시애의 반군과 맞닥뜨려 힘을 다해 싸우다가 결국 전사한 것이다.

하지만 세조는 6월이 되도록 신숙주와 한명회를 풀어주지 않고, "멋대로 군 것이 죄"라는 말도 안 되는 죄명을 씌웠다. 여기에 장단을 맞춰 정인지, 정찬손을 비롯한 몇몇 신하들이 한명회와 신숙주를 처벌하라고 했지만 정작 세조는 결정을 내리지 못했다. 솔직히 아무 죄도 없었기 때문이었다.

그러던 6월 6일, 세조는 갑작스럽게 신숙주와 한명회를 풀어주고 "다른 사람들 모함에 넘어가서 그랬어. 미안해. 내가 늙더니 미쳤나봐. 하늘은 내 마음을 알아줄 거야"라며 자기연민에 빠져 어쩔 줄을 몰라 했다. 그 뒤 세조와 신숙주, 한명회는 함께 모여 눈물을 흘리며 술을 나누었다는데, 제풀에 의심해서 20일 가까이 감옥에 집어넣고, 감옥에 갇힌 사람들끼리 얼마나 진심 어린 술잔을 나누었을지 의문이다.

이후로 신숙주와 한명회는 예전의 영달을 되찾았지만 이렇게 쉽게 흔들렸던 그들의 신뢰 관계가 얼마나 단단했는지는 알 수 없다. 세조가 벌인 술자리에서 세조의 불교 취향을 까내리고 "너"라고 부르며 야자타임을 가졌던 정인지와 양정 중 양정은 목이 베이기까지 했다. 이처럼 세조는 누구도 믿지 못하는 삶을 살았다. 사람을 배신하고 왕위에 오른 자의 굴레이리라.

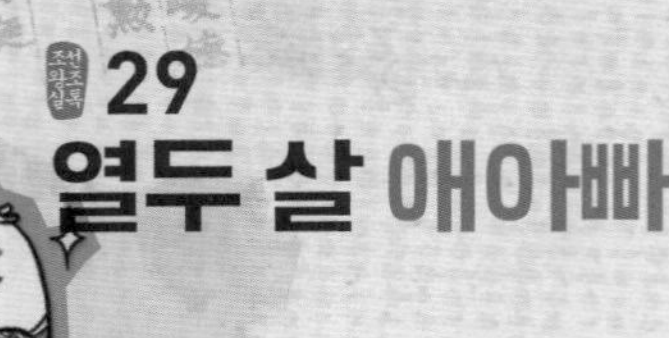

29 열두 살 애아빠

"강녕 언니들?
나는 세자빈 한씨><"

"계유정난으로 왕이 되신
세조전하의 며느리야."

"나는 열여섯 살에
열한 살 왕자님과 결혼했는데."

8대 왕 예종

[1450~1469]

"패기갑 초딩 남편 이야기,
들어볼래?"

예종
누나 우리 에기 만들어요.
악ㅋㅋㅋㅋㅋㅋㅋㅋㅋㅋ
예종
외요?내가 초등학교
4학년이라서 그레요?
열한살도 사랑할수 잇어요
ㅋㅋㅋㅋㅋㅋㅋㅋㅋㅋㅋㅋ
저하 아직 어리셔서 안돼요.
예종
누나 나 못믿어요?
나 세자에요
조선에서 서열2위에요
에기만들러조요
잉
잉
잉
세자저하ㅋㅋㅋㅋㅋㅋㅋㅋㅋ
아이 키우는 게 얼마나 힘든데요.

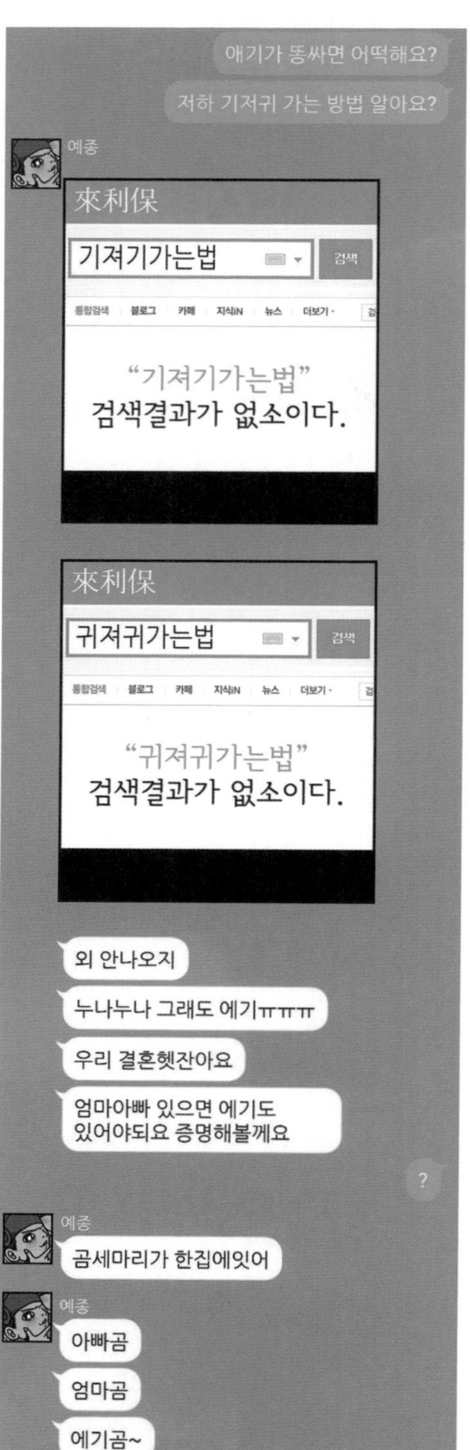
애기가 똥싸면 어떡해요?
저하 기저귀 가는 방법 알아요?
예종
來利保
기져기가는법
검색
통합검색
블로그
카페
지식iN
뉴스
더보기
“기져기가는법”
검색결과가 없소이다.
來利保
귀져귀가는법
검색
통합검색
블로그
카페
지식iN
뉴스
더보기
“귀져귀가는법”
검색결과가 없소이다.
외 안나오지
누나누나 그래도 에기ㅠㅠㅠ
우리 결혼헷잔아요
엄마아빠 있으면 에기도
있어야되요 증명해볼께요
?
예종
곰세마리가 한집에잇어
예종
아빠곰
엄마곰
에기곰~

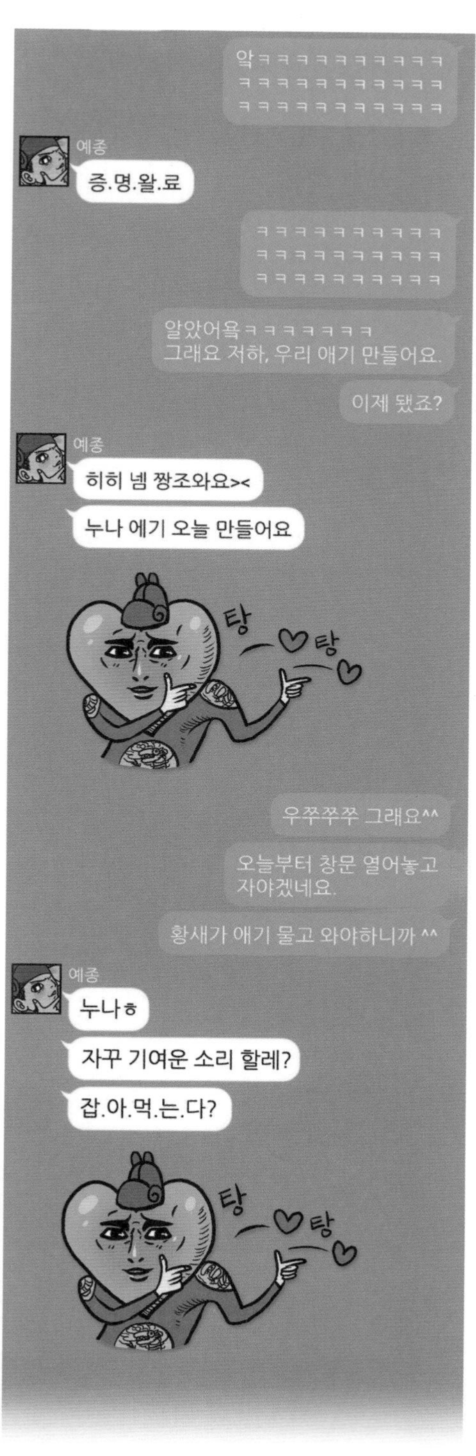
악ㅋㅋㅋㅋㅋㅋㅋㅋㅋㅋㅋ
ㅋㅋㅋㅋㅋㅋㅋㅋㅋㅋㅋ
ㅋㅋㅋㅋㅋㅋㅋㅋㅋㅋㅋ
예종
증.명.왈.료
ㅋㅋㅋㅋㅋㅋㅋㅋㅋㅋ
ㅋㅋㅋㅋㅋㅋㅋㅋㅋㅋ
ㅋㅋㅋㅋㅋㅋㅋㅋㅋㅋ
알았어욥ㅋㅋㅋㅋㅋㅋㅋ
그래요 저하, 우리 애기 만들어요.
이제 됐죠?
예종
히히 넴 짱조와요><
누나 애기 오늘 만들어요
탕
탕
우쭈쭈쭈 그래요^^
오늘부터 창문 열어놓고
자야겠네요.
황새가 애기 물고 와야하니까 ^^
예종
누나ㅎ
자꾸 기여운 소리 할레?
잡.아.먹.는.다?
탕
탕

그로부터 1년 후,
예종이 열두 살이 되던 해.

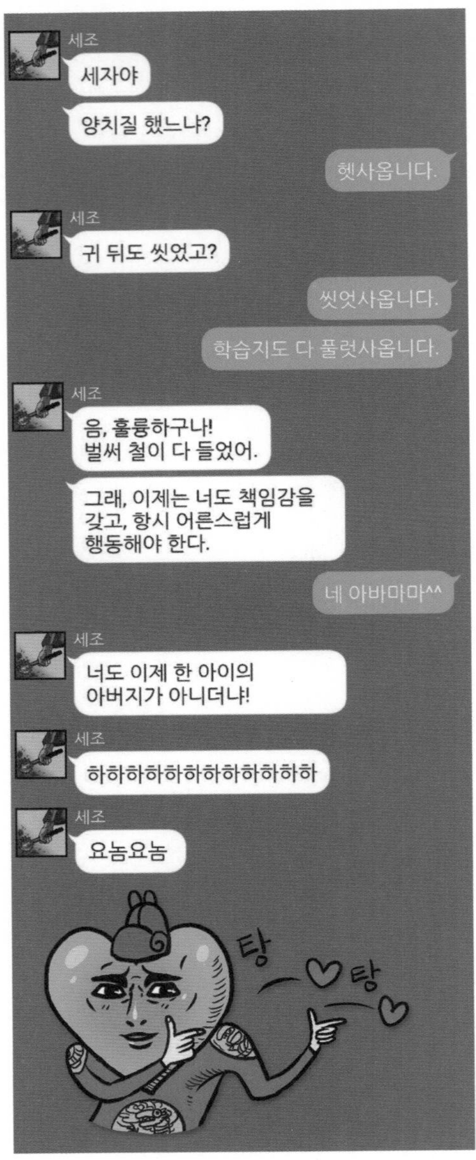

예종, 첫 아들을 낳으니
그의 나이 고작

12세였다.

#초5#WOW

단종의 저주인지,
어린 세자빈은 아이 낳다 죽고

예종 역시 즉위 일 년 만에
스무 살 나이로 요절한다.

갑자기 비어버린 왕좌.

결국 예종의 어머니 자성대비는,
너무 어린 예종의 아들 대신

예종의 조카 자을산군을
궁으로 불러들이는데……

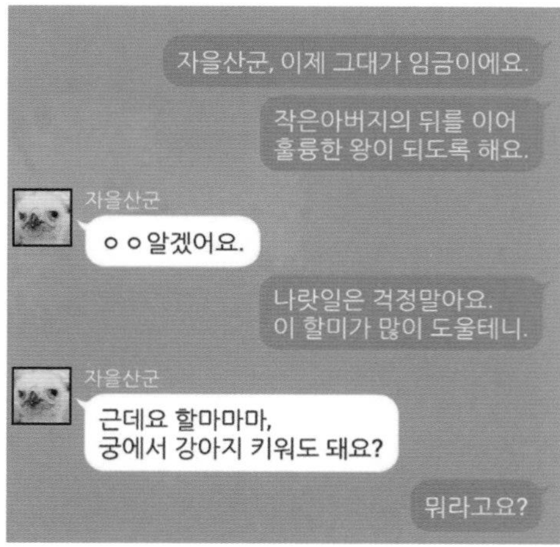

예종의 조카이자
동물을 사랑하는 이 왕자가

세종의 광팬이요
연산군의 아버지인

'성종'이다.

(30화 참조)

실록에 기록된 것 정사 正史

- 세조의 아들 예종, 11세에 장가가다. 세자빈은 16세 한씨.
- 그다음 해, 세자빈이 아들을 낳다. 당시 예종은 겨우 12세(!)
- 세자빈, 아이 낳고 엿새 만에 숨지다. 예종, 즉위 일 년 만에 숨지다.

기록에 없는 것 픽션

- 예종은 살아생전 예종이라고 불리지 않았다. 그러나 자신의 묘호를 "예종"이라고 붙여 달라고 늘 당부했다고.

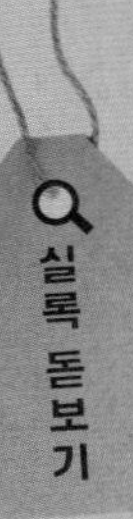

- 스물일곱 번째 이야기 -

인과응보란 존재할까?

이런 야사가 있다. 세조가 단종을 죽음으로 몰아넣은 뒤 세조의 꿈에 문종의 비이자 단종의 어머니인 현덕왕후 권씨가 나타나 침을 뱉으며 저주했고 이후 세조의 아들이 죽었다고 한다.

1457년(세조 3) 6월, 세조는 폐위한 단종을 강원도 영월로 귀양 보내고 현덕왕후 권씨의 친정아버지를 역적으로 몰고 현덕왕후를 서인으로 강등한다. 그것도 모자라 죄인을 왕릉에 모실 수 없다며 형의 무덤을 파헤쳐 형수의 관을 끄집어내기까지 한다. 그 관을 다시 땅에 묻지 않고 버렸는데, 바닷가에 버렸다고도 수풀에 버렸다고도 전해진다.

그런데 딱 21일 뒤, 세조의 아들인 의경세자가 병에 걸린다. 세조는 궐 안에서 세자의 회복을 기원하는 불교 의식을 밤새 벌이고 치료에 온갖 정성을 기울이는 한편, 출입증을 가지지 않은 사람은 궁궐에 드나들지 못하게 하는 등 극도로 신경질적이 되었다. 하지만 세자의 병은 낫질 않다가 9월 2일, 20세의 나이로 세상을 떠난다.

그러자 세조는 다급히 명나라에 사신을 보내 자신의 둘째 아들을 세자로 봉해 달라고 요청했고, 동시에 단종을 죽이게 했다. 세조는 후궁이 거의 없었기 때문에 자식이래봐야 정희왕후 사이에서 아들 둘에 딸 하나가 전부였고, 둘째 아들인 해양대군(훗날의 예종)은 아홉 살에 불과했다. 세자가 죽자마자 단종을 복위하고자 하는 움직임이 계속되었기 때문에 그렇잖아도 정당하지 못한 방법으로 왕이 된 세조에게 세자의 죽음은 자기 발밑을 불안하게 하는 사건이었다. 그래서 가장 큰 불안 요소인 단종을 제거하기로 한 것이다.

의경세자가 죽고 나서 한 달 뒤인 10월 21일, 단종은 자살을 가장한 타살을 당했으며 아무렇게나 버려진 시체가 엄흥도에게 간신히 수습되었다는 것은 이후의 『실록』이 증명하고 있다. 문종의 사위이자 단종의 매형이었던 정종이 역모죄로 능

지처참을 당한 것도 이때의 일이다.

그리하여 12월에는 새로운 세자가 봉해지고, 세조는 당대 최고의 권신이자 심복이었던 한명회의 딸을 세자빈으로 들인다. 세자빈은 곧 아이를 가졌지만 다음해인 1461년(세조 7)에 병에 걸렸고, 아들을 낳고 엿새 만에 세상을 떠난다.

며느리가 죽었을 때 세조는 짐짓 뒷골이 서늘했을 것이다. 현덕왕후가 단종을 낳고 사흘 만에 죽었던 것처럼 자신의 손자도 그렇게 되었으니 말이다. 어쩌면 자기 자식들도 단종처럼 누군가에게 죽임당할 수 있다는 생각도 들었을 것이다. 그로부터 3년 뒤에는 원손이 병에 걸려 세상을 떠난다. 원손에게 이분李糞, 즉 일부러 똥이라는 이름을 붙여 병치레 없이 자라길 바랐건만 아무 소용없었다. 이쯤 되면 세조를 포함한 당대의 사람들이 왕가의 자손들이 차례로 죽어 나가는 것이 현덕왕후의 저주 때문이라 생각하는 것도 이상하지 않다.

뿐인가? 세조의 뒤를 이은 예종은 고작 1년 만에 갑자기 세상을 떠났다. 공교롭게도 먼저 간 형과 같은 나이인 스무 살 때였다. 예종의 아들이자 원자인 제안대군은 너무 어리기도 했거니와, 한명회의 세력을 등에 업고 의경세자의 둘째 아들 자을산군이 성종으로 즉위한다.

세조는 '상서로운 징조' 등 미신적 관습과 불교에 심취했던 것으로 알려져 있다. 인과응보는 불교의 중요한 가르침 중 하나다. 아들과 손자를 차례차례 자신보다 먼저 보내며 세조는 자신의 업보를 되새겼을까?

하나요 어느 수험생

잠?
세 시간 이상 잔 적 없어ㅋ

이름	장손이
신분	양인

끼니도 두유로 때웠어.
밥 먹는 시간도 아까워서.

1485년 과거시험 접수

친구도 건강도 잃었지.
그래도 괜찮았어.
나한텐 꿈이 있었으니까!

장손이	(귀가 보이는 사진) 1 2 클릭
문과	

과거시험 합격해서,
높은 관직에 올라서,

돈 왕창 벌고,
성공한 인생 살고 싶었어.

위의 내용으로 과거시험에 접수합니다.

나 진짜 자신 있었어!
노력도 했어!
그런데!

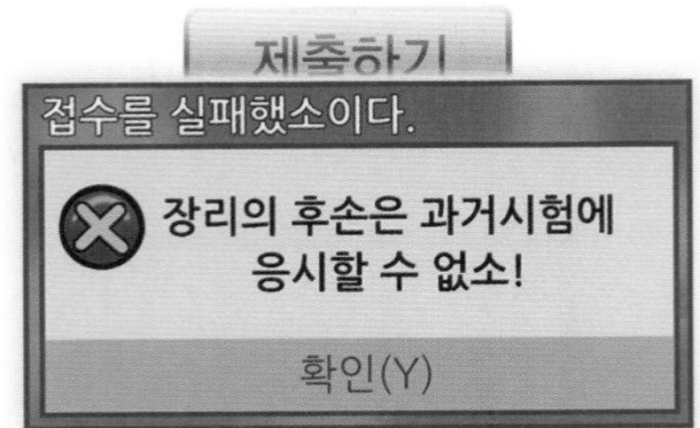

어?

둘이요 장리(贓吏)

나, 아빠
아빠
어구 우리 똑똑이 아들~><
시험접수 잘 했어?
우리 가문의 자랑~^^
헐 아빠 헐ㅠ
나 과거접수 못했어ㅠㅠㅠ
아빠
뭐???????????????????
그게 무슨 소리야
접수가 안된대 난ㅠㅠㅠ
막막 이상한 에러창 뜨면서
신청서 다 튕겼어ㅠㅠ
아빠
이 멍청아!
그렇다고 시험등록을 못해?
전산오류가 났을 땐
시험 주최측에 전화를 해야지!
너이제 꼼짝없이 재수생아냐!
어이구 가문의 망신일세-_-
했어! 전화ㅠ!
그랬더니 난
과거시험 대상자가 아니래ㅠ
아빠
뭔 소리야?
양인이면 다 볼 수 있는데
자세한 이유는 부모님한테
물어보래ㅠㅠㅠ
그래서 말인데 아빠

셋이요 장리의 후손

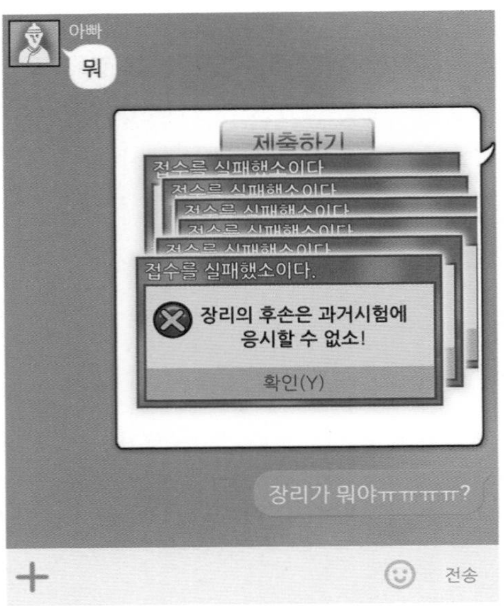

장리⁷ 贓吏 [발음 : 장니]

뽑

뇌물을 받거나 나라나 민간의 재산을
횡령한 벼슬아치를 이르던 말.

“뇌물을 받거나”

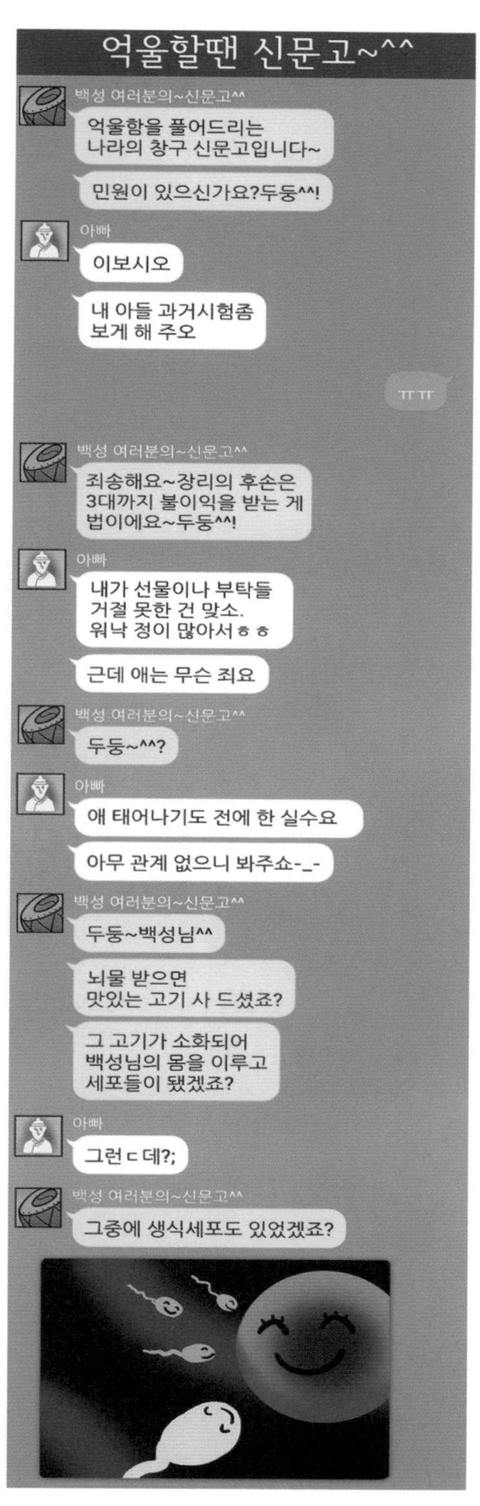
억울할땐 신문고~^^
백성 여러분의~신문고^^
억울함을 풀어드리는
나라의 창구 신문고입니다~
민원이 있으신가요?두둥^^!
아빠
이보시오
내 아들 과거시험좀
보게 해 주오
ㅠㅠ
백성 여러분의~신문고^^
죄송해요~장리의 후손은
3대까지 불이익을 받는 게
법이에요~두둥^^!
아빠
내가 선물이나 부탁들
거절 못한 건 맞소.
워낙 정이 많아서ㅎㅎ
근데 애는 무슨 죄요
백성 여러분의~신문고^^
두둥~^^?
아빠
애 태어나기도 전에 한 실수요
아무 관계 없으니 봐주쇼-_-
백성 여러분의~신문고^^
두둥~백성님^^
뇌물 받으면
맛있는 고기 사 드셨죠?
그 고기가 소화되어
백성님의 몸을 이루고
세포들이 됐겠죠?
아빠
그런ㄷ데?;
백성 여러분의~신문고^^
그중에 생식세포도 있었겠죠?

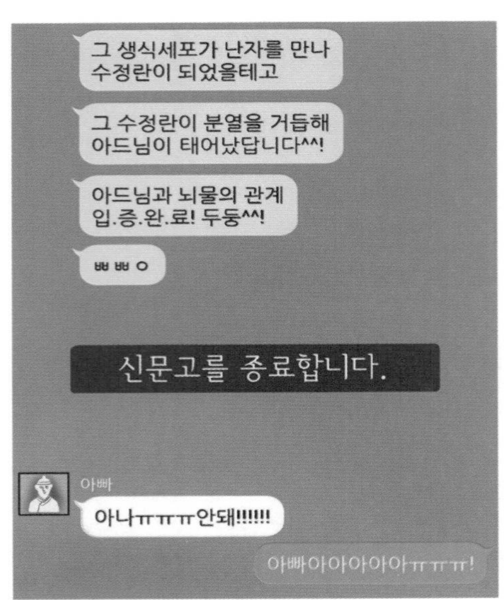

정사 正史

실록에 기록된 것

- 뇌물을 받은 자(장리)의 후손에게는 불이익을 준다. 장리의 아들은 소과(수능), 대과(국가고시)를 볼 수 없으며 장리의 손자는 의정부·육조·한성부·사헌부·사간원·개성부·승정원·장례원·경연·세자시강원·춘추관·관찰사·수령 등의 관직을 제수하지 않는다. (『경국대전』)
- 위의 청요직에 나아가야 고위관직에 오를 수 있는데, 연좌제로 그 출셋길을 막아버린 셈.

픽션

기록에 없는 것

- 왕에게 억울함을 호소할 때 쳤던 신문고는 '두둥~^^'거리지 않았다.

- 스물여덟 번째 이야기 -

뇌물 받으면 주옥되는 거여요

조선 왕조뿐 아니라 어느 시대, 어느 나라에서나 뇌물을 받는 것은 엄격한 처벌을 받는 중대범죄였다. 그래도 여전히 뇌물을 받는 사람은 끊이지 않으니, 사람은 정말로 유혹에 약한 존재인 것 같다. 예나 지금이나 뇌물을 받고도 발각되지 않아 흥청망청 행복하게 사는 사람이 있는가 하면 크게 망신을 당하고 신세 망치는 사람도 있었다.

태종, 세종 때 조말생이라는 사람이 있었다. 그는 태종 때 장원급제를 한 엘리트였고, 빠르게 승진을 할 만큼 능력도 뛰어났다. 국정 운영에 많은 경험이 있었기에 아버지의 뒤를 이은 세종도 중용했다. 그러다 보니 조말생은 자연스레 막강한 권한을 가지게 되었고, 자연스레 뇌물을 바쳐 좋은 자리 얻겠다는 사람들이 하나둘 꼬이기 시작했다. 그리고 조말생은 주는 뇌물을 거절하는 사람이 아니었다.

그때는 화폐가 없었으므로 뇌물은 엽전꾸러미 대신 육포였다. 그래도 뇌물은 뇌물. 결국 꼬리가 길면 밟힌다는 말 그대로 뇌물 받은 게 뽀록이 났다. 당시 조선에는 60관의 뇌물을 받으면 사형에 처한다는 법이 있었는데 조말생은 무려 그 10배를 받았다고 하니 죽고 죽어 열 번은 죽어야 할 정도였다.

신하들은 조말생을 처벌해야 한다고 들고 일어났다. 황희도 뇌물을 받았다는 말이 있을 정도로 부정부패는 공직생활의 일상다반사였지만 조말생은 해도 너무한 지경이었던 것이다. 당장 죽이라는 상소가 빗발쳤지만, 세종은 다르게 대처했다. 일단 뇌물을 준 사람들도 모두 처벌한 뒤, 조말생의 직첩을 거두고 충청도 회인으로 귀양을 보냈다. 물론 이 정도로 여론은 가라앉지 않았고, 반드시 처형해야 한다는 주장이 끊이지 않았지만 2년쯤 뒤에는 조말생을 귀양에서 풀어주고 심지어 다시 관직을 내려 서울로 돌아오게 만든다.

이렇게 되자 조말생은 자신은 뇌물을 받지 않았다며 억울하다는 글을 뻔뻔하게 올리기도 했지만 세종은 들어주지 않았다. 세종도 조말생이 좋아서 용서한 것은 아니었던 것 같다. 건국 초기, 나라를 움직일 인재가 절대로 부족했기에 죄보다는 실력이 아쉬웠던 것 아닐까.

세종의 진정한 처벌은 그 때부터 시작했다. 조말생은 다시 벼슬자리에 올랐지만…… 출세는 하지 못했다. 동기나 후배들이 하나둘 차례차례 정승이 되고 특히 황희는 18년 동안 영의정 자리를 차지했는데 조말생은 나이로나 실력으로나 충분한데도 늘 승진심사에서는 미끄러졌다. 기껏해야 지중추원사, 예문관 대제학같이 높기는 하지만 권력과는 거리가 있는 자리만 배정되었다.

그러는 사이 일흔이 되고 중풍까지 앓게 된 조말생은 은퇴를 요청했다. 하지만 세종은 그를 놓아주지 않았다. 조말생은 제발 사직 시켜달라고, 몸이 좋지 않다고 빌고 또 빌었지만 세종의 답은 단호박이었다.

"어차피 그대가 일하는 자리는 한가한 자리니까 병이 있더라도 치료할 수 있으니 혹시라도 사직할 생각은 마시오.^^"

그리하여 조말생은 1447년 78세로 죽을 때까지 조선 왕조를 위해 일해야 했다. 열 번 죽어야 할 목숨을 살려준 것이니 세종은 그야말로 '본전을 뽑을 때까지' 부려먹을 작정이었던 것 아닐까? 조말생도 지은 죄가 있어 늘 불안해했고 나중에는 노이로제라도 걸린 듯 안절부절못할 지경이었다 하니 이것이야말로 진정한 세종의 형벌이었는지도 모른다. 조선왕조실록

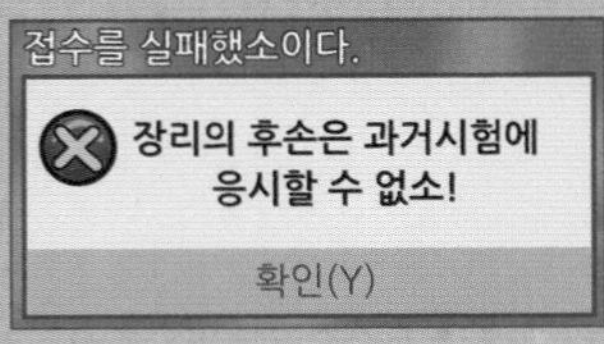

31 성종의 동물사랑

조선시대에,
이런 짤방을 보거든

망설임 없이 줍줍했을
어느 성군(聖君)이 있었다.

성종	새♥강아지♥고양이
간관	목에 칼이 들어와도 바른말을 하리라!

조선의 대법전
『경국대전』을 반포한 성종.

그러나 그는 특이하게도
낙타(!)를 사려고 한 적이 있다.

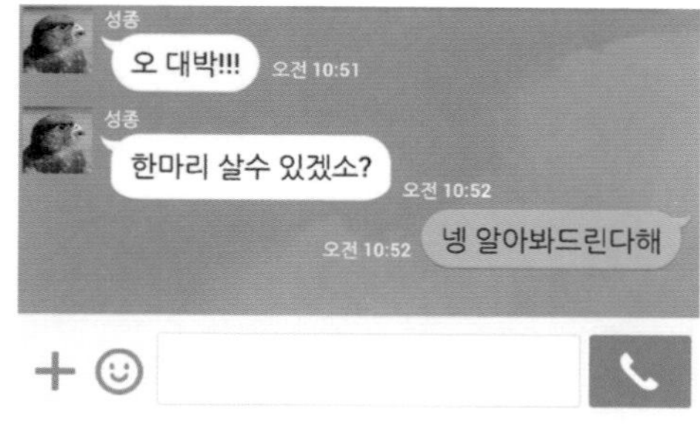
성종
오 대박!!!
오전 10:51
성종
한마리 살수 있겠소?
오전 10:52
오전 10:52
넹 알아봐드린다해

그러자 신료들이 화냈다.

간관
간관
낙타가 한마리에
자그마치 콩400석입니다
오전 11:18
간관
통촉
간관
저 씨알데없는 애완동물때문에
백성들의 곡식을 400석이나
쓰시다니요!!!!!!!!!!
오전 11:19
읽음
오전 11:21
아니 과인은
읽음
오전 11:21
중국에서 군용으로 쓴대서
쓸만한가 테스트하려고...
간관
당장 무르십시오!!!!!!!!!!
오전 11:21
간관
당장!!!!!!!!1!1!!!1!!!!!
오전 11:22
오전 11:22
알았네! 알았어 무름세
오전 11:24
뭐 과인은 애당초
동물 별로 안 좋아하니까
오전 11:24
......

결국 성종은 낙타를 갖지 못했다.

둘이요 원숭이

숨은 인재를 발굴하고
사림을 등용한 성종.

그러나 그는 원숭이 때문에(!!)
신료들에게 쓴소리를 들었다.

그러자 신료들이 눈치 줬다.

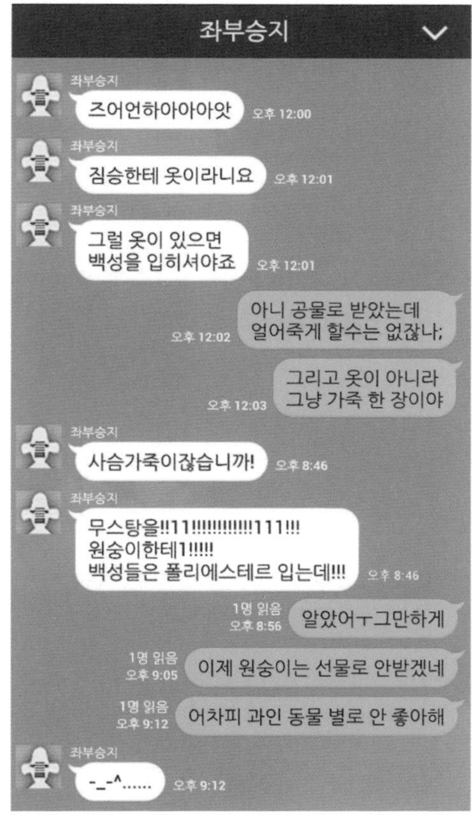

그러나 이후 외국에서
또 원숭이를 공물로 바치자,

사양하다가 살짝 받았다.

신하들의 쓴소리에도 귀기울이고
취미생활마저 삼간 성종.

그러나 단 하나,
포기 못 한 꿀재미가 있었다.

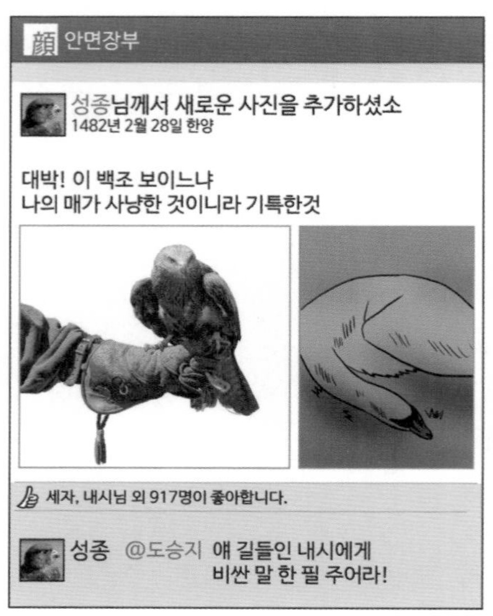

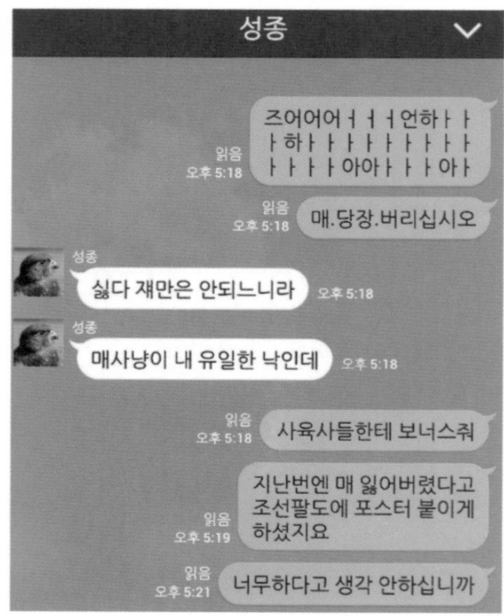

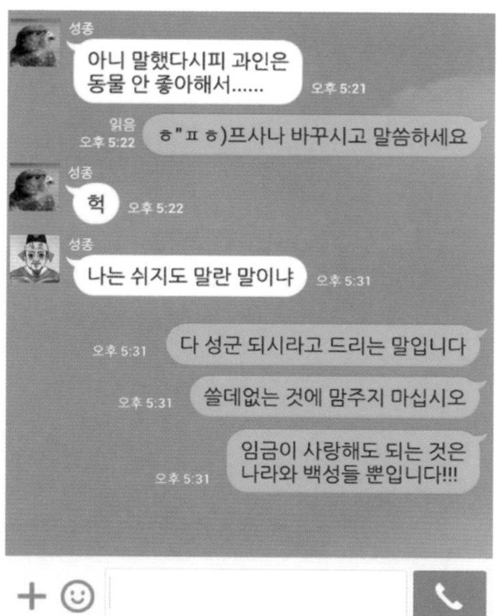

성종은 정말 매만큼은
포기하기 싫었지만,

나라에 가뭄이 드는 바람에
'내가 부덕해서 하늘이 노했나?' 싶어
매들을 전부 놓아주었다.

요즘은 쓸쓸한 마음을
그림을 그리며 달래고 있ㄷ

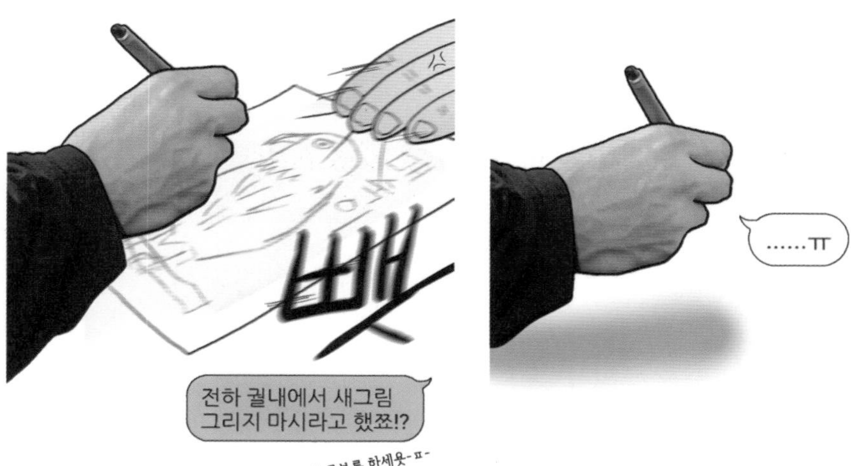

어진 임금의 길은 멀고도 험했다.

실록에 기록된 것

정사 正史

- 성종의 워너비는 세종대왕, 어려서부터 공부 열심히 하다.
- 성종, 낙타를 사려다 간관이 반대해 그만두다.
- 성종, 원숭이에게 사슴가죽 줬다가 한소리 듣다.
- 성종, 기르던 매가 사냥해 오자 승정원에 자랑하다. 키운 자에게 말 한 필(중형차급)을 내렸다가 간관에게 혼나다.
- 성종, 새를 산 채로 잡아 화원에게 데생시키고 그거 구경하다 간관들에게 궐내 그림 금지당하다.
- 성종이 키운 동물 : 꽃사슴, 흰사슴, 노루, 개, 매, 원숭이……
- 그러나 말끝마다 "내가 동물은 안 좋아하지만" 붙이다.

기록과 다른 것

픽션

- 진짜 다 저랬다.

후일담 아빠와 아들

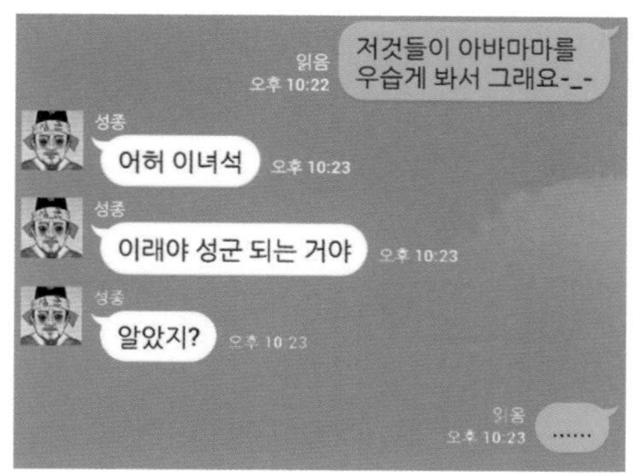

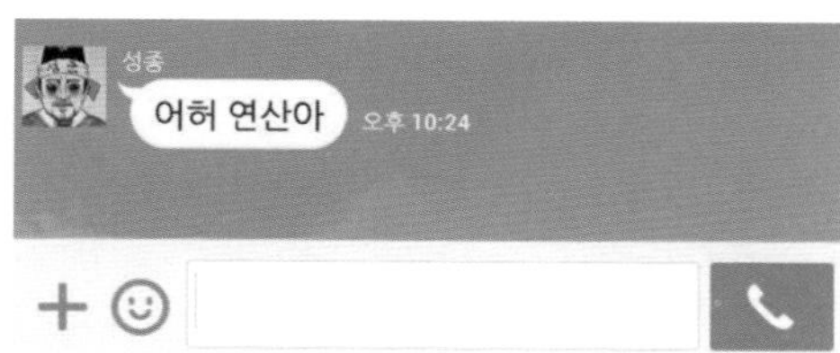

성종의 아들이 바로
조선 최악의 취미활동 킹

연산군이다.

야임마

모범생 임금 다음에
폭풍폭군을 모시게 된
간관들의 운명은

투비 컨티뉴

※연산군도 폐위되고 나서야 연산군으로 불렸습니다.

- 스물아홉 번째 이야기 -

성종은 왜 신하들의 잔소리에 꽉 잡혀 살았을까?

성종은 조선 왕조를 통틀어 성군 탑 3에 들 정도로 훌륭한 군주였지만 강박증의 군주이기도 했다. 그도 그럴 것이 성종의 왕위 정통성은 몹시도 약했다. 세조에게는 두 아들이 있었는데 맏아들인 의경세자는 일찍 죽었고, 둘째 아들이 예종으로 즉위했지만 그나마도 1년 2개월 만에 죽고 말았다. 열네 살로 즉위한 성종은 의경세자의 둘째 아들, 즉 세조의 둘째 손자였다. 위로는 형 월산대군이, 아래로는 사촌동생 제안대군(예종의 아들)도 있었다. 한마디로 성종이 한 끗만 잘못해도 "쟤 말고 다른 애를 왕 시킬걸"이라는 말이 나왔을 것이란 얘기다.

또 하나의 문제는 성종이 세조의 손자라는 것이었다. 나라를 위해서라는 명분을 들이댔지만 세조가 무력을 이용해 적통인 조카에게서 왕위를 빼앗았다는 것은 틀림없는 사실이었고, 사람들은 억울하게 죽임당한 단종을 안타깝게 여겼다. 그래서 성종은 성군이 되려고 정말로 열심히 노력했다. 공부도 열심히 하고, 신하들의 불평불만을 다 들어주었으며, 자기를 폭군이라 욕해도 좋으니 간언을 해달라고 요청했다. 그래야 자기가 형과 사촌동생보다 낫다는 것을 증명하고 할아버지의 오명도 씻을 수 있을 테니까. 그리하여 성종은 왕위에 올라 있는 내내 신하들 앞에서 기를 못 펴게 되었다.

게다가 이때는 김종직을 시작으로 사림파가 정계에 발을 들이밀기 시작할 때였다. 사림 세력의 모토는 의리와 절개. "목에 칼이 들어와도 바른 말을 해야 한다!"고 외치던 고려 꼰대들의 정치적 후손이었다. 이런 사림들이 보기에 진짜 왕은 억울하게 죽었으며 지금 왕위에 앉은 왕은 가짜였고, 조정 관리들이란 절개를 버리고 사리사욕을 위해 가짜 왕을 모시는 나쁜 놈들일 뿐이었다. 당연히 사림은 성종에게 공격적으로 달려들었고 이들은 성종에게 잔소리를 퍼붓는 간관이 되었다.

직언을 하는 것은 좋다. 하지만 간관들은 점점 고삐 풀린 송아지처럼 날뛰기 시작했다. 처음에는 왕의 잘못된 점을 찾아내는 건강한 비판을 했다면, 나중에는 까기 위해 깔 것을 만들어내어 '숨만 쉬어도 까는' 판국이 되어버리고 만다. 임금은 놀지도 쉬지도 말고 취미생활도 해서는 안 되며, 신하 중 누구는 무식해서 일을 맡겨서는 안 되고 누구는 여자 같으니 중용해서는 안 된다는 근거 없는 트집을 잡아 대는 것도 모자라 같은 간관 중에서도 자신들과 같이 험담을 하지 않는 사람을 구박했다. 그래 놓고선 자신들은 절개 높은 선비라며 콧대를 높였으니 정국이 흐려지고 왕은 스트레스가 콱콱 쌓일 수밖에.

태종이라면 떽, 하고 이런 날뛰는 간관들을 견제했을 텐데 성종은 그러지 못했다. 사림의 당수인 김종직이 성종에게 "성삼문은 충신입니다"라고 말했을 때도 성종은 얼굴만 새파래질 뿐 한마디도 못했다. 성삼문이 누군가? 단종을 복위시키려다가 처참하게 처형당한 사육신 중 한 사람이고 사육신을 죽인 것이 세조이다. 즉 사육신이 충신이라는 말은 세조를 비난하는 것이니 성종 자신의 왕위 정통성을 비웃는 말이기도 했다. 그런데도 성종은 아무 말도 못했다. 왜? 정통성을 인정받기 위해서 자신은 성군이 되어야 한다는 압박감 때문이었다.

결과적으로 그것이 성종의 명줄을 줄이는 결과를 가져왔다. 사람은 매일 공부만 하고 일만 하며 살 수는 없다. 사람이란 적당히 놀고 쉬며 풀어진 곳도 있어야 했는데 한순간도 긴장을 풀지 못하며 살았던 성종은 창창한 나이 36세에 세상을 뜨고, 그렇게 아버지가 들들 볶이면서도 입 뻥긋 못하는 걸 보며 자란 연산군이 왕위에 오르게 된다. 이후 사태는 익히 알려진 대로 굴러간다. 감히 왕에게 기어오른다며 간관들을 죽이고 쫓아내니 이것이 무오사화였고, 연산군은 폭군의 테크트리를 밟았고 수십 년간 조선 정치는 혼돈의 카오스로 빠져든다.

세조의 권력욕이 성종의 강박관념을 만들고, 성종의 강박관념이 결국 연산군 대에 터졌다고 봐야 하지 않을까? 훗날 벌어진 예송논쟁 역시 비슷한 일인데, 이 이야기는 다음 기회에. 성종 이야기의 교훈은 사람은 일만 하지 말고 적당히 놀아줘야 한다는 것. 공부도 좋고 일도 좋지만 휴식과 놀이, 취미생활 꼭 챙기시길.

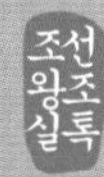

32 오냐오냐

시강원:세자의 교육을 맡은 기관

하나요 우쭈쭈쭈

나는 9대 임금 성종.
과인은 16년 전, 스무 살에
소중한 세자를 얻었다.

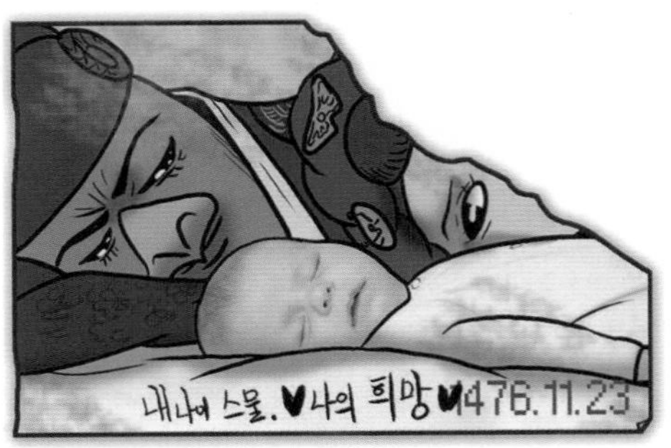

녀석? 지금은 다 컸지.
하지만 아빠에게 자식이란,

평생 꼬맹이일 뿐^^

성종, ♥나의 희망♥
♥나의희망♥
아바마마
성종
응 아들 웬일이야
지금 수업시간 아니니?
♥나의희망♥
저 열ㄹ나요
머리도 아푸—고요
막 토할 것 같아요ㅠ
아이구
더위 먹었구나 너;!
♥나의희망♥
ㅠㅠㅠ
요즘 덥다덥다 했더니ㅉㅉ
너 허약해서 큰일났다 에휴
선생님한테 말씀드리고
방에 가서 쉬어라ㅇㅇ
♥나의희망♥
네ㅠㅠ
선생님이 안된대요
진도 너무 느리대요
아파요
낑
아 진짜 어지러운데ㅠㅠ
허 나 참;
애 잡을 일 있나
너 그냥 나와

♥나의희망♥
안돼요ㅠ혼나요

혼나긴 왜 혼나?

어명이라 그래-_-!

♥나의희망♥
헐
네...... ㅎ

전송

둘이요 바짓바람

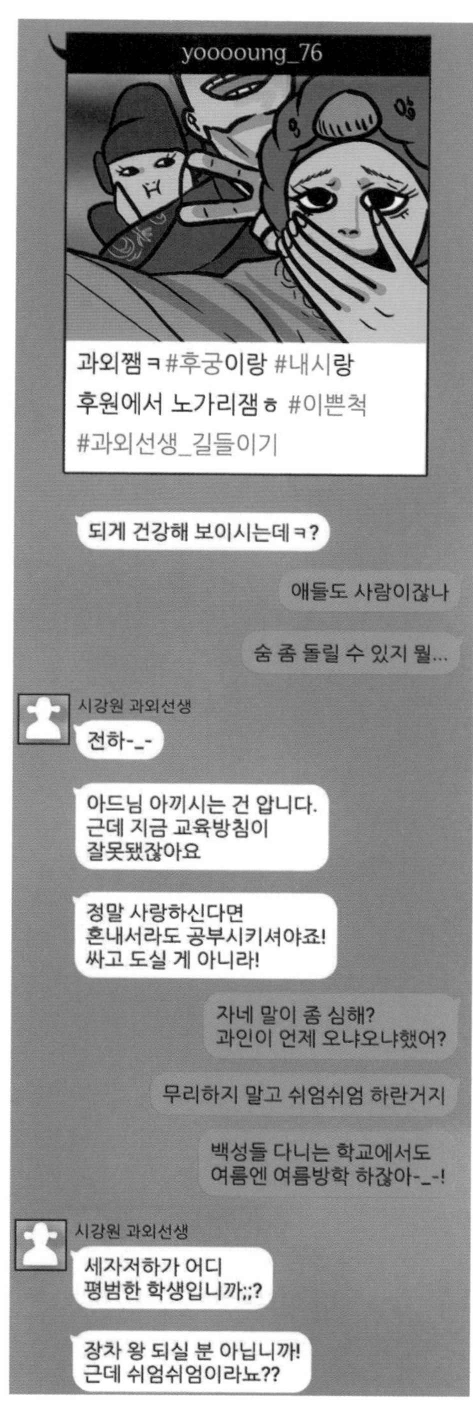
yooooung_76
과외쨈ㅋ #후궁이랑 #내시랑
후원에서 노가리잼ㅎ #이쁜척
#과외선생_길들이기
되게 건강해 보이시는데ㅋ?
애들도 사람이잖나
숨 좀 돌릴 수 있지 뭘...
시강원 과외선생
전하-_-
아드님 아끼시는 건 압니다.
근데 지금 교육방침이
잘못됐잖아요
정말 사랑하신다면
혼내서라도 공부시키셔야죠!
싸고 도실 게 아니라!
자네 말이 좀 심해?
과인이 언제 오냐오냐했어?
무리하지 말고 쉬엄쉬엄 하란거지
백성들 다니는 학교에서도
여름엔 여름방학 하잖아-_-!
시강원 과외선생
세자저하가 어디
평범한 학생입니까;;?
장차 왕 되실 분 아닙니까!
근데 쉬엄쉬엄이라뇨??

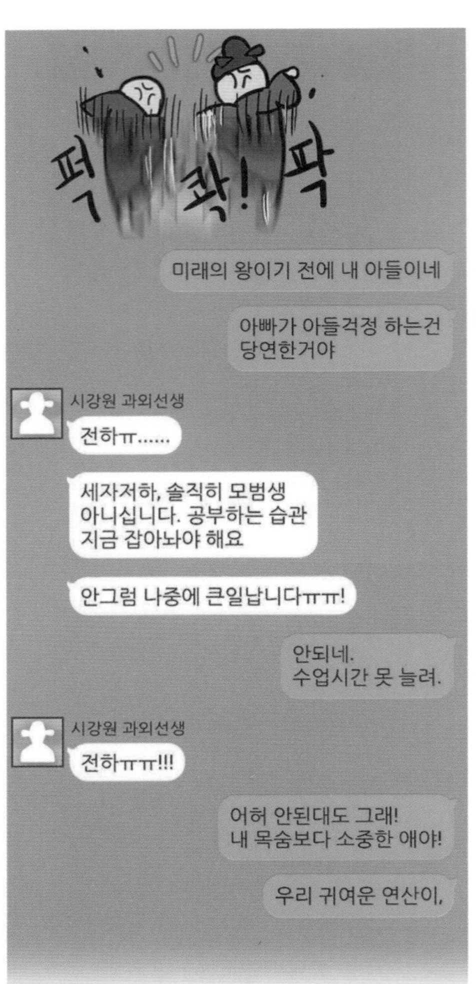

공부하다 쓰러지면
책임질텐가!

하지만 나 성종, 우리 연산이가
스무 살이 되기도 전에
병으로 몸져눕고 말았다.

아무래도…
못 일어나지 싶다.

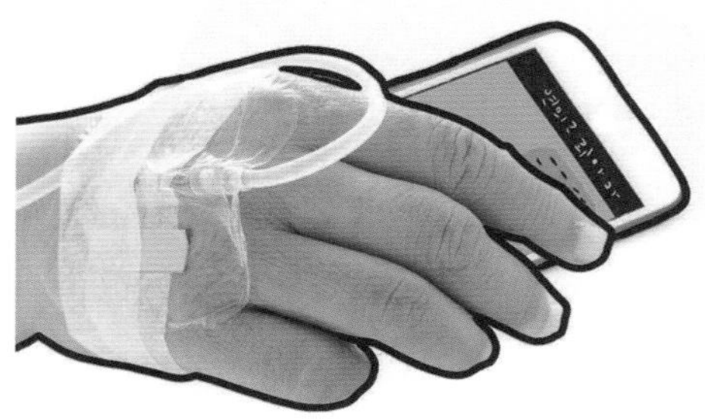

안 되는데.

우리 예쁜 아들,
왕위에 올라 성군이 되는 걸
볼 때까진

안 되는데…

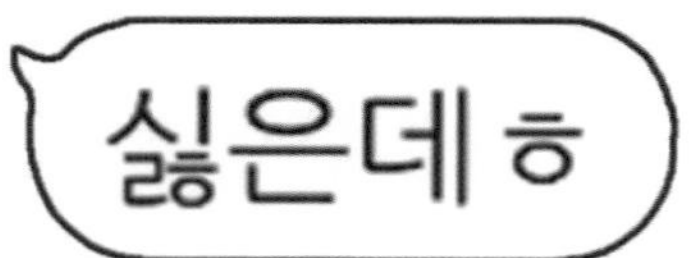

성종의 세자 융,
아버지의 제사를 마치기도 전에 나와버리다.
우의정과 좌의정, 애써 말리다.

10대 왕 연산군으로 즉위하다.

정사 正史

실록에 기록된 것

- 성종, 연산군이 더위에 지칠 것을 걱정해 주강(낮공부), 석강(저녁공부)을 폐하다.
- 연산군의 교사들, "머리는 좋으시나 진도가 늦고, 공부를 하다 말다하며, 수업을 마치면 환관이나 궁첩들과 어울리니 공부 시간을 늘리자" 청하다. 성종, 반대하며 "(세자는) 본래 허약하고 더위를 먹었다. 종친들도 여름에는 방학을 하지 않나?"
  관료들, "세자를 전하 몸보다 아끼시는 거 알지만, 세자가 종친따위랑 같냐" 반항하다.
- 성종, "아들 몸 걱정 하는 건 누구나 똑같다"고 응수하다.
- 성종, 정승들에게 세자를 도우라 유언 남기다.
- 연산군, 성종 장례식중에 나오다. 좌의정이 "임금의 일은 일반 사람과 다르다" 하니 도로 들어가다.

픽션

기록과 다른 것

- 성종은 연산을 연산이라 부르지 않았다. '연산군'은 폐위되고 붙은 호칭.

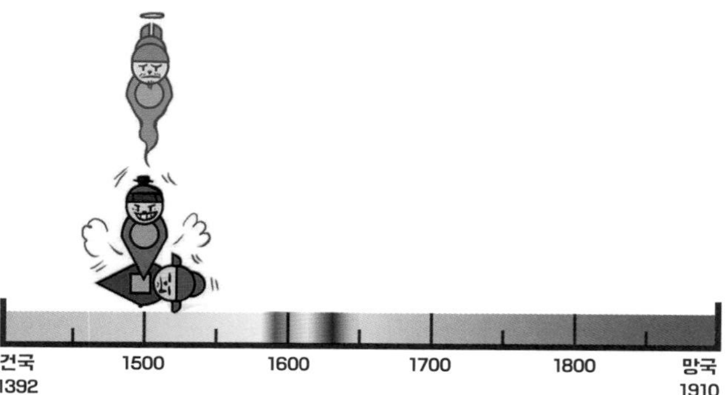

- 서른 번째 이야기 -

도련님 장군 남이

보통 '남이' 하면 간신 유자광의 모함으로 억울하게 누명을 쓰고 죽임당한 젊은 장군이라고 알려져 있다. 원래 남이는 조선의 개국공신인 남재의 현손이자 세종의 누이인 정선공주의 손자로, 왕실의 혈통까지 이어받은 당당한 명문가의 후손이었다.

남이가 크게 출세한 것은 세조 때이다. 세조가 계유정난 및 사육신 사건 등등으로 조선의 지도층을 결딴내는 바람에 일손이 많이 부족해진 데다가, 타인을 믿지 못하는 세조의 성격 탓에 젊은 왕족들이 높은 자리에 턱턱 낙하산으로 가는 일이 다반사였다. 그 대표적인 두 사람이 임영대군의 아들 구성군 이준, 다른 하나가 남이였다. 젊디젊은 20대 청년 둘은 여진족과 이시애의 난 등을 성공적으로 무찔렀으며, 그 공으로 각각 영의정, 병조판서를 맡았다. 그렇지만 하늘은 두 가지를 한꺼번에 주지 않는 법. 비록 공을 세우긴 했지만, 남이의 성품은 그리 좋질 않았다.

남이의 어머니는 현감 홍여공의 딸로서 아들에 대한 애정이 대단했다. 그녀는 남이가 아무 곳에나 활과 칼을 들고 가 사람들이 놀라도 "우리 아들은 어릴 때부터 무기를 놓지 않고 지냈다"며 아들을 두둔했고, 아들의 이혼까지 종용했다. 남이는 아내가 투기하고 효심이 없어서 이혼하겠다고 둘러댔지만 사실은 그의 어머니가 며느리를 질투해서 심술을 부린 탓이라고 소문이 자자했다. 이 질투심은 남녀를 가리지 않았으니 친구들과의 술자리에 쳐들어와 남이를 데려가는 일도 있었다고 한다. 남이의 어머니는 세조가 죽은 지 일주일 만에 남이에게 먹이기 위해 소고기 수십 근을 몰래 장만하기까지 했다. 원래 왕이 죽은 뒤 국상國喪 기간 동안에는 고기를 먹으면 안 되는 국법도 있었건만, 그녀에게는 법보다 아들이 더 소중했던 모양이다.

그렇지 않아도 금수저를 물고 태어난 데다 지나치게 아들을 받드는 어머니의 영향까지 받아서일까? 남이는 결국 제 잘난 맛에 사는 안하무인형 인간이 되고 만다. 『세조실록』에 따르면 남이는 스스로 대장이라며 무사들을 깔보았다고 한다. 하지만 그런 것치곤 본인의 무술 실력은 신통치 않은 편이라 구경한 세조가 웃음을 터뜨린 적도 있었다.

1468년(세조 14), 남이가 무과 시험을 보겠다며 세조의 허락을 받았다. 목표는 장원 급제. 하지만 이미 남이는 무과를 두 번이나 합격한 이후였다. 그래서 세조는 "너는 이미 재주가 뛰어난데 괜히 장원을 못하면 기분만 상하니 시험에 나가지 마라"라고 만류했다. 그러자 남이는 알았다고 대답은 했으나, 다른 사람들에게 "임금님께서 내 이름이 천하에 드날렸으니 시험에 나갈 필요가 없다고 하셨다"며 뻥튀기를 해댔다.

같은 해 5월 1일, 남이는 정말 사고를 치고 만다. 그날 세조는 정자에 나가 신하들과 활을 쏘고 술을 마시며 놀았는데, 이 때 술에 취한 남이는 세조에게 대들었다.

"임금님께서 구성군 이준만 총애하시니 잘못된 겁니다!"

세조는 크게 화를 내고 남이를 의금부에 넣었다. 나중에 풀려난 남이는 "난 옳은 말을 했고 잘못한 것이 없다!"고 주장하며 다녔다고 한다.

훗날 세조가 죽고 예종이 즉위하며 남이는 힘을 잃게 되고, 마침내 만만하게 봤던 유자광에게 뒤통수를 맞고 역모죄인으로 붙잡혀 죽게 된다. 남이가 정말 역모를 꾀했는지는 알 수 없지만, 그의 자뻑과 영웅 심리가 여러 사람의 속을 긁었을 것임은 쉽게 짐작할 수 있다. 어릴 때부터 모든 것을 자기 위주로 생각하고 자기 잘난 맛에 살도록 코딩되어 버린 남이는 결국 난세에 살아남을 그릇은 되지 못했다. 남이는 죽는 순간까지도 "영웅의 재주를 잘못 썼구나!"라며 자화자찬으로 한탄을 했다 한다. 이때 그의 나이 26세. 마지막까지 후회라는 걸 몰랐고, 어쩌면 그걸 배우기엔 너무도 짧은 인생이었다. 조선왕조실록

33 장녹수 언니의 치명적인 매력

크리스마스 다음 날,
큰누나(21세, 대학생)가
상태 메시지를 눈물셀카로 바꿨다.

이 여자 왜 이래?

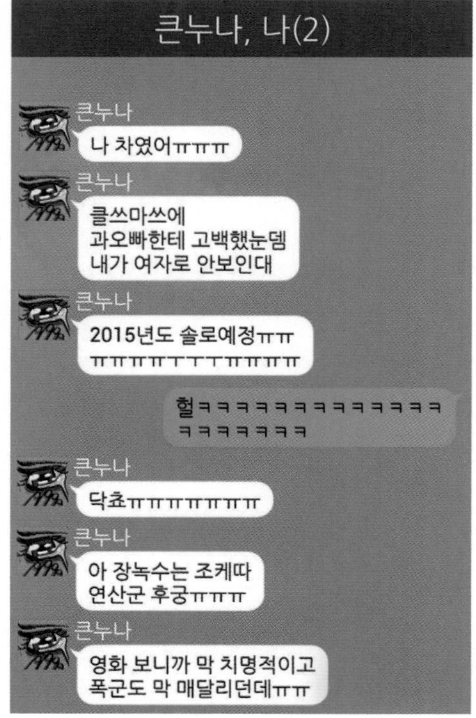

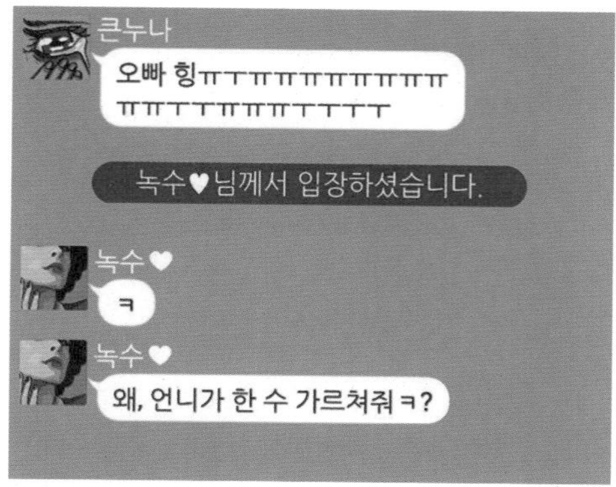

때는 500여 년 전...

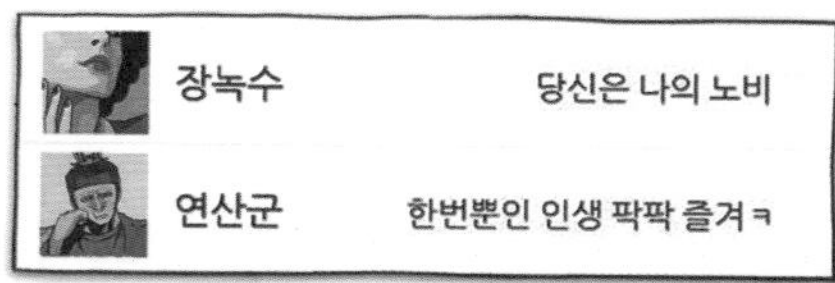

하나요 반말하기

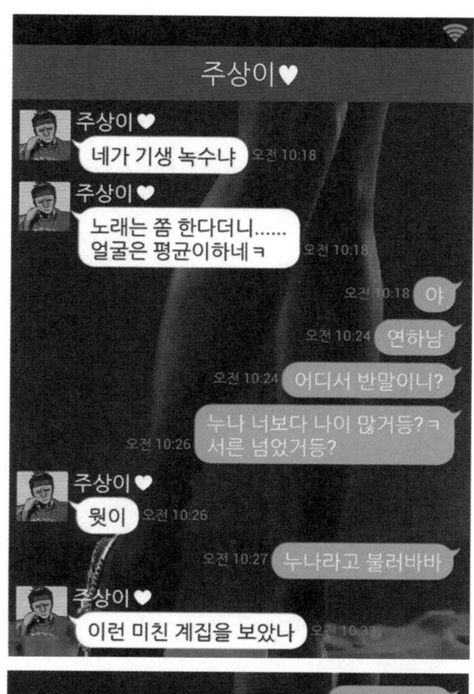

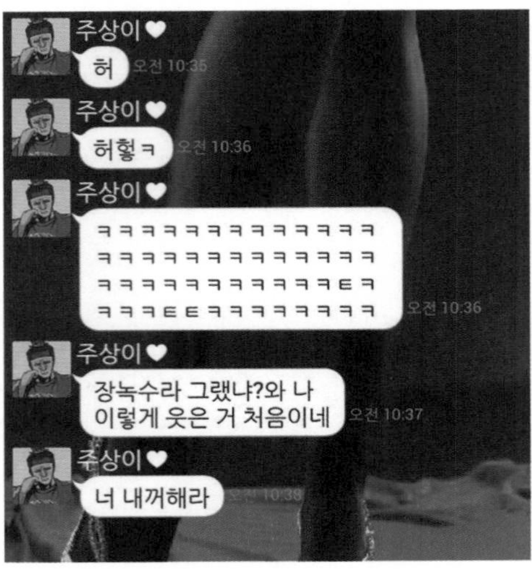

이제 연산군은 나의 노예♥

둘이요 어린아이 취급하기

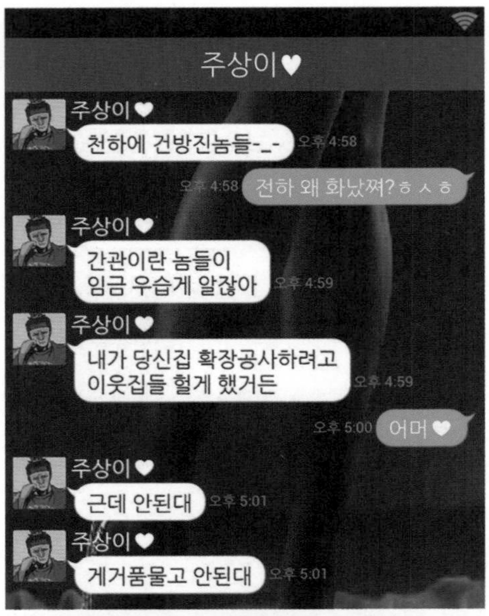

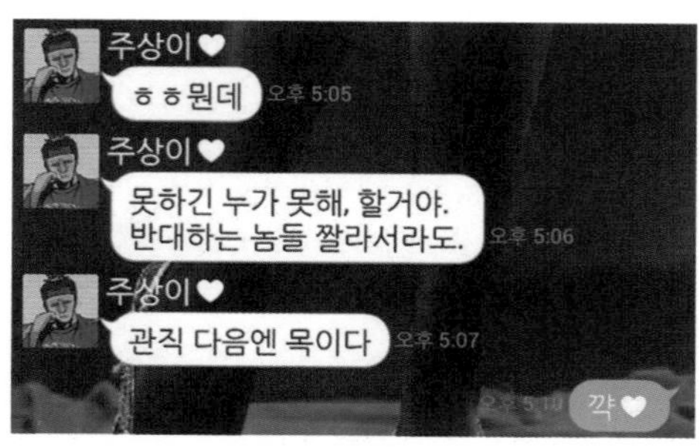

이제 연산군은 나의 노예♥
흔들리는 종묘사직은 보너스><♥

그리고 이렇게 반전매력을 뽐낸 뒤엔
정석대로,

넘치는 ♥애교로
파이널어택!

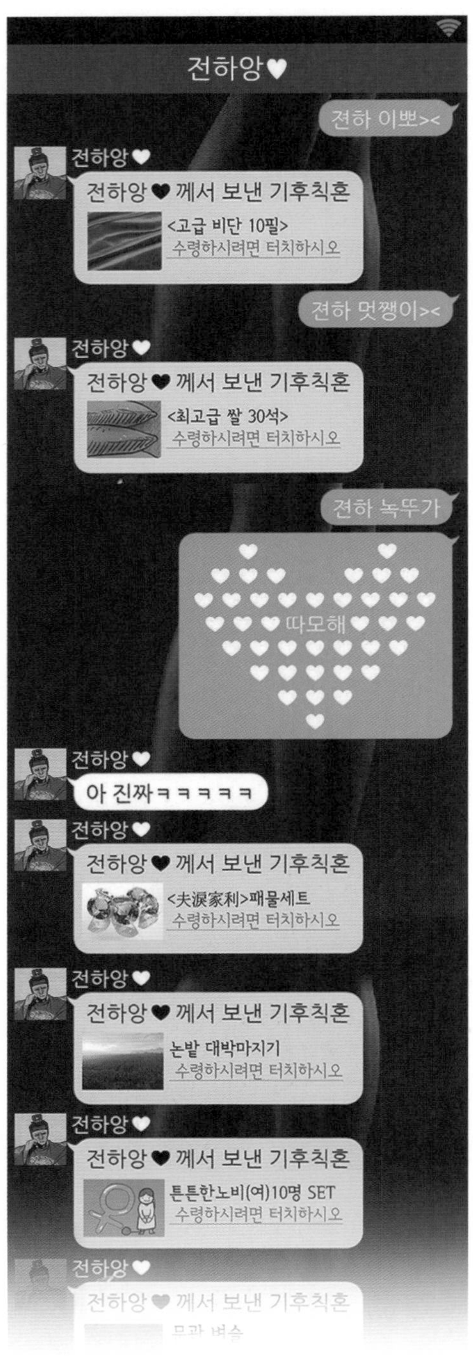
전하앙♥
젼하 이뽀><
전하앙♥
전하앙♥ 께서 보낸 기후칙혼
<고급 비단 10필>
수령하시려면 터치하시오
젼하 멋쨍이><
전하앙♥
전하앙♥ 께서 보낸 기후칙혼
<최고급 쌀 30석>
수령하시려면 터치하시오
젼하 녹뚜가
따모해
전하앙♥
아 진짜ㅋㅋㅋㅋㅋ
전하앙♥
전하앙♥ 께서 보낸 기후칙혼
<夫淚家利>패물세트
수령하시려면 터치하시오
전하앙♥
전하앙♥ 께서 보낸 기후칙혼
논밭 대박마지기
수령하시려면 터치하시오
전하앙♥
전하앙♥ 께서 보낸 기후칙혼
튼튼한노비(여)10명 SET
수령하시려면 터치하시오
전하앙♥
전하앙♥ 께서 보낸 기후칙혼

"그다음은 뭐예요??"

뭐긴,

'중종반정'이 일어나
연산군은 쫓겨나고
나는 성난 군중 손에 사형당하며

♥ 마.무.리 ♥

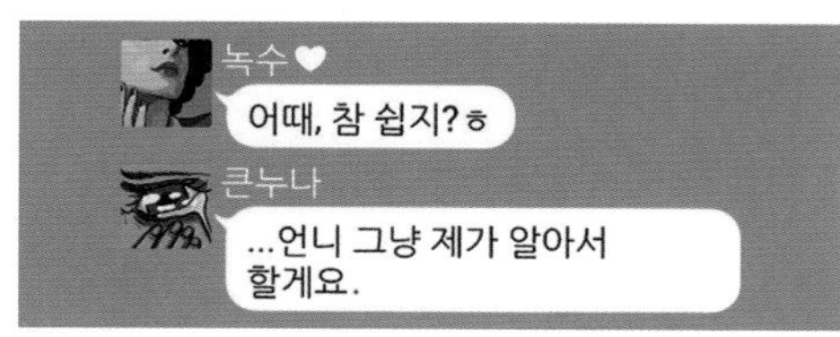

실록에 기록된 것 정사 正史

- 장녹수는 결혼을 여러 번 한 유부녀(!)였다. 본디 노비로, 노래를 잘해 궁에 들어오게 됐다.
- 장녹수, 연산군에게 반말하다.
- 장녹수, 연산군을 아이처럼 조롱하다.
- 장녹수, 연산군을 노예 대하듯 욕하다.
- 연산군, 장녹수 욕을 한 간관들을 몽땅 자르다.
- 연산군, 장녹수에게 온갖 것을 다 퍼주다.
- 장녹수, 중종반정 때 처형당하다.

기록과 다른 것 픽션

- 모가지는 택배로 부칠 수 없다.

- 서른한 번째 이야기 -

연산군의 마더 콤플렉스?

소설, 드라마, 영화 등 연산군을 주제로 만들어진 각종 이야기들은 그의 어머니의 비극적인 죽음이 그에게 큰 영향을 끼쳤다는 전제를 훌륭한 소재로 써먹는다. 피도 눈물도 없는 잔인한 폭군이 실은 어린 시절의 상처를 마음속 깊은 곳에 감추고 있다……. 굉장히 흥미진진한 이야기이긴 하지만, 실제 연산군이란 사람의 사정을 차근차근 뒤져보면 정말 그랬을까? 하는 회의가 물씬 밀려오게 된다.

연산군의 어머니 윤씨는 연산군이 태어난 지 4개월 만에 폐비 논란에 휩싸인다. 중전을 폐하자는 논란이 들끓는 궁궐 분위기는 좋지 않았을 테고, 그래서인지 갓 돌이 지난 원자 연산군은 신하 강희맹의 집에서 자라게 된다. 조선 초기에는 왕의 아들이 남의 집에서 자라는 경우가 꽤 흔했기에 특별한 일은 아니었다. 양녕대군이나 효령대군 등도 이렇게 다른 집에 위탁되어 자랐다.

윤씨는 그로부터 2년 뒤에 폐비되었고, 또 4년 뒤에는 사약을 받았다. 윤씨가 죽자마자 연산군은 다시 궁으로 돌아와 세자가 되었다. 후환을 없애자마자 연산군을 세자로 책봉한 셈이다. 결국 연산군이 어머니와 같이 지낸 시간은 거의 없다고 봐도 과언이 아니다. 가엾다는 생각이 들지도 모르겠지만 왕족쯤 되면 어차피 친어머니가 직접 아이를 돌보는 경우는 거의 없었다. 다른 사람이 젖을 먹이고 돌보니 그 역할을 했던 사람들이 유모다. 낳은 친엄마보다 기르는 유모가 지금 우리가 생각하는 '엄마'의 역할을 했던 것이다.

이런 유모들의 신분은 대부분 노비였다. 자신의 유모를 아꼈던 성종은 천민 양부모라도 부모라며 죽은 뒤 상복을 입는 것이 어떠냐는 말을 꺼낼 정도였다. 연산군도 크게 다르지 않아서 즉위하자마자 노비였던 유모의 신분을 양인으로 풀어주는 한편, 많은 선물을 내려주고 그의 친척들까지 40여 명의 신분을 한꺼번에 세탁해주었다. 신하들은 "너무 과한 것 아니냐", "준 것 다시 토해내게 해라"라며 항의했지만 연산군의 효심(?)은 변하지 않았다. 유모가 세상을 떠나자 무려 3일 동안 조회를 하지 않았고, 3년 동안 녹을 챙겨주라고 했을 정도로 성심을 다해 애도했다.

그럼 친엄마 윤씨는? 『연산군일기』에 따르면 윤씨의 기일에 연산군이 홀딱 벗고 궁녀들이랑 신나게 어른의 놀이를 즐겼다고 한다. 후세 사람들이 연산군을 까기 위해 지어낸 말 아니냐고 의문을 가질 수도 있겠지만 본인이 직접 "아, 3년상 치렀으면 됐잖아? 엄마 제사 더 치를 거 없어"라는 전교를 내린 기록도 남아 있으니 이는 빼도 박도 못하는 사실이다.

또 연산군에게는 태어나서 얼굴도 거의 보지 못한 엄마보다 더 많은 영향력을 끼친 사람이 있었다. 바로 아빠, 성종이다. 연산군이 걸어간 길은 아버지와 정반대의 길이었다. 누구의 눈치도 보지 않고 자신의 마음대로 나라를 쥐고 흔드는 절대왕권 구축. 그러기 위해서 그는 친엄마의 죽음을 이용해서 신하들의 목을 쳐대는 폭군이었다. 그리하여 연산군의 말년에 신하들은 앵무새처럼 "성상의 말씀이 지당하십니다"라는 말만 할 만큼 공포 정치의 시대였다.

연산군은 그처럼 모든 사람이 무서워하는 자신을 무서워하지 않았다는 점에서 장녹수에게 매력을 느꼈던 것이 아닐까? "내 뺨을 때린 여자는 네가 처음이야" 같은 심리로 말이다. 기록만으로 사람의 보이지 않는 속내를 알 수는 없다. 그러나 기록으로 본다면 연산군은 싸가지는 없지만 마음에 상처가 있는 인물이 아니라, 그냥 싸가지가 없었을 뿐이다. 조선왕조실톡

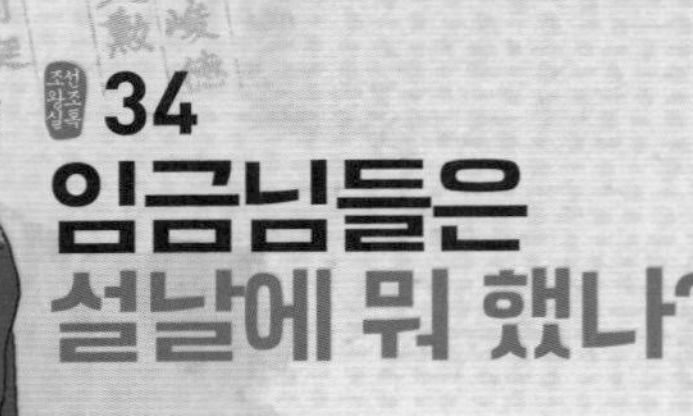

34

임금님들은 설날에 뭐 했나?

하나요 옷 걱정

1426년(세종 8) 1월 1일,

비서실장과
설날 제사 때
신발 뭐 신을지 고민하다.

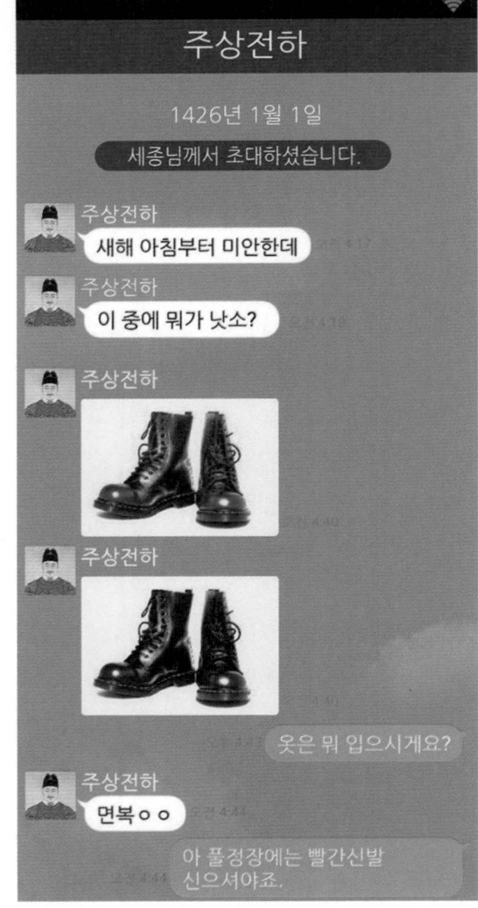

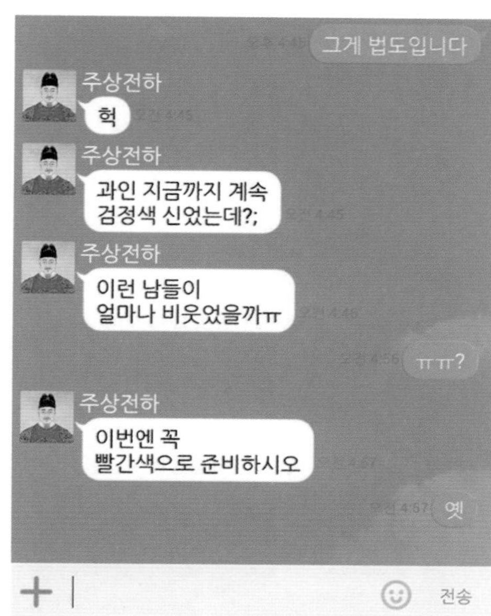

이후 조선의 임금들,
면복에는 붉은 신발 매칭하다.

둘이요 사치

연산군 즉위초 1월 1일,

얼음을 조각해
산 모양을 만들어 감상하다.

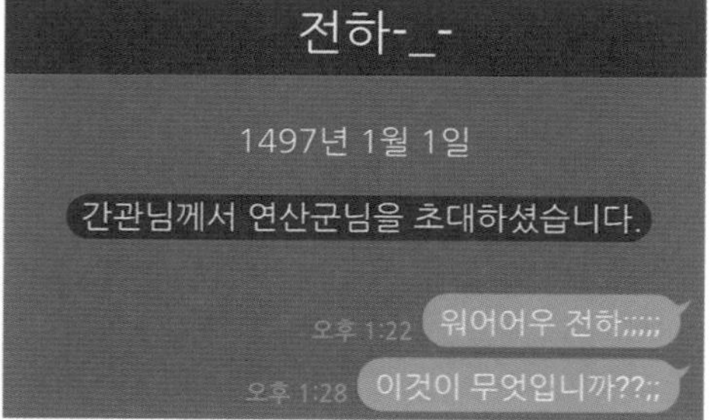

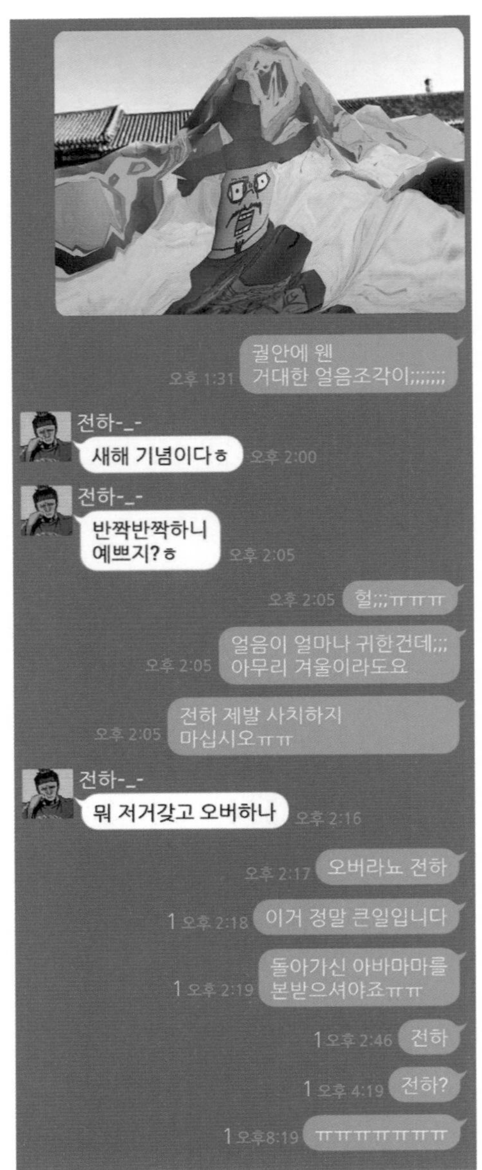

한편 오늘날처럼 새해 첫날을

폭풍★술자리로
불태우는 왕도 있었으니……

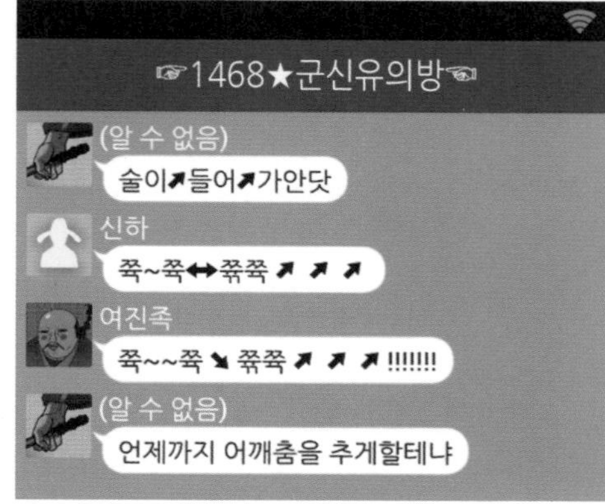

그런데 이 살가운 회식킹이
바로,

조카 단종의 왕위를 찬탈하고
사육신을 무참하게 죽인

조선의 7대 왕

세조

(수양대군, 1417~1468)이다.

덧붙여 세조는
세종대왕의 둘째 아들이다.

정사 正史

실록에 기록된 것

- 세종, 새해 망궐례를 맞아 무슨 색깔의 신발을 신어야 하는지 신료에게 묻다.
- 연산군, 정월초하루에 얼음으로 산 모양을 만들다. 간관, 그러지 말라고 간언했으나 대충 들어 넘기다.
- 세조, 새해를 맞아 신하들 및 여진족, 왜인과 함께 술자리를 갖다. “오늘은 설날이니 취하는 것이 법도다”라며 술잔을 돌리다.
- 세조, 술자리에서 취해 비파를 연주하며 춤추다.
- 『세조실록』에는 단종이 자살했다 적혀 있으나 『선조실록』에서는 죽임 당했다고.

픽션

기록에 없는 것

- 어깨춤송은 부르지 않았을 것이다.

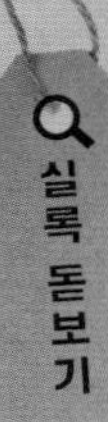

- 서른두 번째 이야기 -

첫눈 선물 나갑니다

임금에게 설날이란 신나는 휴일이 아니라 행사로 가득한 하루였다. 대소신료들과 새해 인사를 나누고 중국 황제의 궁궐이 있는 방향을 향해 인사를 올리는 망궐례를 올렸으며 대비나 상왕 등 웃어른에게 인사를 드리러 가곤 했다. 어느 집안이나 그렇지만 가족 친척 사이가 좋지 않을 때는 명절이 마냥 즐겁지만도 않은 법. 태조 이성계는 왕자의 난을 일으킨 다섯째 아들 이방원이 새해 첫날 인사를 오면 이런저런 핑계를 대며 만나주지도 않았다.

백성들의 설날 역시 지금과는 달리 세뱃돈을 주고받는 것도 아니었고, 설 행사라고 해봐야 집안 어른들을 만나 인사를 올리거나 나이 어린 순서대로 도소주라는 약주를 마시는 정도였으니 조선시대의 설은 '민족 대명절'치고는 상당히 심심했던 것으로 여겨진다.

대신 조선 초기에는 고려 때부터 이어지던 재미있는 명절이 하나 있었다. 첫눈이 온 날을 명절로 삼아 성대하게 축하했던 것. 첫눈 오는 날이 정해져 있지 않으니 매년 날짜가 바뀌는 명절이었다. 게다가 이날에만 즐길 수 있는 재미있는 놀이도 있었다.

1. 첫눈이 오면 이것을 곱게 용기에 담아 단단하게 봉한 뒤
2. 목표로 삼은 사람에게 과자라고 속여서 선물한다.
3. 눈을 받은 사람은 보낸 사람을 붙잡아야 한다.
4. 붙잡으면 받은 사람 승리! 못 잡으면 보낸 사람 승리! 진 사람이 이긴 사람에게 한턱을 낸다.

간단한 술래잡기이지만 머리를 굴려 상대방을 잘 속이는 것이 관건인 이 놀이를 무려 궁궐에서 해낸 용자가 있었다. 바로 정종 이방과와 태종 이방원.

세종이 갓 즉위한 10월 27일, 첫눈이 내렸다. 태종은 신하 최유를 시켜 형에게 과자라고 속이고 눈을 보냈다. 정종은 자신이 눈을 받았다는 것을 알자마자 최유를 추격했지만 붙잡는 데는 실패, 내기에 져서 태종에게 한 상을 크게 차려 대접하게 되었다.

둘 모두 격동의 조선 건국 시기에 왕좌를 한 번씩 차지했던 사람들임을 생각하면 그들끼리 이런 천진난만한 장난을 쳤다는 것이 쉽게 상상이 가지 않는다. 왕들이 이럴 정도였다면 민간에서는 눈을 주고받는 놀이로 얼마나 많은 치열한 암투와 머리싸움이 벌어졌을까. 이긴 사람은 맛있는 걸 냠냠 얻어먹고, 진 사람은 내년 첫눈이 오는 날을 기약하며 절치부심했을 것이다. 오늘날에 되살리면 좋겠다는 생각이 들 정도로 재미있는 풍습이다.

하지만 첫눈을 축하하는 풍습은 차츰 줄어들다가 1430년(세종 12)에 첫눈 축하를 그만두자는 주장이 나오면서 없어지게 된다. 유교 국가로서 기틀을 잡던 시기이다 보니, 경전에 없었던(중국산이 아닌) 한반도 고유 명절을 없애버린 것으로 추측한다. 여러모로 화려한 업적이 눈부신 세종 시절, 개중 아쉬운 일을 꼽자면 바로 이 명절을 없앤 것이 아닐까? 조선왕조실톡

35 흥청망청의 어원

연산군은 아티스트였다.

그는 춤과 음악을
정말 매우 사랑했다.

하나요 연산군의 뮤직 이즈 마이라이프

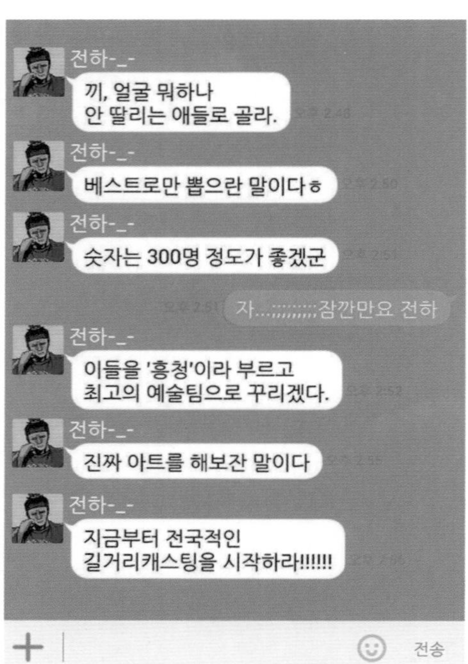

이렇게 뽑은 기녀들을
궁궐에 두고는
노래하고 춤추게 했다.

재주에 따라 등급을 나누어
1군은 '흥청興淸',
2군을 '운평(運平)'이라 불렀다.

둘이요 욕심

연산군은 흥청들이 언제나
완벽하기를 원했다.

조금이라도 몸가짐이 흐트러지면
용서하지 않았다.

노래 가사를 틀려도 벌했고,

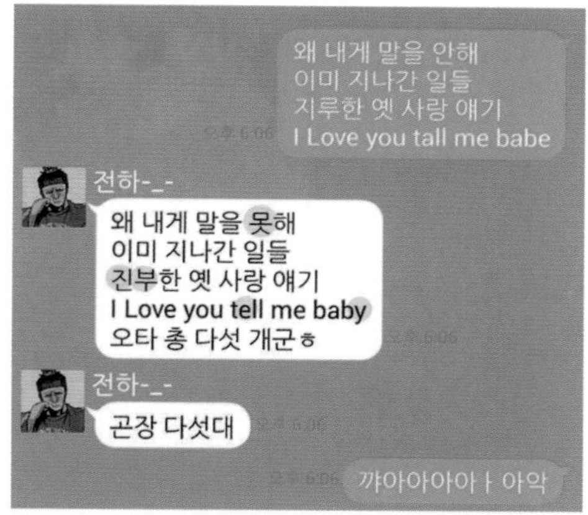

화장을 망쳐도 벌했고,

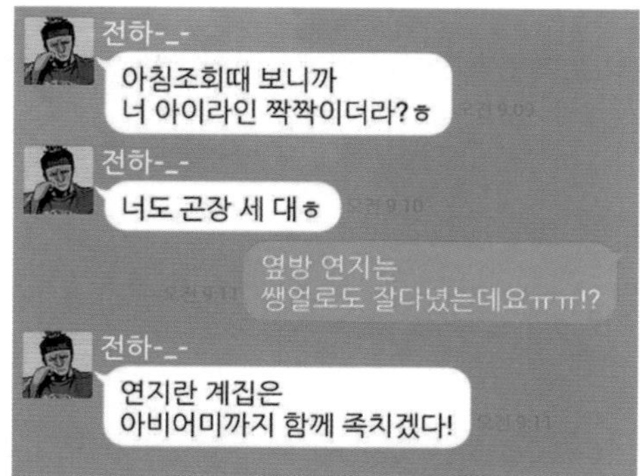

안타까운 이유로도 벌했다.

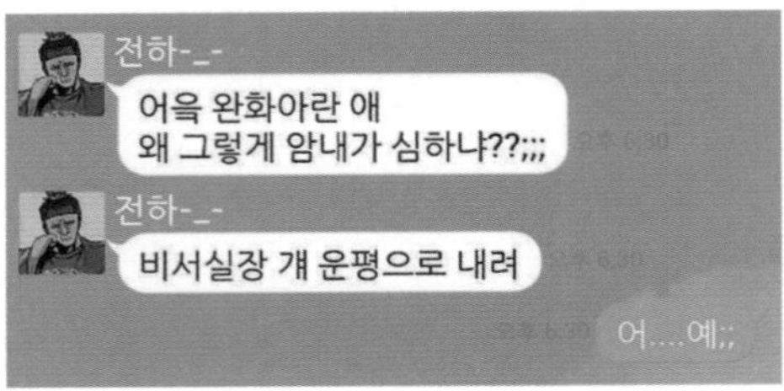

"완벽하지 않은 건 추하단 말이다!"

셋이요 흥청망청

그러나 흥청들은 그만큼 특권을 누렸다.
옷, 월급, 사치품을 받았고
노비까지 부렸다.

당연히
유지비가 엄청나게 들었다.

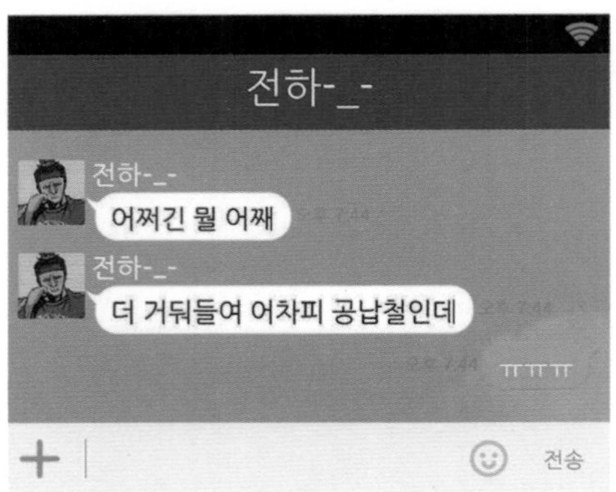

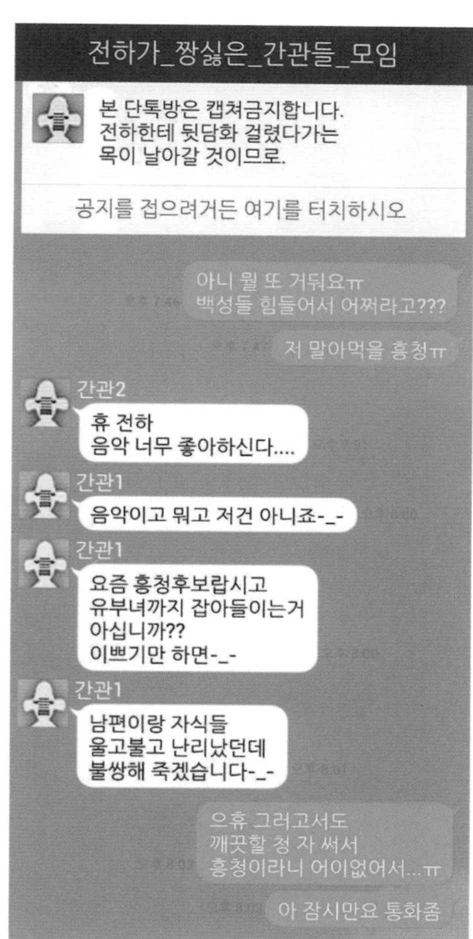
전하가_짱싫은_간관들_모임
본 단톡방은 캡쳐금지합니다.
전하한테 뒷담화 걸렸다가는
목이 날아갈 것이므로.
공지를 접으려거든 여기를 터치하시오
아니 뭘 또 거둬요ㅠ
백성들 힘들어서 어쩌라고???
저 말아먹을 홍청ㅠ
간관2
휴 전하
음악 너무 좋아하신다....
간관1
음악이고 뭐고 저건 아니죠-_-
간관1
요즘 흥청후보랍시고
유부녀까지 잡아들이는거
아십니까??
이쁘기만 하면-_-
간관1
남편이랑 자식들
울고불고 난리났던데
불쌍해 죽겠습니다-_-
으휴 그러고서도
깨끗할 청 자 써서
흥청이라니 어이없어서...ㅠ
아 잠시만요 통화좀

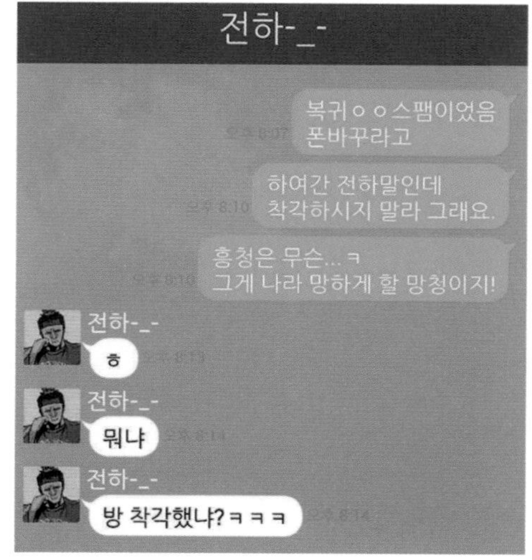
전하-_-
복귀ㅇㅇ스팸이었음
폰바꾸라고
하여간 전하말인데
착각하시지 말라 그래요.
흥청은 무슨... ㅋ
그게 나라 망하게 할 망청이지!
전하-_-
ㅎ
전하-_-
뭐냐
전하-_-
방 착각했냐? ㅋㅋㅋ

이렇게 낭비를 뜻하는
'흥청망청'이란 말이 생겼고,

이후 저 간관의 모습을 본 사람은
아무도 없다고 한다.

정사 正史

실록에 기록된 것

- 연산군, 음악을 들으면 "혈기가 화창해지고 정신이 안정된다" 말하다.
- 연산군, 재주 뛰어난 기생 모아 300명을 흥청, 700명(『중종실록』 기준)을 운평에 편성하다.
- 흥청은 '더러움을 씻어낸 즐거움', 운평은 '태평한 시대를 만난 행운'이란 뜻.
- 연산군, 흥청이 노래 가사 틀리면 글자 수대로 벌주다.
- 흥청의 화장이 곱지 못하면 벌주다. 화장하지 않은 흥청과 운평, 부모까지 벌주다. 흥청 '완화아'의 액취가 심해 운평으로 내리다.
- 결혼했거나 아이가 있는 여인들도 궁에 불려 왔다.
- 연산군, 흥청을 두고 욕하는 자에게 큰 벌을 주다.
- 중종 때의 사관, 연산군이 흥청 때문에 귀한 그릇, 옷감, 소 등을 억지로 거두었다며 욕하다.

픽션

기록에 없는 것

- 당시 스팸 전화는 없었다.

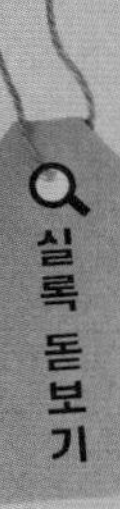

- 서른세 번째 이야기 -

'덕질'은 정도껏

역사는 승자의 기록이며 그래서 역사의 패배자들은 늘 왜곡 대상이 되어 억울한 누명을 쓰고 있다고도 한다. 그런 측면이 아주 없다고 할 수는 없다. 한 가지 잘못을 백 가지로 뻥튀기를 할 수도 있고, 없던 일을 지어낼 수도 있으니까. 그러니 연산군 같은 폭군에 관련한 기록은 그 진위를 더더욱 꼼꼼히 살펴야 한다.

그러나 『조선왕조실록』에서 『연산군일기』를 읽노라면, 이것만은 정말 있었던 일이라는 확신이 드는 대목이 있으니 바로 연산군의 찰진 말장난이다.

신하1 경연을 하자고 했을 때 눈병 나셨다고 하셨잖습니까? 근데 연회는 벌이시고 왜 경연만 안 하세요?
연산군 그대는 연회에 나가서 눈으로 먹냐?

신하2 간관의 잔소리는 입에는 쓰지만 몸에는 좋은 약과 같습니다.
연산군 그게 약일지도 모르겠다? 그래도 못 들어주겠으니 너희가 마셔라.

마치 실톡으로 재구성한 대화를 보는 것 같지만 엄연히 기록에 남아 있는 '드립'들이다. 연산군의 폭정과 사치는 과장할 수 있겠지만 이런 말장난은 과장할 수 있는 것도, 지어낼 수 있는 것도 아니다. 정말 신하들과 말꼬리 잡아가면서 따박따박 티격태격 했다는 사실을 알려줄 뿐. 나쁘게 말하자면 입상이요, 좋게 말하자면 임기응변, 말재주가 좋았다고 할 수 있겠다.

이처럼 특정 분야에서만 잘 돌아가는 머리가 가장 훌륭하게 발휘된 분야는 바로 예술이었다. 연산군에 대한 악평이 가득한 『연산군일기』에서 그나마 연산군이 잘한 것으로 꼽은 일은 하나같이 예술에 관한 것들이다.

옛날 선비들에게 시를 짓는 것은 기본 소양이었고, 그래서 지금까지도 많은 시들이 전해지고 있다. 왕들도 당연히 시를 지었지만 외부 유출을 금지했기에 후대에 전해지는 게 많지 않다. 예외가 있다면 자신의 문집 『홍재전서』를 남긴 정조, 그리고 연산군이다.

연산군이 지은 시가 많이 남은 이유는 실록에 기록되어 있기 때문이다. 임금이 하라는 나랏일은 안 하고 매일 시를 짓고 놀았다는 소리이다. 연산군의 아버지 성종도 시 쓰기를 좋아했지만 간관들이 "임금이 시는 무슨. 경전이나 읽으세요"라고 잔소리를 해서 어쩔 수 없이 접었다. 하지만 아들 연산군은 폭군이었고, 간관의 말은 듣지 않았던 것이다.

연산군이 잘하는 것은 시 쓰기만이 아니었다. 악기도 잘 다루었고, 처용무를 추면 보는 사람이 눈물을 흘릴 만큼 감동적이었다고 한다. 신나게 놀다가 갑자기 인생사 허무하다고 눈물을 흘리며 통곡을 할 만큼 감수성도 풍부한 사람이었다. 만약 그가 예술가로서 살았다면 큰 재능을 꽃피웠을지도 모르지만 연산군의 본업은 정치, 그중에서도 가장 막중한 의무가 있는 임금이었다. 그러나 연산군은 국력은 물론이거니와 백성들마저 자신의 취미생활을 위해 착취했고, 무엇보다도 그 섬세한 심상이 타인과의 공감으로 이어지지 못한 탓에 폭군으로 역사에 남고 말았다.

이런 연산군 덕분에 후대의 임금들이 '예술에 좀 취미를 가져볼까?' 마음만 먹으면 신하들이 벌떼같이 달려들어 "그거 연산군이 했던 겁니다!"라며 뜯어말렸으니 후손들에게 끼친 악영향이 심대하다 할 수 있겠다. 이런 '예술가 트라우마'가 조선 예술의 발전에 많은 해악을 끼쳤을 것임은 불 보듯 빤한 일. 그러니 덕질은 본업부터 잘 마친 뒤에 하도록 하자. 조선왕조실톡

36 쫓겨난 연산군의 삶

왕은 죽일 수 없다.
폐위시킨 왕이라도
죽이지는 않는다.

다만, 가둬둘 뿐.

나, 연산군.
여기는 강화도다ㅎ

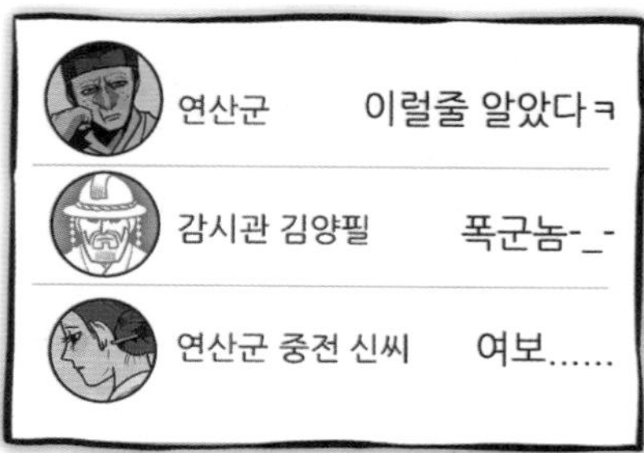

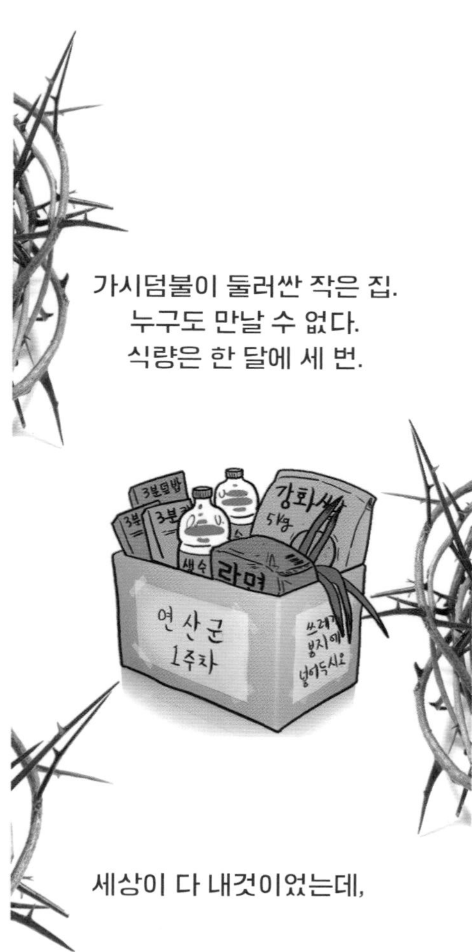

세상으로부터
뚝 잘려 나왔구나ㅎ

연산군을 몰아낸 중종은
배다른 남동생 [진성대군]

진성대군에게 큰 집을 지어주려다
신하들에게 혼나는 등,
연산군이 나름 살뜰히 챙긴 육친이다.

검색중……
404 페이지를 표시할 수 없소이다.
· 인터넷이 연결되지 않았소.
· 나중에 재차 시도해 보시구려.
나참-_-
답답해
죽겠ㄴ……

검색중……
來利報
실시간검색어 1 왕자들 사약
사약먹는 세자
[속보]폐주 연산군 자식들, 사약받아
- 전원 사망[1보]
중종 "애통…신하들 의견 따른 부득이한 조치"
광고
오!

둘이요 병들다

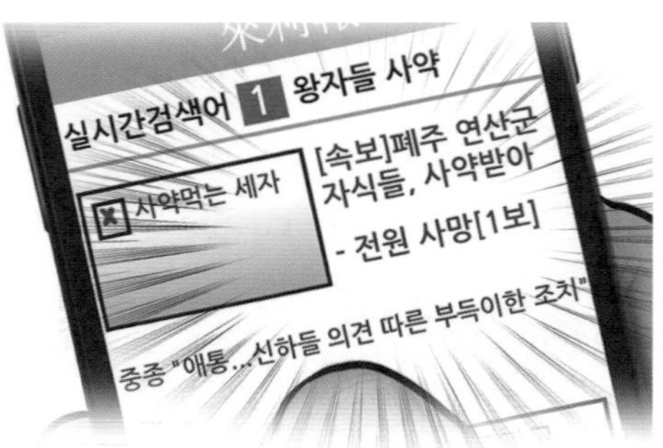

그로부터 한 달.
병에 걸렸다.
열이 올라, 움직일 힘도 없다.

하늘이 날 버리는가.

아님 진작 버렸는데,
나만 몰랐던가ㅎ……

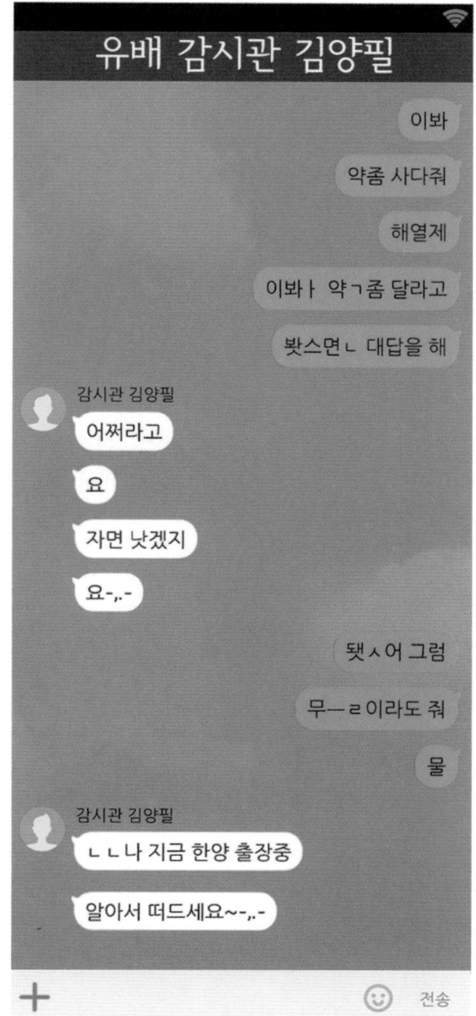

유배 감시관 김양필
이봐
약좀 사다줘
해열제
이봐ㅏ 약ㄱ좀 달라고
봣스면ㄴ 대답을 해
감시관 김양필
어쩌라고
요
자면 낫겠지
요-,.-
됏ㅅ어 그럼
무ㅡㄹ이라도 줘
물
감시관 김양필
ㄴㄴ나 지금 한양 출장중
알아서 떠드세요~-,.-
전송

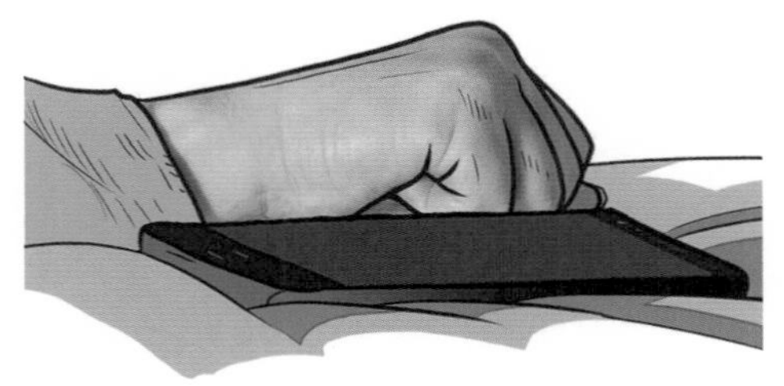

셋이요 유언

가물가물하다.
눈조차 뜰 수가 없다.

정신이

들락날락

한다.

지금

너무나 그리운 얼굴이

하나.

[연산군의 왕비 신씨]

장녹수, 흥청 등 모진 꼴을 보면서도
남편에게 충언을 아끼지 않았던 여인.

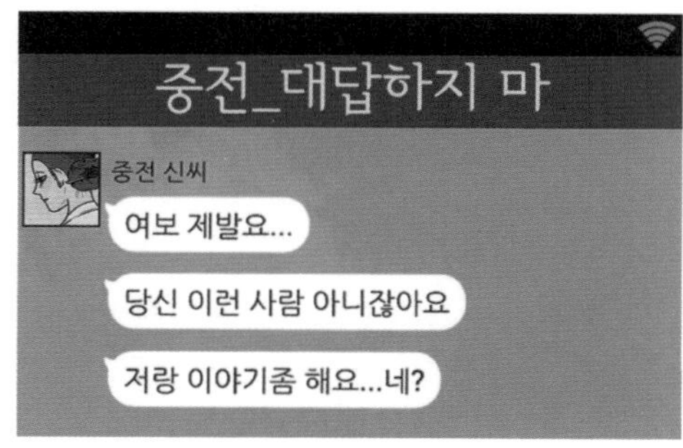

보고싶어

"중전 신씨가 보고 싶구나."

-연산군의 유언-

화려했던 삶을 뒤로하고
강화도에서 외로이 숨을 거두니,

연산군 나이 31세였다.

정사 正史

실록에 기록된 것

- 연산군, "내가 (그 난리를 쳤으니) 이렇게 될 줄 알았다"며 왕위 내놓고 물러나다.
- 연산군, 폐위된 후 강화도 고동에 위리안치되다. 갓을 쓰고 분홍색 옷을 입었다고.
- 위리안치 주택 둘레엔 가시가 많은 탱자나무 울타리를 쳤다.
- 연산군의 왕자들, 사사되다. 폐세자는 특히 똑똑하고 착실했다고.
- 한 달 뒤, 연산군 역질에 걸리다. 열이 높고 헛소리를 하며 물도 삼키지 못하다. 수직장 김양필, 중종에게 연산군의 병세를 알리다. 중종, 약과 의원을 보내려 하나 다음 날 "연산군, 어제 이미 죽었다"는 연락이 온다. 상태 확인도 제때 안 될 만큼 연산군은 보호받지 못했던 듯하다.
- 김양필은 특히, 연산군이 쫓겨나 강화도로 내려갈 때 몽둥이를 들고 위협하며 소란을 피웠다고 후에 탄핵당할 만큼 연산군에게 반감을 가졌던 인물.
- 연산군, "(왕비)신씨가 보고 싶다"는 유언만을 남기고 죽다.

픽션

기록에 없는 것

- 404메시지는 조선시대에 없었다.

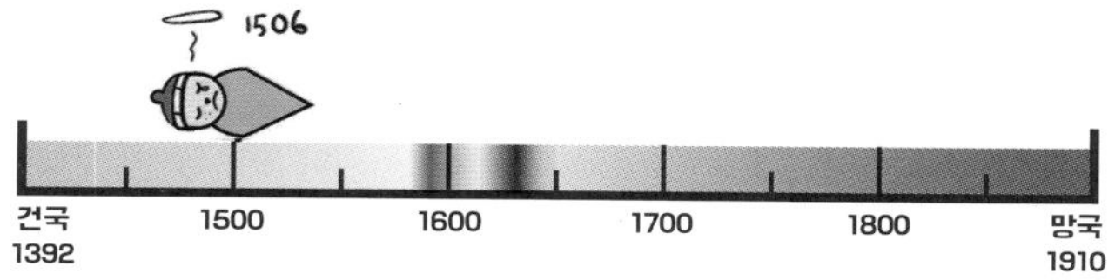

- 서른네 번째 이야기 -

비운의 공주

휘순공주는 연산군과 거창군부인 신씨의 첫째 딸이었다. 동생인 세자보다 세 살 위로, 명실공히 왕실의 첫째였으며 당연히 많은 사랑을 받았다. 이름이 전하는 몇 안 되는 조선 여성 중의 하나인데, 그녀의 이름은 독특하게도 숫자인 억 자를 넣은 '수억壽億'이다. 건강하게 오래오래 살라는 뜻에서 붙인 이름으로 짐작된다.

1502년(연산군 8), 휘순공주는 구수영의 아들 구문경과 결혼하게 된다. 사랑하는 딸의 결혼식이었으니 만큼 연산군은 엄청나게 공을 들였다. 큰 집을 지어주는 한편(이 말인즉 해당부지의 백성들의 집을 허물었다는 뜻이다) 쌀과 콩 100석씩을 내리고, 땅도 넉넉하게 줬다. 그것만으로도 부족했는지 갖은 선물과 집을 더 내리고 꼼꼼하게 챙겨줬다. 그녀가 연산군에게 얼마나 사랑을 받았냐면, 시누이의 남편이 연산군을 비판하다가 처형당하자 아버지에게 부탁해서 역적의 아내인 시누이를 풀려나도록 할 정도였다.

그러나 중종반정이 일어난 뒤 휘순공주의 신세는 폐서인으로 굴러 떨어졌다. 국가적 논란을 불러일으킬 만큼 으리으리했던 그녀의 집은 반정의 공신인 박원종의 차지가 되었으며, 막대한 땅도 다른 공신들이 모두 갈라 먹었다. 설상가상으로 공주의 시아버지 구수영은 연산군 때 충분히 간신노릇을 하다가 중종반정에 참여한 공신으로, 반정 직후에는 중종에게 제 아들과 휘순공주를 이혼 시켜달라고 요청했다. 박원종 등 반정 공신들은 휘순공주가 이혼의 중요조건인 칠거지악을 저질렀으니 이혼시켜야 한다며 맞장구를 쳤는데, 사실 그녀는 칠거지악 중 아무것에도 포함되지 않았다.

중종은 이 문제에 끼어들기 내키지 않았던 듯, 공신에게 판단을 떠맡겼다. 그 역시 자신의 아내 단경왕후 신씨와 억지로 이혼당한 처지였으니 조카의 처지를 돌아볼 수 없었을 것이다. 그렇게 집도 절도 없는 처지가 된 휘순공주가 이혼당한 뒤 어떻게 지냈는지는 분명하지 않다. 외가인 신씨 가문도 풍비박산이 난 후였으

니 기댈 곳 하나 없는 상황. 당시 휘순공주의 나이는 고작 11세였다.

2년 뒤인 1508년(중종 3), 아무리 그래도 휘순공주를 이혼 시킨 것은 너무했다는 의견이 나오게 된다. 이번에도 중종은 스스로 결정하지 못하고 대신들에게 의논하게 했는데, 유순이라는 대신이 "부부의 윤리는 매우 중요한 것이고, 결혼한 딸은 아버지의 죄에 연좌시키지 않는 것"이라고 주장했다. 이번에는 박원종, 성희안 등 다른 공신들도 동의했다. 그래서 휘순공주는 옛 남편과 다시 결혼하게 되었다.

중종은 살 곳이 없는 조카에게 집을 내려 주라고 명을 내렸다. 사실 중종도 간에 붙었다 쓸개에 붙었다 하는 구수영이 좋았겠는가. 하지만 반정 덕분에 왕이 된 중종은 왕권이 약했고 공신들의 눈치를 볼 수밖에 없었다. 그렇게 다시 남편과 재결합한 휘순공주가 재혼한 뒤 화목한 결혼생활을 할 수 있었는지는 알 수 없다. 어쨌거나 휘순공주와 구문경은 '구엄'이라는 아들을 두었는데, 이게 굉장한 말썽꾼이었다. 사람을 때리고 행패를 부리는 것은 물론이요, 인종이 얼마나 살지를 놓고 점을 치는 불경죄까지 저질렀다. 그런데 공신의 손자여서 물려받은 재산은 많고 전 공주의 아들로 궁궐에 연줄이 많았던 데다 연산군의 유일한 후손이다 보니, 구엄을 처벌하라는 신하들의 청원이 빗발쳐도 임금은 두 손 놓을 수밖에 없었다.

연산군이 딸을 사랑한 마음은 진심이었을지 모르나 결국 그의 폭정 때문에 딸의 인생은 산산조각 나고 말았다. 반정으로 아들은 죽고 딸은 의지할 곳 하나 없는 부표와 같은 신세가 되었으니, 연산군은 그때가 되어서야 다른 이를 사랑한다는 것이 무작정 재물과 권력을 안겨주는 것만은 아니라는 것을 깨우쳤을지도 모른다. 조선왕조실톡

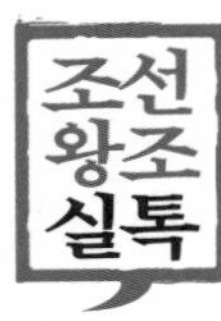

1 조선 패밀리의 탄생

초판 1쇄 발행 2015년 8월 17일 **초판 44쇄 발행** 2024년 5월 22일

지은이 무적핑크
펴낸이 최순영

출판1 본부장 한수미
컬처 팀장 박혜미
기획 YLAB
해설 이한
디자인 designgroup all

펴낸곳 ㈜위즈덤하우스 **출판등록** 2000년 5월 23일 제13-1071호
주소 서울특별시 마포구 양화로 19 합정오피스빌딩 17층
전화 02) 2179-5600 **홈페이지** www.wisdomhouse.co.kr

ⓒ 변지민·와이랩 주식회사, 2015
「머리말을 대신하여」「실록 돋보기」ⓒ이한, 2015

ISBN 979-11-954340-7-7 04910
979-11-954340-6-0 (세트)

* 이 책의 전부 또는 일부 내용을 재사용하려면 반드시 사전에 저작권자와 ㈜위즈덤하우스의 동의를 받아야 합니다.
* 인쇄·제작 및 유통상의 파본 도서는 구입하신 서점에서 바꿔드립니다.
* 책값은 뒤표지에 있습니다.